Narrativas Oitocentistas em *tempos pandêmicos*

Narrativas Oitocentistas em *tempos pandêmicos*

Everton Vieira Barbosa
Tania Maria Tavares Bessone da Cruz Ferreira
Organizadores

alameda

Grafia atualizada segundo o Acordo Ortográfico da Língua Portuguesa de 1990, que entrou em vigor no Brasil em 2009.

Edição: Haroldo Ceravolo Sereza & Joana Monteleone
Projeto gráfico, diagramação e capa: Danielly de Jesus Teles,
Maria Beatriz de Paula Machado e Amanda Martinez
Assistente acadêmica: Tamara Santos
Revisão: Alexandra Colontini
Imagem da capa e contracapa: UNITED STATES PATENT OFFICE. Hutson R. Hurd of Cleverland, Ohio. *Improvement in inhaler and respirator*. Specification forning part of Letters Patent Nº 218,976 dated August 26, 1879b. Application filed December 5, 1878; COMITÉ ITALIEN D'ORGANISATION. *Congrès international des accidents du travail et des assurances sociales*. Troisième session tenue à Milan du 1er au 6 octobre 1894. Tome Premier. Milan: Imprimerie Henri Reggiani, 1894, pp. 82-83 (Figure II).

CIP-BRASIL. CATALOGAÇÃO-NA-FONTE
SINDICATO NACIONAL DOS EDITORES DE LIVROS, RJ

N189

Narrativas oitocentistas em tempos pandêmicos / organização Everton Vieira Barbosa, Tania Maria Tavares Bessone da Cruz Ferreira. - 1. ed. - São Paulo : Alameda, 2022.
320 p. ; 21 cm.

Inclui bibliografia e índice
ISBN 978-65-5966-081-0

1. Brasil - História - Séc. XIX. 2. Cultura - Aspectos sociais. 3. Literatura e sociedade. I. Barbosa, Everton Vieira. II. Ferreira, Tania Maria Tavares Bessone da Cruz.

22-75382 CDD: 981
CDU: 94(81)

ALAMEDA CASA EDITORIAL
Rua Treze de Maio, 353 – Bela Vista
CEP: 01327-000 – São Paulo – SP
Tel.: (11) 3012-2403
www.alamedaeditorial.com.br

Sumário

Tramas que inquietam o presente, um prefácio

> *Assim fundada sobre a ruptura entre um passado, que é seu objeto, e um presente, que é o lugar de sua prática, a história não cessa de encontrar o presente no seu objeto e o passado nas suas práticas.*
>
> Michel de Certeau

Já faz tempo que Michel de Certeau caracterizou a história como um "túmulo escriturário", uma disciplina que "enterra os mortos como um meio de dar um lugar aos vivos" (CERTEAU, 2002, p. 14 e 140). Entre outras coisas, ela é nossa maneira de postularmos um corte entre o que somos e aquilo que não somos mais, ou aquilo que já não desejamos ser. No entanto, aquilo que se nos torna impensável retorna "nas bordas do discurso" (CERTEAU, 2002, p. 17). Na luta impossível contra a morte, aquilo de que desejamos nos separar insiste em ignorar os limites que lhe impomos. O morto é o fantasma que assombra os vivos e se recusa a passar. Sua presença inquieta porque, entre outras coisas, lembra-nos da nossa própria finitude e bagunça o jogo de rupturas e continuidades que o saber presente instituiu. É nessa linguagem meio mística, meio psicanalítica, que Certeau figura a nossa prática profissional: tentando tornar compreensível ao presente um passado do qual pensa ter se separado, o historiador não pode senão ser atingido pela sensação inquietante (*uncanny*) que o joga da familiaridade à estranheza. Postula e encontra no passado um Outro que, por sua vez, desestabiliza as certezas do Mesmo – como quando nos deparamos com a resistência às máscaras, com as práticas letradas e orais, com as concepções de gênero e os regimes de tradução no século XIX. Um mundo que parece tão próximo e tão distante – uma combinação que faz ver e faz pensar não só nesse Outro transformado em objeto, mas também no presente em que vivemos.

É a oportunidade de encarar essa inquietude que nos oferecem os textos aqui reunidos por Tania Bessone e Everton Barbosa. Na trama urdida pelos organizadores a partir de análises das práticas culturais no Brasil do século XIX, o leitor se depara com um mundo que parece, ao mesmo tempo, tão próximo e tão distante. Inevitável não pensar, por exemplo, nas analogias possíveis entre o problema do gênero nas práticas intelectuais do oitocentos e as persistentes desigualdades que assolam a universidade e o mundo cultural contemporâneo, ao mesmo tempo em que nos damos conta dos abismos que nos separam daquelas mulheres de outrora. Confrontados com os resquícios de vidas pretéritas, ganham relevos os limites do nosso presente e a contingência daquilo que tomamos por natural e eterno. Provocando essa inquietação tão própria da história, *Narrativas Oitocentistas em Tempos Pandêmicos* dá mostras da potência da narrativa histórica na modulação das nossas relações com o passado e reforça a importância de uma história crítica, uma história que se recusa à complacência e que não se deixa reduzir ao papel de uma mera "checagem erudita de fatos" – um desafio significativo de um período em que, ameaçada pela política mais vil e desprezível, a disciplina busca refúgio naquela que deveria ser nada mais que sua tarefa mínima. Como já nos mostrou Arthur Danto há muitas décadas, a história está longe de ser o mero registro de tudo aquilo que acontece, no momento em que acontece, e o Cronista Ideal não é ainda historiador (DANTO, 1962). Mais do que um checador de fatos, o historiador é como o tecelão, cuja trama dá sentido a um passado que o presente precisa e deseja compreender. E as tramas que nos apresentam os autores e autoras aqui reunidos por Tania Bessone e Everton Barbosa são valiosas para transformarmos a inquietude em reflexão.

João Rodolfo Munhoz Ohara
Rio de Janeiro, 13 de maio de 2021

Referências Bibliográficas

CERTEAU, Michel de. *L'Écriture de l'Histoire*. Paris: Gallimard, 2002. (Folio Histoire).

DANTO, Arthur C. Narrative Sentences. *History and Theory*, Middletown, v. 2, n. 2, p. 146-179, 1962.

Apresentação: Máscaras que tecem temporalidades e vidas que narram histórias

Everton Vieira Barbosa
Tania Maria Tavares Bessone da Cruz Ferreira

Muito antes de ser estabelecida a necessidade das máscaras faciais como proteção contra a pandemia do Coronavírus, iniciada em 2020 (TAVARES, 2020; BRITO, 2020; SALLES, 2020; BOURDON, 2020; COMMUNIER, 2020), o uso desse objeto já fora uma prática comum em certos lugares e temporalidades.

Se, na contemporaneidade, nos deparamos com normas estabelecidas pela esfera política, instituindo o uso obrigatório desse acessório em determinados espaços (BRASIL, 2020), no passado, ainda que em contextos diferentes, leis e decretos também foram outorgados com a intenção de preservar vidas (*Journal Officiel de la République Française*, 1939).

Na primeira metade do século XX, dada a conjuntura da Primeira e da Segunda Guerra Mundial, as máscaras faciais foram produzidas por cientistas (HERVE, 2018) e por costureiras (*Revista da Semana*, 1915; 1916) com a finalidade de salvaguardar a população dos possíveis gazes tóxicos emitidos pelos inimigos (*O Cruzeiro*, 1939; *Fon Fon*, 1939; *A Noite*, 1940).

No que tange ao uso de máscaras como medida sanitária, é sabido que durante a circulação da Gripe Espanhola, entre 1918 e 1920 (*Le Gaulois*, 1919; *La Liberté*, 1929; *L'Écho de Paris*, 1929), muitos indivíduos acabaram adaptando esse acessório em seu cotidiano para se defenderem da doença que também alcançou o Brasil (*Gazeta de Notícias*, 1918).

E, assim como existem pessoas no contexto de pandemia do coronavírus que se opõem ao conhecimento científico, criticam a eficiência no uso de máscaras faciais e se recusam a usá-las em locais cuja obrigatoriedade foi decretada legalmente (DUARTE e CÉSAR, 2021), conhecidas como negacionistas, também identificamos no século passado grupos antimáscaras, que se reuniram em ligas, com a finalidade de reivindicar a volta da rotina, considerada normal, e que fora perdida na conjuntura epidêmica (CROSBY, 2003; TORREY e YOLKEN, 2005; DOLAN, 2020).

Já no século XIX, ainda que em escala menor, o uso de máscaras faciais também ganhou a atenção da comunidade científica (ROBERT, 1826; *Diário de Notícias*, 1899; *Le Temps*, 1915; HERVE, 2018; YOUMANS, 1867) no combate aos surtos e às epidemias que atingiram regiões da Europa e de outros continentes (*Gil Blas*, 1895; MAFART e MORILLON, 1998).

Nesse sentido, o Oitocentos tem sua importância por ser um século em que as máscaras modernas começaram a ser desenvolvidas. Conforme afirmam Neeta M. Sharma e Aditya Rakesh Chaudhary, "a primeira patente americana de um respirador purificador de ar foi concedido em 12 de junho de 1849 para Lewis P. Haslett", enquanto, no ano seguinte, "Benjamin Lane obteve a primeira patente dos EUA para um aparelho de respiração autônomo chamado máscara de gás"[1] (2020, p. 140). As patentes dos inaladores produzidos por Haslett, por Lane e por tantos outros (*United States Patent Office*, 1849; 1850; 1873; 1877; 1879a; 1879b; 1897) denotam o desenvolvimento científico do período e as tecnologias utilizadas à época e ainda hoje em tempos pandêmicos.

Entretanto, os embates sobre a eficiência das máscaras que pairam na comunidade científica do século XXI (FIRMINO e MAIA, 2020) da mesma forma ganharam espaço no século XIX (Le Petit Provençal, HERVE, 2018), demonstrando o quanto esse acessório permeia tensões, condutas e maneiras de ser e de agir no mundo, entrecruzando vidas no presente e no passado.

Assim, podemos perceber que esse objeto singulariza as diversas experiências no tempo histórico. Ele não apenas individualiza, como também demarca cronônimos (BACOT, DOUZOU e HONORÉ, 2008; KALIFA, 2020) e denota o que Reinhart Koselleck (2006) compreendeu como os *estratos do tempo*. Isso porque o uso da máscara, para conter certas enfermidades e certos gases, possui escalas menores e maiores (REVEL, 2020) que variam conforme a temporalidade e a sociedade em que ela é portada e analisada.

O exemplo da máscara facial como utensílio de estudo e de ferramenta de uso local e global, fundamental no contexto pandêmico em que esta obra foi produzida, serve de mote para apresentar este e tantos outros objetos de

1 Traduzido do original: "The first U.S. patente for na air-purifying respirator was granted on June 12, 1849 to Lewis P. Haslett" e "In July 1850, Benjamin Lane got the first U.S. patente for a self-contained breathing apparatus called the gas mask".

análise aqui agrupados e que nos conectam ao passado, mais especificamente no *Longo século XIX*.

Esta, então, é a proposta do livro: reunir perspectivas de análise sobre objetos de estudos diversos que estabeleçam reflexões e que evidenciem as experiências de vida pretéritas no Brasil Oitocentista. As marcas de existências permitem, assim, aprender, identificar e compreender as estruturas mentais coletivas do vivido, como elas lidaram e superaram suas agruras cotidianas e de que modo seus agentes experimentaram o tempo, nos trazendo reflexões e contribuições para o século XXI.

Deve-se compreender que a bricolagem do pretérito, interconectada com o presente, não pretende apresentar uma história cíclica, na qual eventos do passado se repetem na contemporaneidade de modo teleológico, afinal "os tempos históricos consistem em vários estratos que remetem uns aos outros, mas que não dependem completamente uns dos outros" (KOSELLECK, 2006, p. 19-20).

Os olhares lançados no *Longo século XIX* (HOBSBAWM, 1988), em perspectiva sincrônica e diacrônica com o século XXI, pretendem trazer à comunidade do presente, e que ultrapassa o campo acadêmico, possíveis conhecimentos do passado que, ao serem assimilados no contemporâneo, permitem aprendizados, importâncias e significados novos no ato de ler e de narrar as experiências humanas no tempo.

São essas produções de saberes que nos inclinam a examinar e decodificar os registros impressos por diversos indivíduos no Oitocentos que buscaram publicar os desdobramentos dos eventos vividos conforme a sua época e que nos remetem às angústias, inquietudes, disputas, hierarquias, sentimentos e toda gama de vivências que perpassam as relações humanas.

A obra em questão, metaforizando *A moça tecelã* (COLASANTI, 2006), foi urdida com o uso de fontes impressas, bordada por métodos de análise de diferentes objetos de pesquisa, tecidos no *Longo século XIX* e que lançam fios de sabedoria para o século XXI.

Essa proposta surgiu e se tramou no XIII Encontro Estadual de História, evento organizado pela Associação Nacional de História – Seção Pernambuco, cuja temática "*História e mídias: narrativas em disputas*" centrou as discussões que aqui se aprofundam. Ao organizarmos o Simpósio Temático "Pensar as narrativas impressas no Brasil Oitocentista e suas contribuições para o século XXI" e propormos "pensar e analisar os discursos impressos no Brasil Oitocentista, identificando suas contribuições para o século XXI" (BARBOSA e FERREIRA, 2020), as comunicações lá apresentadas, e tratadas nesta obra, versam sobre temáticas perpassadas no longo século XIX e que, ao se relacionarem com os traquejos do presente, portam saberes basilares para a História.

A obra está dividida em três partes, sendo a primeira intitulada *Bordar traduções, entrecruzar impressos e tecer biografias*, contando com a contribuição de três autores com suas respectivas narrativas.

O primeiro capítulo, escrito por Gabriel de Abreu Machado Gaspar, nos traz reflexões acerca das complexidades na prática da tradução e das suas imbricações no Oitocentos e na contemporaneidade. Para isso, o autor se debruçou na obra *Ensaio sobre a Crítica*, escrita por Alexandre Pope (1688-1744), traduzida e publicada no Brasil, em 1810, pelo ministro e marquês de Aguiar Fernando José de Portugal e Castro (1752-1817). Ao destacar os regimes de tradução (BURKE, 2009) aplicados à obra do poeta inglês, Gaspar demonstra o quanto essa atividade esteve e ainda está alheia aos embates, às disputas e às tensões sociais. E, para que a atividade, hoje profissional, pudesse ser feita no século XIX, ela dependia da circulação destes textos e dos demais impressos, assunto do próximo tema.

Escrito por Arthur Ferreira Reis, o segundo capítulo trata dos jornais publicados na América portuguesa entre 1821 e 1823, bem como de seus principais assuntos e de quais periódicos eram citados. Nestes dois séculos de distanciamento temporal, podemos perceber algumas semelhanças. Na atual conjuntura pandêmica, com má gestão governamental, as notícias sobre a máquina pública no país ganham destaque nos principais jornais impressos, online, e nos tabloides de menor envergadura. Já no período analisado por Reis, as tensões que pairaram sobre a política no Brasil antes, durante e após o processo de independência de Portugal, também ganharam as páginas da imprensa à época, seguido por outras questões do momento. A diferença, tratada pelo autor, deve-se ao acesso e à velocidade com que elas foram recebidas pela comunidade imaginada (ANDERSON, 2008) de leitores do Oitocentos e pelos nativos digitais (PRENSKY, 2001) do século XXI.

Para além dos assuntos envolvendo a política, a diplomacia e os movimentos liberais e contestatórios que ganharam as páginas da imprensa no Brasil entre os anos da independência, a escrita de biografias também foi uma constante no *Longo século XIX*. Temática do terceiro capítulo, Rafael Dall' Agnol nos apresenta sua importância no Oitocentos e na contemporaneidade. No passado, o autor analisa a obra *Plutarco Brasileiro*, escrita pelo político e historiador João Manuel Pereira da Silva (1817-1898) e publicada em 1847, esmiuçando os procedimentos e os métodos adotados por Silva na construção biográfica das vinte personalidades de destaque no país, tal como as polêmicas em torno da obra. E, no presente, nos é apresentada a querela judicial envolvendo a biografia sobre Roberto Marinho, o fundador do grupo Globo, escrita por Leonêncio Nossa. Assim, Dall' Agnol nos mostra que a produção de biografias, rodeada por embates e por contendas, ao mesmo tempo em que traz à luz o passado do biografado e de seu contexto, revela os dilemas e o olhar contemporâneo do biógrafo que tece vidas.

Na sequência, temos a segunda parte do livro, intitulada *Mulheres e seus fios tipográficos, impressos e intelectuais*, contando com a contribuição de três autoras com suas respectivas tessituras textuais.

O quarto capítulo, escrito por Carolina de Toledo Braga, revela a atuação de Umbelina Coelho da Silva Ribeiro Roma, conhecida como Viúva Roma, na administração tipográfica durante a Insurreição Praieira, ocorrida em Recife no ano de 1848. Na medida em que Braga abre caminho para narrar a experiência feminina na atuação com os impressos no Brasil Oitocentista, denotando a participação dessa pessoa no movimento liberal pernambucano, as dificuldades enfrentadas por ela à frente de um empreendimento tipográfico e as suas estratégias de negociação, também é dada visibilidade à condição de viuvez das mulheres que precisavam gerir os bens patrimoniais herdados. Assim, ao narrar a experiência desta mulher e desvelar os fios que lhe conectavam à atuação nos tipos, a autora ao mesmo tempo destaca a escassa presença feminina na propriedade midiática contemporânea e de estudos que abordam essa gestão sob a perspectiva de gênero.

Vale lembrar que a atuação feminina no Oitocentos não se limitou à atividade tipográfica. Conforme podemos averiguar no quinto capítulo, escrito por Isadora de Mélo Escarrone Costa, a participação do "belo sexo" também se fez presente na imprensa periódica tanto na redação quanto na escrita e no consumo desses suportes de leitura. Com a finalidade de compreender os mecanismos que permeavam a confecção e a venda de impressos voltados a senhoras e a senhoritas, e seus reflexos na contemporaneidade, a autora utiliza como fonte e objeto de análise *O Jornal das Senhoras* (1852-1855), publicado no Rio de Janeiro, e *A Esperança* (1865-1866), publicada no Porto. Assim, ao destacar as diferenças de acesso e a velocidade com que as informações circulam nos séculos XIX e XXI, a autora também lança olhares às táticas e aos cuidados tomados pelos antigos e pelos contemporâneos na divulgação da informação a partir da imprensa feminina.

E, completando a segunda parte do livro, o sexto capítulo, escrito por Cristiane Ribeiro, permite uma reflexão da atuação feminina na profissão jornalística no século XXI a partir de seus estudos sobre a segunda metade do século

XIX. Apesar de constatar, na contemporaneidade, o crescimento de mulheres na área, as desigualdades entre os sexos ainda permeiam suas atividades, o que leva a autora à busca pelas raízes do problema. Assim, é apresentada a participação de algumas senhoras no trabalho intelectual Oitocentista e as estratégias de escrita por elas aplicadas para se fazerem reconhecidas, lidas e aceitas no campo. Pensadas no plural e em suas múltiplas singularidades e subjetividades de atuação no campo intelectual, Ribeiro esboça as dificuldades e os desafios enfrentados na constituição de uma profissão consolidada e que pudesse garantir seu sustento e, quisera, o de sua família. Tais dilemas do passado e do presente denotam as experiências dessas intelectuais mediadoras (GOMES e HANSEN, 2016) na busca por uma sociedade que supere as questões de gênero.

A terceira parte desta obra, intitulada *Sons que tecem sociabilidades, e festas que bordam memórias*, possui a contribuição de um autor e três autoras, com suas respectivas composições escritas.

O sétimo capítulo, escrito por João Costa Gouveia Neto, direciona nossa atenção às Companhias Líricas que circularam por alguns teatros no nordeste Oitocentista. Com o intento de tecer a história desses espaços de sociabilidades e de identificar certos indivíduos que por lá se apresentaram, o autor nos insere na dimensão sonora que permeou essas casas de espetáculos, pondo em evidência o repertório musical que embalava a cena artística do período e o circuito cultural existente, que não se limitava à Corte do império, mas abrangia outras províncias. Assim, ao revelar a presença dos grupos musicais com intérpretes nacionais e estrangeiros, e as principais obras que eram representadas e que interconectavam experiências audiovisuais entre seus ouvintes, o autor salienta o intercâmbio cultural experimentado pelos artistas e por suas plateias nesses palcos do passado e que, ainda hoje, continuam proporcionando divertimentos e sinestesias.

E o oitavo capítulo, escrito por Lídia Rafaela Nascimentos dos Santos, por Victória Maria Vasconcelos Silva e por Heldyane Naege dos Santos Gonzaga, apresenta uma outra dimensão sonora e de sociabilidade que acontece nas festas populares. A fim de analisar a trajetória histórica das festividades de São João, em Pernambuco, no século XIX, a partir das narrativas de memorialistas do início do século XX, as autoras demonstram que, diferente dos divertimentos teatrais, o festejo de São João reunia pessoas de diferentes camadas sociais, contribuindo na percepção das vivências e das experiências no tempo de seus participantes. Na medida em que são apresentadas as narrativas memorialísticas do evento, também são colocadas em cena as formas como elas eram praticadas, denotando suas (dis)similitudes na contemporaneidade. Assim, é possível compreender que as adaptações desses divertimentos no tempo histórico falam mais das comunidades que as vivenciam e dos memorialistas que bordam suas narrativas do que da festa em si.

As oito narrativas contemporâneas aqui apresentadas, urdidas na conjuntura pandêmica, costuram histórias e bordam vidas que, ao vivenciarem as continuidades e as efemeridades do longo século XIX, nos entrelaçam com saberes para o presente.

E, enquanto as máscaras faciais, tramadas em diferentes temporalidades, nos fazem conhecer experiências singulares e plurais, suas várias escalas de uso em diversas sociedades, e experimentar uma nova dimensão da realidade, esta obra tricota/narra o Oitocentos e, ao entrecruzar o contemporâneo, produz conhecimentos e tece o tempo.

Fica, então, o convite à leitura e ao uso da máscara!

Fontes

A Noite. Rio de Janeiro, ano XXIX, n. 10021, 04 jan. 1940, p. 17.

BRASIL, Lei Nº 14.019, de 2 de julho de 2020. *Diário Oficial da União* [Online], 03 jul. 2020, ed. 126, seção 1, p. 2. Disponível em < https://www.in.gov.br/en/web/dou/-/lei-n-14.019-de-2-de-julho-de-2020-264918074>. Acesso em 02 abr. 2021.

Diário de Notícias. Portugal, 24 ago. 1899, p.

Fon Fon. Rio de Janeiro, ano XXXIII, n. 44, 04 nov. 1939, p. 14.

Gazeta de Notícias. Rio de Janeiro, ano XLIII, n. 286, 15 out. 1818, p. 1.

Gil blas. Paris, 27 set. Ano XVII, n. 5792, 27 set. 1895, p. 2.

HENROT, Henri. Respirateur à ovale contre les gaz et les poussières infectieuses ou toxiques. In: BEBOVE, G.-M; BLANCHARD, R. *Bulletin de L'Académie de Médecine*. 3ª série – Tome LXXIII. Paris: Masson et Cie. Éditeurs, 1915, pp. 573-574.

Journal officiel de la République française. Paris, n. 125, 27 mai. 1939, p. 1.

La Liberté. Paris, ano LXIV, n. 23.572, 19 fev. 1929, p. 1.

Le Gaulois. Paris, ano LIV, 3ª série, n. 45.111, 27 fev. 1919, p. 2.

Le Temps. Paris, ano LV, n. 19.668, 13 mai. 1915, p. 4.

L'Écho de Paris. Paris, ano LXVI, n. 18.025, 17 fev. 1929, p. 1.

O Cruzeiro. Rio de Janeiro, ano XII, n. 02, 11 nov. 1939, p. 7.

Revista da Semana. Rio de Janeiro, ano XVI, n. 41, 20 nov. 1915, p. 46.

Revista da Semana. Rio de Janeiro, ano XVII, n. 9, 8 abr. 1916, p. 21.

ROBERT, Louis-Joseph-Marie. *Guide sanitaire des gouvernemens européens, ou nouvelles recherches sur la fièvre jaune et le choléra-morbus*. Seconde Parie. Paris : Chez Crevot, Libraire, 1826.

United States Patent Office. Alexander Henderson, of Kansas City, Missouri. Inhaler. Specification forning part of Letters Patent Nº 577,956 dated March 2, 1897. Application filed June 4, 1896, Serial Nº 594,257. (No model.). Disponível em < https://patentimages.storage.googleapis.com/8a/0e/bf/c926e0d156ef2f/US577956.pdf>. Acesso 04 abr. 2021.

United States Patent Office. Benj. I. Lane, of Cambridge, Massachusetts. Respiring Apparatus. Specification of Letters Patent Nº 7,476, dated July 2, 1850. Disponível em < https://patentimages.storage.googleapis.com/dd/69/57/8c46a455d2ca18/US7476.pdf>. Acesso 04 abr. 2021.

United States Patent Office. George Neally, of New York, N.Y., Assignor to himself and Charles W. Bloomindgale, of Same Place. Improvement in smoke-excluding masks. Specification forning part of Letters Patent Nº 195,300, dated September 18, 1877 ; application field July 9, 1877. Disponível em < https://patentimages.storage.googleapis.com/3b/46/d8/946352736fa8e8/US195300.pdf>. Acesso 04 abr. 2021.

United States Patent Office. George Neally, of New York, N.Y. Improvement in smoke-excluding masks. Specification forning part of Letters Patent N° 212,969, dated March 4, 1879a ; application field Jannuary 8, 1879. Disponível em < https://patentimages.storage.googleapis.com/36/34/7b/4411e265c23b8a/US212969.pdf>. Acesso 04 abr. 2021.

United States Patent Office. Hutson R. Hurd of Cleverland, Ohio. Improvement in inhaler and respirator. Specification forning part of Letters Patent N° 218,976 dated August 26, 1879b. Application filed December 5, 1878, Disponível em < https://patentimages.storage.googleapis.com/d2/2a/80/3d76e17a2f52fb/US218976.pdf>. Acesso 04 abr. 2021.

United States Patent Office. Lewis P. Haslett, of Louisville, Kentucky. Inhaler or Lung-protector. Specification of Letters Patent N° 6,529, dated June 12, 1849. Disponível em < https://patentimages.storage.googleapis.com/0e/76/b8/d4e903b4641b44/US6529.pdf>. Acesso 04 abr. 2021.

United States Patent Office. Samuel Barton, of London, England. Improvement in respirators. Specification of Letters Patent N° 148,868, dated March 24, 1874; application filed March 29, 1873. Disponível em < https://patentimages.storage.googleapis.com/ec/f0/6f/e53ef5469dd2f7/US148868.pdf>. Acesso 04 abr. 2021.

Referências bibliográficas

ANDERSON, Benedict. *Comunidades imaginadas.* São Paulo: Companhia das Letras, 2008.

BACOT, Paul; DOUZOU, Laurent; HONORÉ, Jean-Paul. Chrononymes. La politisation du temps. *Mots. Les langages du politique*, n° 87, 2008, pp. 5-12.

BARBOSA, Everton Vieira; FERREIRA, Tania Maria Bessone Tavares da Cruz. Pensar as narrativas impresas no Brasil

Oitocentista e suas contribuições para o século XXI. *XIII Encontro Estadual de História – História e Mídias: narrativas em disputa, ANPUH – PE* [Online], 15 a 19 set. 2020. Disponível em < https://www.encontro2020.pe.anpuh.org/simposio/view?ID_SIMPOSIO=533>. Acesso 02 abr. 2021.

BOURDON, Megan. Le masque em passe de devenir um accessoire de mode dans les mains des créateurs. *Business Insider France* [Online], 15 mai. 2020. Disponível em < https://www.businessinsider.fr/le-masque-en-passe-de-devenir-un-accessoire-de-mode-dans-les-mains-des-createurs-184540>. Acesso em 02 abr. 2021.

BRITO, Clay. 10 máscaras de proteção luxuosas que você não vai acreditar que existem. *Glamour* [Online], 17 set. 2020. Disponível em < https://revistaglamour.globo.com/Moda/ noticia/2020/09/10-mascaras-de-protecao-luxuosas-que-voce-nao-vai-acreditar-que-existem.html>. Acesso em 02 abr. 2021.

BURKE, Peter. Culturas da tradução nos primórdios da Europa moderna. In: BURKE, Peter; PO-CHIA HSIA, Ronnie (Orgs.). *A tradução cultural nos primórdios da Europa Moderna.* São Paulo: Editora UNESP, 2009.

COLASANTI, Marina. A moça tecelã. In: COLASANTI, Marina. *Doze Reis e a Moça no Labirinto do Vento*. 12. ed. São Paulo: Global Editora, 2006.

COMMUNIER, Adrien. Masqués comme jamais : derrière l'objet, une histoire de style ?. Madame Figaro [Online], 14 set. 2020. Disponível em < https://madame.lefigaro.fr/style/masque-comme-jamais-on-soigne-son-look-100920-182244>. Acesso 02 abr. 2021.

CROSBY, Alfred W, *America's Forgotten Pandemic*: The Influenza of 1918. 2ª ed. Cambridge: Cambridge University Press, 2003.

DOLAN, Brian. Unmasking History: Who was behind the Anti-Mask League Protests During the 1918 Influenza Epidemic in San Francisco? *Perspectives in Medical Humanities*, 5(19), 2020. Disponível em < https://escholarship.org/uc/item/5q91q53r>. Acesso 02 abr. 2021.

DUARTE, André de Macedo; CÉSAR, Maria Rita de Assis. Negação da política e negacionismo como política: pandemia e democracia. *Educação & Realidade*, Porto Alegre, v. 45, n. 4, e109146, 2020. Disponível em < https://www.scielo.br/pdf/edreal/v45n4/2175-6236-edreal-45-04-e109146.pdf>. Acesso 02 abr. 2021.

GOMES, Ângela de Castro; HANSEN, Patrícia Santos. *Intelectuais mediadores: práticas culturais e ação política.* Civilização Brasileira: Rio de Janeiro, 2016.

HERVE, Bertrand. *Evaluation des connaissances, pratiques, opinions et attentes des médecins généralistes concernant l'usage des appareils de protection respiratoire au cabinet médical, dans le cadre de la prévention de la transmission croisée des infections respiratoires.* Enquête auprès des médecins généralistes de Poitou-Charentes. These (doctorat em medecine). Université de Poitiers. Poitiers, 2018. Disponível em < http://nuxeo.edel.univ-poitiers.fr/nuxeo/site/esupversions/46506fd0-cbf0-435a-beeb-2a59a2c6e5a6>. Acesso em 02 abr. 2021.

HOBSBAWM, Eric. *A era dos impérios*. 1875-1914. Trad. Sieni Maria Campos e Yolanda Steidel de Toledo; Rev. Téc. Maria Célia Paoli. Rio de Janeiro: Paz e Terra, 1988.

KALIFA, Dominique. Dénomer l'Histoire. In : *Les noms d'Époque*: De "Restauration" à "années de plomb". Paris: Éditions Gallimard, 2020, pp.7-24.

MAFART, Bertrand; MORILLON, Marc. Les épidémies à Marseille au XIXe siècle. *Bulletins et Mémmoires de la*

Société d'Anthropologie de Paris, n. S., t. 10, 1998, 1-2, p. 81-98. Disponível em < https://www.persee.fr/docAsPDF/bmsap_0037-8984_1998_num_10_1_2504. pdf>. Acesso em 04 abr. 2021.

PRENSKY, Marc. Digital Natives, Digital Immigrants. *On the Horizon, Bradford*, v. 9, n. 5, p. 2-6, out. 2001.

REVEL, Micro-história, macro-história: o que as variações de escala ajudam a pensar em um mundo globalizado. *Revista Brasileira de Educação*, v. 15, n. 45, set./ dez. 2010, pp. 434-444.

SALLES, Daniel. Em tempos de coronavírus. Marcas e roupas e óculos criam suas máscaras. *Exame* [Online], 13 abr. 2020. Disponível em < https://exame.com/casual/em-tempos-de-coronavirus-marcas-de-roupas-e-oculos-criam-suas-mascaras/>. Acesso em 02 abr. 2021.

TAVARES, Lays. Acredite ou não, existe agora uma tendência no mundo das máscaras faciais. *L'Officiel* [Online], 08 jun. 2020. Disponível em < https://www.revistalofficiel.com.br/moda/acredite-ou-nao-existe-agora-uma-tendencia-no-mundo-das-mascaras-faciais>. Acesso em 02 abr. 2021.

TORREY, E. Fuller; YOLKEN, Robert H. *Beast of the earth*: animals, humans and disease. New Brunswick, New Jersey and London: Rutgers University Press, 2005.

YOUMANS, Edward Livingston. *A class-book of chemistry: in which the principles of the science are familiarly explained and applied to the arts, agriculture, physiology, dietetics, ventilation, and the most important phenomena of nature : designed for the use of academies and schools and for popular reading*. New York : D. Appleton & Co., 1867.

Parte I

Bordar traduções, entrecruzar impressos e tecer biografias

A tradução no mundo luso-brasileiro sob as luzes: Fernando José de Portugal e o *Ensaio sobre a crítica* de Alexander Pope (1810)

Gabriel de Abreu Machado Gaspar[1]

Há sete décadas, falecia Eric Arthur Blair, mais conhecido pelo pseudônimo que adotou na publicação de suas obras: George Orwell. Célebre escritor e jornalista britânico, a efeméride dos 70 anos de sua morte não representa apenas uma comemoração. Afinal, em 2021, no ano seguinte ao marco, suas obras caíram em domínio público e puderam ser publicadas em diferentes versões. O mercado editorial brasileiro viu florescer um movimento significativo de reedições, de publicações de coletâneas, de versões em quadrinhos e, mais importante, de novas traduções do autor. Ainda no fim do ano passado, em meio à crise sanitária, algumas editoras já anunciavam em pré-venda as novas edições dos escritos de Orwell. Dentre as obras que receberiam novas traduções, a que suscitou mais polêmicas foi, sem dúvida, aquela conhecida por *A Revolução dos Bichos* (1945). Isso porque algumas editoras adotaram outra tradução para o tí-

1 Doutorando e Mestre em História pela Universidade Federal Fluminense. Bolsista CAPES. A pesquisa que originou este trabalho contou com auxílio da FAPERJ através da Bolsa de Mestrado Nota 10. E-mail de contato: machado.ga18@gmail.com.

tulo célebre e preferiram, inspirados no original *Animal Farm* (1945), batizar algumas das novas versões como *A Fazenda dos Animais*.

Denise Bottman, conhecida tradutora nas áreas de ciências humanas e sociais, explicou, no blog da L&PM Editores, sua opção pelo título original. Em suas palavras, "um elemento útil para me nortear no oceano relativista em que nós tradutorxs podemos navegar – e talvez, ou não, nos afogar – é o original" (BOTTMAN, 2021, n.p.). Se, em primeiro momento, a tradutora nos convida a repensar os sentidos diferentes entre "animais" e "bichos", em seguida, ela considera a própria trajetória política de Orwell como justificativa para o afastamento da ideia de uma "revolução". Na visão da tradutora, a assunção do autor original de que ele havia se tornado pró-socialista, em virtude de uma postura crítica à opressão e não através da adoção de um plano revolucionário, serviria para justificar a mudança do título. Afinal, para Bottman, é essa insatisfação que leva os animais da Fazenda do Solar a se rebelarem.

A questão ganha vulto se considerarmos que o tradutor da primeira edição brasileira de *A Revolução dos Bichos* (1964) foi Heitor Aquino Ferreira, então tenente e secretário de Golbery do Couto e Silva, um dos criadores do Serviço Nacional de Informações durante a ditadura militar. A isso se soma o fato de que a publicação se deu em meio a um intenso processo de campanha anticomunista que financiava a publicação de livros como as distopias de Orwell, de Huxley e de Zamiatin (OLIVEIRA, 2015). Em tais publicações, Laura de Oliveira identifica

> uma permanente associação entre a consagração dos projetos totalitários (marcadamente, do comunismo soviético) em ambiente internacional, o esforço da União Soviética de colonização dos países democráticos, sua ação na América, confirmada pela então recente revolução em Cuba, e seu conjecturado avanço sobre o Brasil (OLIVEIRA, 2015, p. 197).

Sob tais aspectos, não surpreende a postura de Denise Bottman e de outros tradutores de assumirem a opção por *A Fazenda dos Animais* em detrimento do título que enfatizava a tendência revolucionária dos bichos. Segundo Bottman "em tradução pode-se fazer praticamente qualquer coisa. O que nos dá bússola, guia, norte, é o texto original. Nada, porém, obriga que o tomemos como bússola, guia ou norte. Vai de cada um. De minha parte, prefiro me ancorar no autor" (BOTTMAN, 2021, n.p.). O caso das novas traduções serve para pensarmos outras questões próprias da prática do tradutor e da tradução tanto no presente quanto no passado, como a lealdade ao original, os princípios teóricos da tradução e a liberdade do tradutor.

As polêmicas suscitadas não são novas e os múltiplos caminhos que se apresentam aos tradutores em seu ofício também não o são. Ao contrário, se retornarmos ao século XVIII, quando o movimento de traduções realmente se tornou significativo no mundo luso-brasileiro e a tradução se tornou tema de discussão entre os letrados, encontraremos questões semelhantes e outras diferentes. Afinal, o que também está em jogo nessa comparação são dois regimes de tradução distintos, se tomarmos de empréstimo a expressão de Peter Burke (2009). Com o objetivo de refletirmos sobre o ofício da tradução há cerca de dois séculos, elegeu-se a versão, em língua portuguesa, do *Ensaio sobre a Crítica* (1810), de Alexander Pope (1688-1744), conterrâneo, a propósito, de George Orwell, levada a cabo por Fernando José de Portugal e Castro, nobre com experiência na administração colonial e então ministro da corte joanina instalada no Rio de Janeiro.

Os livros, as traduções e os ventos luminosos do Setecentos

Ao longo do Século das Luzes, os letrados discutiam e dialogavam sobre os mais diversos temas sem recorrerem a uma "língua universal" ou franca que mediasse as discussões. Ao contrário, conforme demonstram Lucien Febvre e Henri Martin (2017), o latim havia perdido sua preeminência tanto na escrita em verso quanto em prosa. Nesse contexto, as línguas vernáculas ascenderam como veículos de transmissão de textos e de ideias para os novos públicos que emergiam (OZ-SALZBERGER, 2006, p. 387). Segundo Fania Oz-Salzberger (2006), o número de traduções cresceu substancialmente em diversos estados europeus e atingiu seu pico nas três últimas décadas do século XVIII. O mundo luso-brasileiro não permaneceu alheio a esse movimento e seu mercado livreiro assistiu a uma profusão de traduções ao longo do Setecentos.

Essas publicações mantinham estreita relação com a recepção em tons próprios dos ventos luminosos que ali chegavam desde a reorientação da política régia no período pombalino e do reformismo ilustrado do secretário de estado Rodrigo de Sousa Coutinho. Durante o período em que Sousa Coutinho esteve à frente da Secretaria de Estado da Marinha e do Ultramar, proliferam-se ações de incentivo a letrados que buscavam um conhecimento prático que baseassem as reformas (MAXWELL, 1999). Fundamental nesse aspecto é a fundação, em 1799, da Casa Literária do Arco do Cego, dirigida pelo botânico Frei Veloso. Dessa tipografia, saíram numerosas traduções de obras sobre a agricultura, o comércio, a medicina e a história natural (CURTO, 1999). Com a subsequente migração da Corte joanina, a publicação de traduções manteve seu ritmo ascendente em meio a instalação da Impressão Régia e ao crescimento do comércio livreiro no Brasil.

Como aponta António Gonçalves Rodrigues (1992), na primeira metade do século XVIII, já surgiram 442 traduções publicadas em Portugal, frente a 266 do século anterior. Entre os anos de 1750 e 1800, porém, publicou-se um total de 1337 traduções dos mais variados temas e autores. Em uma análise geral, constatamos um vertiginoso crescimento das traduções na década de 1780. Frente às 177 traduções publicadas na década de 1770, saíram à luz, entre 1780 e 1789, 447 obras traduzidas. O gráfico abaixo apresenta o volume anual adquirido pelas obras traduzidas para o português entre 1750 e 1800:

Gráfico 1: Obras traduzidas para a língua portuguesa (1750-1800)

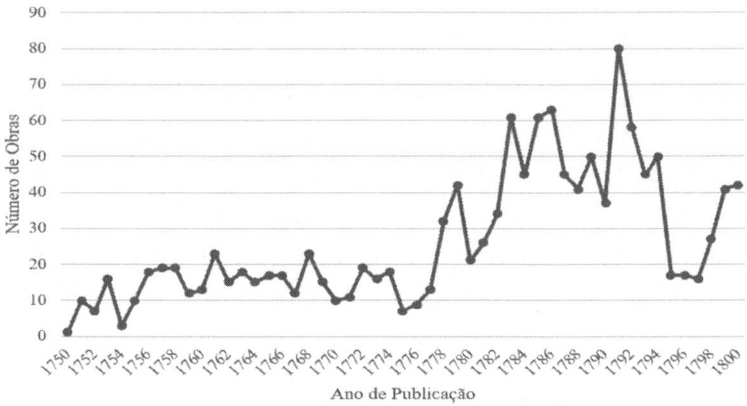

Fonte: Gráfico elaborado pelo autor a partir dos dados coletados em RODRIGUES, Antonio Augusto Gonçalves. *A Tradução em Portugal. Tentativa de resenha cronológica das traduções impressas em língua portuguesa excluindo o Brasil. Volume Primeiro, 1495-1834.* Lisboa: Imprensa Nacional-Casa da Moeda, 1992.

Uma forma diacrônica de abordar a questão é pensar os temas das traduções em conexão com as décadas em que foram publicadas. Inspirado no trabalho de Lúcia Bastos Pereira das Neves e de Guilherme Pereira das Neves (2004), procedeu-se a organização das áreas temáticas apresentadas anteriormente nas cinco grandes categorias do Catálogo da Biblioteca do Conde da Barca (1818): *Teologia* (orações, catecismos, obras de devoção etc.), *Belas Letras* (gramáticas, dicionários, obras em prosa, poesia, contos, novelas, teatro, fábulas etc.), *Ciências e Artes* (obras de filosofia, moral, economia, agricultura, matemática, ciências, física, arquitetura etc.), *Jurispru-*

dência (livros de direito) e *História* (cronologias, viagens, memórias, relatos, geografia etc.).[2]

Gráfico 2: Temas das obras traduzidas para a Língua Portuguesa por década (1750-1800)

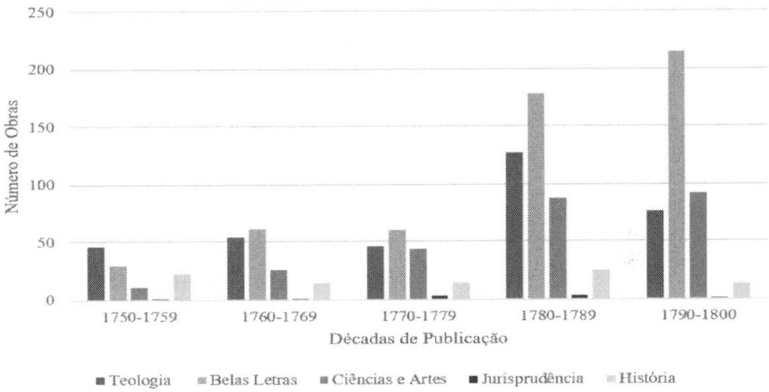

Fonte: Gráfico elaborado pelo autor a partir dos dados coletados em RODRIGUES, Antonio Augusto Gonçalves. *A Tradução em Portugal. Tentativa de resenha cronológica das traduções impressas em língua portuguesa excluindo o Brasil. Volume Primeiro, 1495-1834.* Lisboa: Imprensa Nacional-Casa da Moeda, 1992.

A partir do primeiro gráfico, constatam-se picos de impressão de traduções nos anos de 1783 (61 títulos), 1785 (61 títulos), 1786 (63 títulos), 1791 (80 títulos) e 1792 (58 títulos). Uma hipótese possível parte do princípio de que o aumento das traduções nessas décadas está diretamente relacionado ao crescimento da impressão das obras de *Belas Letras*, que representaram cerca de 44,5% das tradu-

2 Para uma discussão acerca da classificação da Biblioteca do Conde da Barca (1818), ver: FERRAZ, 2017.

ções que saíram à luz entre 1780 e 1800. Há, sem dúvida, uma importante mudança no padrão das práticas de leitura anteriores, comprovado pelo Gráfico 2. O processo de crescimento de uma literatura leiga veio acompanhado de uma queda nos livros de *Teologia* ao longo da década de 1790, se comparada à anterior.

Essa transformação se insere, com certos limites característicos das sociedades do período, no processo de "descristianização" apontado por François Furet (1970). A mudança no perfil de leitura propiciada pela emergência das Luzes representou, salienta João Luís Lisboa (1991), uma queda da leitura religiosa e de humanidades e um crescimento na leitura de diversão. Por fim, a partir da década de 1780, as obras de *Ciências e Artes*, notadamente as que versam sobre agricultura e sobre medicina, experimentaram um notável avanço. Os livros traduzidos de *História* e *Jurisprudência* não apresentaram, ao longo da segunda metade do século XVIII, mudanças significativas em termos de volume.

Para além do que era traduzido pelos letrados, uma investigação acerca da prática da tradução na passagem do Setecentos ao Oitocentos precisa considerar de que modo as obras eram traduzidas, isto é, quais regimes de tradução, na expressão de Peter Burke (2009), vigoravam então. Na impossibilidade de analisar adequadamente cada uma das traduções, uma saída para a questão pode ser encontrada na investigação dos *paratextos editoriais*, como prefácios, posfácios, cartas ao leitor e comentários adicionados ao texto original. Segundo Gerard Genette, o paratexto é dotado de razoável *força ilocutória*, permitindo dar "a conhecer uma *intenção* ou *interpretação* autoral e/ou editorial" (GENETTE, 2009, p. 17, grifos no original). Além disso, esse gênero acaba por constituir

> uma zona não apenas de transição, mas também de *transação*: lugar privilegiado de uma pragmática e de uma estratégia, de uma ação sobre o público, a serviço, bem ou mal compreendido e acabado de uma melhor acolhida do texto de uma leitura mais pertinente (GENETTE, 2009, p. 10, grifos no original).

Nos prefácios, nas cartas ao leitor e nos comentários, os tradutores portugueses do Setecentos empreenderam diversas reflexões acerca do modo correto de se traduzir uma obra e, sobretudo, em relação à fidelidade ao original. De um lado, estavam tradutores que defendiam a tradução pelo sentido expresso pelo autor em sua língua original. Luis Antonio Verney, em uma das cartas do *Verdadeiro Método de Estudar* (1746), afirmava que era "muito mal emprego obrigar o estudante a traduzir Bulas ou Constituições, e principalmente a traduzi-las palavra por palavra, como fazem estes mestres" (VERNEY, 1746, p. 74-81). Cândido Lusitano, tradutor da *Arte Poética de Horácio* (1778), atentava que "nós por fidelidade não entendemos o traduzir literalmente, mas sim o exprimir sentença por sentença e figura por figura, não acrescentando coisa que não se lê no original, e não menos tirando, ou mudando coisas que nele estejam" (LUSITANO, 1778, n.p.).

De outro lado, estavam os letrados que defendiam uma tradução mais literal, que concedia importância aos termos e às expressões do original. Em 1757, o Padre Correia Garção, que foi redator da *Gazeta de Lisboa*, escrevia que a famosa frase de Horácio, "E não cuidareis em traduzir palavra por palavra, fiel intérprete", se referia à imitação e não à tradução. Antonio Lourenço Caminha, o já citado tradutor de Cícero (1785), afirmava que havia se esforçado para que sua versão fosse "literal e não uma nova composição ou paráfrase" uma vez que "ser tradutor não é ser compositor". Para ele, uma tradução "é um fiel espelho, que só copia o objeto tal qual ele é em si próprio. Ou como finalmente uma pintura, que se copia de outro quadro" (CAMINHA, 1785, n.p.).

Em seu prefácio ao *Ensaio sobre a Crítica* (1810), de Pope, o próprio Fernando José de Portugal apresentava as discussões da época sobre a tradução e afirmava que "muito se tem questionado sobre as traduções livres, e literais; e qual o melhor método de traduzir um Poeta, se em verso, se em proza" (PORTUGAL, 1810, p. VIII). Para resolver a questão, Fernando José de Portugal recorreu à obra de Noel-Ettiene Sanadon, padre e tradutor francês que viveu entre 1676 e 1733. Segundo D. Fernando, no Prefácio à sua tradução de Horácio, o padre francês defendeu que "a tradução de um Poeta feita em prosa terá toda a perfeição, que pode ter, quanto à fidelidade" (PORTUGAL, 1810, p. IX). Desse modo, o tradutor português reconheceu que não tinha por objetivo decidir "uma questão tão agitada na literatura francesa" e que só se propôs a "fazer uma tradução fiel, e bastantemente literal, deste Ensaio, quanto permite o gênio da Língua" (PORTUGAL, 1810, p. X). A partir desses breves trechos, percebemos que a ideia de tradução da época se vinculava a outros termos como fidelidade, imitação, literalidade, paráfrase em constante relação ao autor original da obra traduzida.

O Ensaio sobre a Crítica (1810) entre o original e a tradução

Foi nesse contexto de crescente valorização da prática tradutória e em meio a essas discussões sobre o modo correto de se traduzir que Fernando José de Portugal e Castro publicou suas versões das obras de Alexander Pope. No seu prefácio, o tradutor afirmava que, após as traduções da *Ars Poetica,* de Horácio, da *Poética,* de Aristóteles, e da *Arte Poética,* de Boileau, pensou

> que seria tão bem um serviço útil, e proveitoso verter em vulgar o Ensaio sobre a Crítica de Alexandre Pope, um dos Poetas Ingleses mais corretos, para os que desejam saber as regras, e preceitos de escrever bem em verso, e julgar com acerto das composições poéticas, as pudessem mais facilmente aprender, lendo esta obra em nada inferior aquelas em mesmo gênero (PORTUGAL, 1810, p. I).

Mais adiante, em outro trecho, D. Fernando tratava das diversas edições das obras de Pope e se refere à edição de nove volumes feita por Joseph Warton, em 1797, e a de dez volumes, feita por William Lisle Bowles, em 1806. Quanto à sua tradução, ele afirma que

> quanto ao Texto, que vai defronte da versão, segui quase sempre a edição de Warton; e traduzi as Notas, e ilustração, cortando, ou omitindo algumas in-

> significantes, ou que não enquadravam com os princípios da nossa Religião (PORTUGAL, 1810, p. XII).

Ao afirmar que suprimiu e que omitiu trechos insignificantes ou que não se enquadravam aos princípios da fé católica portuguesa, D. Fernando admite ter feito alterações no texto original e em sua tradução. Que trechos foram esses? Por que eles foram omitidos?

Para respondermos a tais perguntas e para refletirmos sobre a prática da tradução neste período, adotamos a estratégia metodológica de comparação da tradução com a edição base no idioma original do autor. A partir dela, busca-se, sobretudo, investigar algumas escolhas e estratégias tradutórias a partir das semelhanças entre o texto de origem e a tradução. Conforme salientou John Milton (2013),

> uma tradução literária não é examinada do ponto de vista da precisão, expressão ou brilho com os quais consegue refletir o original; em vez disso, analisa-se o lugar que a tradução ocupa dentro do sistema da língua para a qual foi traduzida (o sistema alvo). Uma tradução não é analisada isoladamente, simplesmente em conexão com seu original, mas é vista como parte de uma rede de relações que inclui todos os aspectos da língua-alvo, e este papel pode ser ou central ou periférico dentro do sistema-alvo (MILTON, 2013, p. 208).

No caso da tradução aqui examinada, a partir da assunção do próprio tradutor em seu prefácio, procedemos uma exaustiva comparação entre os versos ingleses da edição original e aqueles da edição de 1810. Ao fim do processo, concluiu-se que D. Fernando manteve fielmente o texto em língua inglesa em sua versão, o que não foi comprovado para as notas. Ao longo das páginas da tradução, verificou-se que o tradutor omitiu deliberadamente, no mínimo, doze notas que constavam na edição base. O que continham essas notas? Por que foram omitidas?

As notas ou os comentários posteriores, como é caso daqueles presentes nas edições de Pope, possuem uma longa tradição na cultura escrita. Segundo Anthony Grafton (1998, p. 34-35), "a anotação de documentos – X escrevendo sobre Y – começou no mundo antigo e se desenvolveu em toda cultura que possuísse um cânon formal, escrito". Os poemas de Alexander Pope foram constantemente comentados por diferentes autores durante as diferentes edições ao longo do século XVIII. Não por acaso, a edição de 1810 traz consigo notas de, no mínimo, cinco diferentes penas, descritas a seguir. Os três primeiros conjuntos de notas constam na versão base de 1797, e os dois últimos foram acrescentados pelo tradutor em 1810:

a. Do próprio Alexander Pope (1688-1744), quando da escrita do poema (1711) e das reedições em sua vida, identificadas como "P.".

b. De William Warburton (1698-1779), letrado inglês e Bispo de Gloucester, autor da edição dos *Works* de Pope de 1751, identificadas como "W.";

c. De Joseph Warton (1722-1800), letrado inglês, organizador da edição de 1797 e autor do *Essay on the Genius and Writings of Pope* (volume 1: 1756; volume 2: 1782), identificadas como "Warton";

d. De Jean-François Du Bellay du Resnel (1692-1761), abade francês e tradutor da versão do *Essai sur la Critique* de 1730, identificadas como “Abbade Resnel”;

e. De Fernando José de Portugal (1752-1817), tradutor da versão portuguesa do *Ensaio sobre a Crítica* de 1810, identificadas como “Do Traductor”.

Dentre as notas suprimidas, merece destaque uma que se refere ao verso 35, “Há quem julgue ainda peior do que elle escreve” (ENSAIO SOBRE A CRÍTICA, 1810, p. 13). A nota completa de Warton é uma citação do tomo VII de *Questions sur l'Encyclopédie* (ca. 1770) escrito por Voltaire:

> A maior desgraça (diz Voltaire) de um homem de letras, que talvez não seja objeto de inveja de seus colegas, a vítima da cabala, o desprezo dos poderes do mundo, é ser julgado por tolos. O homem de letras (se lhe fizermos justiça), está indefeso; parece com peixes voadores; se sobem um pouco, os pássaros os devoram; se mergulham, os peixes os comem. Todo homem público presta homenagem à malignidade; mais é pago em dinheiro e honras. Questions sur L'Encycl. 7 T. 323” (THE WORKS..., 1797, v. 1, p. 181).[3]

3 No original, lê-se: “‘Le plus grand malheur (says Voltaire) d'un homme des lettres, n'est peut-être pas d'être objet de la jalousie de ses confreres, la victime de la cabale, le mepris de puissans du monde, c'est d'être jugé par des sots. L'homme de lettres, (si on lui fait Injustice), est sans secours; il resemble au poissons volantes; s'il s'éleve um peu, les oiseaux le devorent; s'il se plonge, le poissons le manget. Tout homme public paye tribut à la malignité; mais il est payé en deniers & en honneurs' Questions sur L'Encycl. 7 T. 323” (THE WORKS..., 1797, v. 1, p. 181).

As razões da supressão do trecho relacionam-se diretamente aos critérios da censura que vigoravam no mundo luso-brasileiro de então. Desde o Regimento da Real Mesa Censória de 1768, os livros escritos pelos "Pervertidos Filósofos destes últimos tempos" estavam proibidos no reino (VILLALTA, 2015, p. 190). Nesse mesmo ano, o padre Antônio Pereira de Figueiredo (1725-1797) escrevia um parecer sobre a recente edição das obras completas de Voltaire (Amsterdã, 1764), considerado "péssimo, ainda quando parece bom; ele difunde o veneno, ainda quando faz orações a Deus; ele inspira insensivelmente um desprezo de tudo o que é Religião e piedade" (*apud* DENIPOTI, 2011, p. 142).

Em outro trecho, ao tratar da parcialidade dos críticos aos antigos e aos modernos, entre os versos 440 e 445 do *Ensaio*, Pope escrevia:

> Algum dia esta zelosa Ilha se inundou de Teólogos Escolásticos; quem sabia mais Sentenças tinha mais profunda lição: a Fé, o Evangelho, tudo lhes parecia sujeito a disputa, e nenhum deles tinha bastante senso para se poder convencer. Agora descansam em Paz os Escotistas, e Tomistas entre teias de aranha, com quem se aparentam (*Ensaio sobre a Crítica*, 1810, p. 91 e 93).

Em relação ao último trecho do excerto, acerca dos Escotistas e dos Tomistas, D. Fernando julgou por bem suprimir a nota de Warburton que tratava da heresia do Monotelismo, a propósito da natureza divina e humana de Jesus Cristo. Na nota, o bispo citava um trecho do volume 4 do *Dictionnaire historique et critique,* de Pierre Bayle (1647-1706), que tratava do 6º Concílio Geral ocorrido em Constantinopla em 680 d. C., quando as ideias monotelistas foram consideradas heréticas (THE WORKS..., 1797, v. 1, p. 448). Novamente, a citação esbarrou na censura e, por isso, deve ter sido suprimida. Afinal, Bayle, assim como Voltaire, figurava entre os autores proibidos no edital de 24 de setembro de 1770 da Real Mesa Censória. Apesar disso, conforme demonstra Luiz Carlos Villalta, nas últimas décadas do século XVIII, foram concedidas frequentemente licenças para a leitura e/ou para a posse do *Dicionário* de Bayle a leitores luso-brasileiros (VILLALTA, 2015, p. 289-295).

Nem todas as omissões tinham motivos importantes e a maioria se enquadrava na aparente insignificância apregoada pelo tradutor em seu prefácio. É o caso, por exemplo, da Nota ao verso 161, que afirmava "*Seus* significa seus próprios" (*Their* means their own), e da Nota ao verso 403, que dizia "Uma palavra imprópria para *ilumina*" (An improper word of *enlightens*) (THE WORKS..., 1797, p. 202 e 228). No início da Parte III do poema, a partir do verso 560, o tradutor omitiu uma nota de Warburton que fazia um breve resumo dos assuntos que seriam abordados adiante. Tratou-se, evidentemente, de uma escolha editorial, pois, como descrevemos anteriormente, a edição de 1810 trazia um "Sumário do que contém este Ensaio".

Além das supressões, Fernando José de Portugal fez acréscimos importantes que contribuíram, por um lado, para tornar sua edição mais completa e, por outro, para a recepção da obra no mundo luso-brasileiro. Primeiramente, destaca-se a adição dos comentários do abade francês Jean-François Du Bellay du Resnel (1692-1761), tradutor da versão francesa do *Essai sur la Critique* de 1730. Ao verso 536, que citava um "Monarca indolente", por exemplo, o tradutor acresceu uma nota em que Resnel afirmava "O Autor fala aqui de Carlos II, cujo caráter é assaz conhecido. O visconde de Rochester dizia, que ele nunca tinha dito nada mau, nem feito nada bom" (*Ensaio sobre a Crítica*, 1810, p. 105). Algumas páginas depois, em relação aos versos 691 e 692, "Um segundo diluvio destruiu a Ciência, e os Frades acabarão o que os Godos principiaram", o Abade Resnel comentava:

> Nestes séculos de ignorância os Frades são os únicos, que mostrarão gosto, e amor pelas Belas Letras. Pede pois o reconhecimento, que os louvemos pelo trabalho, e aplicação, com que nos transmitiram os celebres Autores da Antiguidade; e a justiça, que atribuamos à desgraça dos tempos, em que viviam, tudo o que é bárbaro, e grosseiro nos seus escritos (*Ensaio sobre a Crítica*, 1810, p. 130).

Logo depois, entre os versos 693 e 695, ao tratar dos críticos, Pope cita Erasmo de Roterdã (1466-1536): "Finalmente Erasmo aquele grande nome injuriado (gloria e vergonha do Sacerdócio) suspende a furiosa torrente de um século bárbaro". Sobre este trecho, o tradutor francês afirmava

> O Abade Marsolier, tradutor de algumas obras d'Erasmo, empregou a sua eloquência em justificá-lo em uma Apologia engenhosa, e bem escrita. O Padre de Tournemine, Jesuíta, a refutou solidamente pelas mesmas Cartas d'Erasmo. Esta refutação apareceu em França, e tornou-se a imprimir em Holanda. Um Agostinho Descalço deu também ao público uma ampla crítica da Apologia d'Erasmo.

> Bossuet na sua História das Variações depois de o ter representado como suspeito em matéria de Fé, deixa com tudo a sua memória ao juízo de Deus. Senão é permitido louvá-lo como Teólogo, não podemos ao menos negar-lhe a glória de ter contribuído muito para a restauração das Letras (*Ensaio sobre a Crítica*, 1810, p. 131).

As notas escritas por D. Fernando, em sua maioria, apresentam exemplos de letrados e de poetas lusos. Ao comentar o verso 48, de Pope, "Deveis conhecer-vos a vós mesmos", o tradutor cita versos da Carta 10, do poeta Diogo Bernardes (1530-1605), e da Carta 13, do escritor Antônio Ferreira (1528-1569) (*Ensaio sobre a Crítica*, 1810: 15-16). Ferreira é novamente citado no comentário ao verso 213 e Bernardes reaparece na nota ao verso 322. Mais adiante, o Conde de Aguiar se utiliza de um Sermão do Padre Antônio Vieira (1608-1697) para comentar os versos 60 e 61: "Uma única ciência é bastante para um só Gênio; tão vasta é a arte, tão curto o entendimento humano". No trecho, questiona Vieira: "[...] como se hão de juntar em um só homem, ou se hão de confundir nele tantos ofícios? Se um mestre com carta de examinação dá má conduta de um ofício mecânico, um homem [...] como há de dar boa conta de tantos ofícios políticos?" (*Ensaio sobre a Crítica*, 1810, p. 20).

A certa altura do poema, Pope preconiza, nos versos 333 e 334, que "as mesmas regras se devem observar com as palavras, que com as modas: tão extravagante é serem muito novas, como muito antigas". Sobre isso, Fernando José de Portugal escreveu um extenso comentário sobre a

Língua Portuguesa. Em suas palavras, essa é "assaz abundante, e copiosa de termos, e frases, e só poderão negar esta verdade os que se descuidam de ler os nossos autores clássicos". Ainda assim, foi preciso criar palavras em alguns casos, como os de Luís de Camões (1524-1580) e de Gabriel Pereira de Castro (1571-1632). Ao mesmo tempo, segundo o tradutor, Pope critica o uso de palavras muito antigas, fato recorrente nas obras de João de Barros (1496-1570), Gabriel Soares de Souza (1540-1591) e de Padre Antônio Vieira (1608-1697) (*Ensaio sobre a Crítica*, 1810, p. 73).

Entre os versos 394 e 401, Pope aborda a parcialidade e a predileção dos críticos pelos escritores antigos ou modernos:

> Uns desprezam os escritores estrangeiros, outros os nossos: uns prezam somente os Antigos, outros os Modernos. Assim cada um atribui o Engenho, como a Fé, a uma pequena seita, e todas as mais condena. Com baixeza eles intentam limitar o dom do Céu, e pretendem que o Sol só brilhe em uma única parte, quando não sublima meramente os talentos do Sul, mas tão bem amadurece os espíritos nos climas frios do Norte (*Ensaio sobre a Crítica*, 1810, p. 87).

No comentário, D. Fernando afirmou que "Pope, sendo censurado nestes dois versos, se justifica da errada inteligência, que alguns lhe deram, em uma das Cartas a J. C. [James Craggs], a qual vai traduzida no fim desta Obra" (*Ensaio sobre a Crítica*, 1810, p. 87). Na carta citada, datada de 18 de junho de 1711, o poeta inglês escreveu "A comparação tão censurada no meu Ensaio [...] manifestamente acaba nesta segunda regra, onde está um ponto final/ e o que se segue (*com baixe eles intentam* etc.) diz respeito somente ao Engenho, designado por este favor do Ceo, e por este Sol". Por isso, continuava ele: "a mesma comparação, se se ler duas vezes, os convencerá de que a censura de condenar o resto não recai de forma alguma sobre a nossa Igreja, a não quererem chamar a nossa Igreja *uma pequena seita*" (*Ensaio sobre a Crítica*, Carta II, 1810, grifos no original).

Apenas algumas páginas depois, os versos 425 e 429 trazem a seguinte reflexão:

> É assim que o Vulgo erra por causa da Imitação, como muitas vezes os Sábios por serem singulares. Desprezam tanto o povo, que ainda que a multidão por acaso acerte, eles de proposito errão. São como os Schimasticos, que se apartam dos Fieis sinceros, e se condenam poder terem sobejo engenho (*Ensaio sobre a Crítica*, 1810, p. 90).

Especialmente sobre o excerto "Fieis sinceros", D. Fernando comentou novamente: "Pope mostra a errada inteligência, que alguns deram a estes versos, em uma das suas Cartas a J. C. [James Craggs], que vai traduzida no fim desta Obra" (*Ensaio sobre a Crítica*, 1810, p. 90). De fato, na dita Carta III de 19 de julho de 1711, Pope argumentava que "Qualquer homem de um juízo mediano imaginaria, que o Autor manifestamente se declara contra aqueles cismáticos, que abandonarão a verdadeira Fé, por desprezarem o entendimento de alguns Crentes" e concluía que: "Sempre me achareis um verdadeiro Troiano na minha fé, e amizade, e em ambas persistirei até a morte" (*Ensaio sobre a Crítica*, Carta III, 1810). A partir desses comentários, conclui-se que, ao acrescentar as Cartas II e

III a James Craggs, D. Fernando objetivava, de certa forma, conter possíveis críticas e censuras por meio da publicação das justificativas do próprio poeta.

Rupturas e permanências no mundo dos livros e das traduções

A partir das reflexões deste trabalho, podemos concluir que Fernando José de Portugal fez importantes alterações em sua tradução. Tal prática não era de modo algum estranha ao contexto de sua publicação. Como bem ressaltou Peter Burke (2009, p. 42), vigorava, na Época Moderna, "um regime livre ou aberto de tradução" que "persistiu até o século XVIII". No mundo luso-brasileiro, argumentamos que tal regime perdurou ainda mais e adentrou com vigor no Oitocentos. Por isso, era comum que os tradutores alterassem importantes aspectos das obras e suprimissem o que julgassem necessário sem que o resultado fosse considerado uma obra inédita. Ao contrário, as discussões sobre a tradução nas obras da época revelam que muitos tradutores julgavam ser possível conservar a fidelidade ao original e o sentido do autor com uso de palavras e de termos distintos.

Ademais, a prática da tradução esbarrava em outras questões próprias daquela época, como a permanência de uma concepção religiosa de mundo e de sociedade que se materializava na censura aos livros e na perseguição aos letrados errantes. Ainda assim, as traduções foram as responsáveis pelo acesso tímido e limitado às obras de ilustrados ingleses e, em menor proporção, de franceses. Não obstante, o Antigo Regime ainda encontrava raízes profundas nas mentes dos letrados de fins do Setecentos. Os tradutores do período não ousaram traduzir e publicar obras que fossem contrárias às instituições basilares da sociedade portuguesa, como a própria monarquia e a Igreja. Cientes da necessidade de mudanças para se adaptarem aos novos tempos, após a Independência das Treze Colônias e da Revolução Francesa, homens como Rodrigo de Sousa Coutinho e o próprio Fernando José de Portugal não vislumbravam outro caminho senão a manutenção, através de reformas, das amarras que os impediam de ingressar propriamente na modernidade.

As sobrevivências desses processos ainda podem ser percebidas na atualidade. Simples objetos, os livros carregam ideias, sensações, percepções e conteúdos, por vezes, considerados perigosos, revolucionários e, sem dúvida, transformadores, tanto do contexto em que eram publicados quanto dos leitores, que construíam significados e pensamentos no momento de sua leitura. Não por acaso, no alvorecer da terceira década do segundo milênio, ainda continuam sendo alvo de perseguição e de censura. Nos últimos anos, fomos lembrados do poder das forças religiosas no cenário político, no qual o autoritarismo ganhou fôlego e a perseguição, a intolerância e o negacionismo às ideias científicas assumiram nova forma. Surgiram propostas de ensino do criacionismo e do uso da Bíblia Sagrada nas escolas públicas.[4] Algumas obras do cânone literá-

4 PROJETOS que estabelecem criacionismo nas escolas são desarquivados na Câmara. *Brasil de Fato*. 27 de fevereiro de 2019. Disponível em: <https://www.brasildefato.com.br/2019/02/27/projetos-que-estabelecem-criacionismo-nas-escolas-sao-desarquivados-na-camara/>. Acesso em 12/03/21.

rio brasileiro escritas por Mário de Andrade, por Machado de Assis e por Euclides da Cunha chegaram a ser proibidas em um estado brasileiro.[5]

Diversos professores universitários e do ensino básico das ciências humanas foram frequentemente "amordaçados" e perseguidos por suas ideias sob a acusação de "doutrinação ideológica" (FRIGOTTO, 2017). Mais recentemente, dentre as propostas da reforma tributária, está a taxação de livros, cuja imunidade tributária é prevista desde a constituição de 1946, graças à articulação de escritores como Jorge Amado (CAVALLI, 2010, p. 87).[6] Conforme afirma o manifesto publicado no último ano por associações livreiros em jornais de grande circulação, intitulado "Em defesa do livro", não há "nada mais barato, ágil e eficiente do que a palavra impressa [...] para se divulgar as ideias, [...], para denunciar as injustiças, [...] e para ser o complemento ideal da liberdade de expressão" (*Manifesto em Defesa do Livro*, 2020). Enquanto perseguirmos livros e ideias, nunca seremos, enfim, livres, como sonharam aqueles ilustrados do Setecentos.

---

5 DOCUMENTO da Secretaria de Educação de RO manda recolher de escolas 'Macunaíma' e mais 42 livros; secretário diz ser 'rascunho'. *G1 Rondônia.* 6 de fevereiro de 2020. Disponível em: < https://g1.globo.com/ro/rondonia/noticia/2020/02/06/documento-da-secretaria-de-educacao-de-ro-manda-recolher-de-escolas-macunaima-e-mais-42-livros-secretario-diz-ser-rascunho.ghtml>. Acesso em 12/03/21.

6 NOVO tributo ameaça encarecer livros e quebrar editoras que já agonizam. *Folha de São Paulo.* 7 de agosto de 2020. Disponível em < https://www1.folha.uol.com.br/ilustrada/2020/08/novo-tributo-ameaca-encarecer-livros-e-quebrar-editoras-que-ja-agonizam.shtml>. Acesso em 12/03/21.

Fontes

CAMINHA, Antonio Lourenço. Prologo. *Lélio ou dialogo sobre a amizade dedicado a Tito Pomponio Attico. Versão Portugueza, ... seu author Antonio Lourenço Caminha, Professor Régio de Rhetorica, e Poetica.* Lisboa: Oficina de Francisco Luiz Ameno, 1785.

ENSAIO sobre a crítica. Traduzido em portuguez pelo Conde de Aguiar. Com as Notas de José Warton, do Traductor, e outros; e o Commentario do Dr. Warburton. Rio de Janeiro: Impressão Régia, 1810.

ESSAI sur la Critique, poème traduit de l'anglois de M. Pope, avec un discours et des remarques. Paris: Chez Teodore Le Gras..., 1730.

GARÇÃO, Pedro António Correia. *Dissertação Terceira sobre o Principal Proveito para Formar hum Bom Poeta...* apud SILVA, Jorge Miguel Bastos da (Org.). *O Discurso sobre a Tradução na Literatura Portuguesa. Classicismo e Romantismo. Antologia.* Porto: Edições Afrontamento, 2015.

LUSITANO, Cândido. Discurso Preliminar do Traductor. *Arte Poetica de Q. Horácio Flacco, Traduzida e illustrada em Portuguez por Candido Lusitano. Segunda edição, correcta, e emendada.* Lisboa: Officina Rollandiana, 1778.

MANIFESTO em Defesa do Livro. Disponível em: https://www.blogdacompanhia.com.br/files/uploads/downloads/Manifesto-Em-Defesa-do-Livro-pdf.pdf?fbclid=IwAR1xe_kZuzE4MkYT50UkC18S_Kc-HJlWPjUCBDO-7wqOq0c4zS_OjzoP-adc . Acessado em 06/08/2020.

PORTUGAL, Fernando José de. Prefação. In: POPE, Alexander. *Ensaio sobre a crítica. Traduzido em portuguez pelo Conde de Aguiar. Com as Notas de José Warton, do Traductor, e outros; e o Commentario do Dr. Warburton.* Rio de Janeiro: Impressão Régia, 1810.

THE DICTIONARY Historical and Critical of Mr. Peter Bayle. The Second Edition... Volume The Fourth. Londres: Pritend for D. Midwinter, ... 1737.

THE WORKS of Alexander Pope Esq. In nine volumes, complete with his last corrections, additions, and improvements. Published by Mr. Warburton with occasional notes. Londres: J. and Knapton..., 1751.

THE WORKS of Alexander Pope, Esq. in Nine Volumes, complete. With Notes and Illustrations by Joseph Warton, D. D. and others. London: Printed for B. Law, J. Johnson... 1797.

THE WORKS of Alexander Pope, Esq. in verse and prose ... by the Rev. William Liles Bowles, A. M.... in ten volumes. London: Printed of J. Johnson, J. Nichols and Son... 1806.

VERNEY, Luís António. *Verdadeiro Método de Estudar, para ser útil à República e à Igreja: proporcionado ao estilo, e necessidade de Portugal*. Valença: Oficina de Antonio Belle, 1746. Vol. 1.

Referências

BOTTMAN, Denise. A Fazenda dos Animais. Denise Bottmann e sua tradução de "A fazenda dos animais", de George Orwell. *L&PM Blog*, 2021.Disponível em: < https://www.lpm-blog.com.br/?p=29051>. Acesso em 12/03/21.

BURKE, Peter & PO-CHIA HSIA, Ronnie (Orgs.). *A tradução cultural nos primórdios da Europa Moderna*. São Paulo: Editora UNESP, 2009.

CAVALLI, Cássio. Apontamentos sobre a imunidade tributária dos livros, jornais e periódicos e do papel destinado à sua impressão. *Revista de Direito Administrativo*, Rio de Janeiro, v. 255, set./dez. 2010.

CURTO, Diogo Ramada. D. Rodrigo de Sousa Coutinho e a Casa Literária do Arco do Cego. In: CAMPOS, Fernanda

Maria Guedes de; CURTO, Diogo Ramada (Orgs.). *A Casa Literária do Arco do Cego (1799-1801): Bicentenário. "Sem livros não há instrução"*. Lisboa: Imprensa Nacional-Casa da Moeda, Biblioteca Nacional, 1999.

DENIPOTI, Cláudio. Censura e mercê – os pedidos de leitura e posse de livros proibidos em Portugal no século XVIII. *Revista Brasileira de História da Ciência*, Rio de Janeiro, v. 4, n. 2, jul./dez. 2011.

FEBVRE, Lucien & MARTIN, Henri-Jean. *O Aparecimento do Livro*. São Paulo: Editora da Universidade de São Paulo, 2017.

FERRAZ, Márcia. A classificação das ciências na biblioteca do Conde da Barca. *Circumscribere: International Journal for the History of Science*, v. 19, p. 34-49, jun. 2017.

FRIGOTTO, Gaudêncio (Orgs). *Escola "sem" partido : esfinge que ameaça a educação e a sociedade brasileira*. Rio de Janeiro: UERJ, LPP, 2017.

FURET, François (Dir.). *Livre et societé dans la France du XVIIIe. Siécle*. 2v. Paris/Haia, Mutton, 1965-1970.

GENETTE, Gerard. *Paratextos editoriais*. Cotia: Ateliê Editorial, 2009.

LISBOA, João Luís. *Ciência e Política: Ler nos finais do Antigo Regime*. Lisboa: Instituto Nacional de Investigação Científica, Centro de História da Cultura da Universidade Nova de Lisboa, 1991.

MAXWELL, Kenneth. A geração de 1790 e a idéia do império luso-brasileiro. In: MAXWELL, Kenneth (Org.). *Chocolates, Piratas e outros Malandros: Ensaios Tropicais*. São Paulo: Paz e Terra, 1999.

MILTON, John. *Tradução: teoria e prática*. São Paulo: Martins Editora, 2013.

NEVES, Lúcia Maria Bastos Pereira das & NEVES, Guilherme Pereira das. A Biblioteca de Francisco Agostinho Gomes: a permanência da Ilustração luso-brasileira entre Portugal e o Brasil. *Revista do Instituto Histórico e Geográfico Brasileiro*, Rio de Janeiro, n. 425, 2004.

OLIVEIRA, Laura de. *Guerra fria e política editorial: a trajetória das Edições GRD e a campanha anticomunista dos Estados Unidos no Brasil (1956-1968).* Maringá: Eduem, 2015.

OZ-SALZBERGER, Fania. The Enlightenment in Translation: Regional and European Aspects. *European Review of History—Revue europe´enne d'Histoire*, Vol. 13, No. 3, 2006.

RODRIGUES, Antonio Augusto Gonçalves. *A Tradução em Portugal. Tentativa de resenha cronológica das traduções impressas em língua portuguesa excluindo o Brasil. Volume Primeiro, 1495-1834.* Lisboa: Imprensa Nacional-Casa da Moeda, 1992.

VILLALTA, Luiz Carlos. *Usos do Livro no Mundo Luso-brasileiro sob as Luzes: Reformas, Censura e Contestações.* Belo Horizonte: Fino Traço, 2015.

O caminho do Atlântico: a circulação dos impressos no ano de 1821

Arthur Ferreira Reis[1]

A imprensa e o Brasil na Era das Revoluções

A Revolução do Porto de 1820 trouxe consequências extraordinárias ao Império Luso-brasileiro. A tomada de posição da linguagem política liberal decorrente do movimento foi causa e consequência de uma ampla difusão da imprensa no Império. Até então dependente da autorização dos censores governamentais, a partir do movimento, os impressos puderam circular com mais liberdade, ainda que circunstancial (NUNES, 2010).

Uma das consequências imediatas da liberdade de imprensa proclamada, em 1821, após o juramento de D. João VI às bases da constituição (COLEÇÃO DAS LEIS DO IMPÉRIO, 1889), foi a explosão no número de jornais publicados no Brasil. Se, no ano de 1820, apenas o *Idade d'Ouro* e a *Gazeta do Rio de Janeiro* eram impressos em tipografias brasileiras, entre a adesão das províncias brasileiras ao movimento constitucional e o dia do Fico, foram criados dezessete jornais na América portuguesa.[2]

---

1 Doutorando na UFES. Bolsista CAPES. E-mail: arthurfr23@gmail.com.

2 São eles: Minerva (BA), Diário Constitucional (BA), Semanário Cívico (BA), Conciliador do Maranhão (MA), Aurora Pernambucana

Os jornais criados nesse momento tinham como principais objetivos disputar a opinião pública para seus projetos políticos e atuar pedagogicamente para preparar o país para o novo momento liberal (MOREL, 2006). Eram jornais majoritariamente políticos, suas folhas dedicavam poucos espaços para anúncios e suas durações variavam, mas normalmente não passavam de um ano.[3] Todavia, mesmo com pequena duração, as discussões que encetavam refletiam bastante a sociedade em que circulavam. Projetos políticos, sociais e econômicos foram ali criados, debatidos e discutidos de forma a tornar a imprensa uma importante fonte para pesquisas históricas.

Percebendo essa relevância, os interessados nesse período têm estudado os jornais e retirado as mais diversas conclusões de suas análises. Alguns, ligados a uma historiografia mais tradicional do século XIX, como John Armitage (1981), Varnhagen (1917) e até mesmo Tobias Monteiro (1982), usam os periódicos principalmente, mas não apenas, para confirmarem suas afirmações e retirarem informações factuais.

(PE), Segarrega (PE), Relator Verdadeiro (PE), El Pacífico Oriental (CIS), Amigo do Rei e da Nação (RJ), Conciliador do Reino Unido (RJ), O Bem da Ordem (RJ), Diário do Rio de Janeiro (RJ), Revérbero Constitucional Fluminense (RJ), O Espelho (RJ), Malagueta (RJ), Sabatina Familiar dos Amigos do Bem-Comum (RJ) e Compilador Constitucional Fluminense (RJ).

3 Com exceção de: Semanário Cívico (BA), Conciliador do Maranhão (MA), Segarrega (PE), Diário do Rio de Janeiro (RJ), Revérbero Constitucional Fluminense (RJ), O Espelho (RJ) e Malagueta (RJ), todos os outros duraram menos de um ano.

No século XX, houve uma mudança na forma de usar a imprensa nas pesquisas históricas. Percebeu-se que nela estavam mais do que informações sobre acontecimentos, mas também indícios sobre os pensamentos e os grupos políticos, além de ela ser um instrumento de exercício da cidadania.

Dessas pesquisas, destacamos a obra de Nelson Werneck Sodré, que escreveu sua *História da Imprensa no Brasil* (1999), nos legando, além de informações biográficas e factuais, uma interpretação da política brasileira. Para o caso do processo de independência compreendido entre 1821 e 1823, no qual está inserido o recorte deste capítulo, Sodré enxergou na imprensa desse período a formação de grupos políticos com ideias e com projetos um pouco delimitados. Se uns, como o *Diário Constitucional,* seriam os defensores dos "interesses brasileiros" (SODRÉ, 1999, p. 51), outros, como o *Espelho,* foram acusados de "órgão áulico" (SODRÉ, 1999, p. 58). A imprensa na obra de Sodré, como teria ocorrido também na coletânea de Sérgio Buarque de Holanda (1970), foi utilizada na interpretação dos pensamentos e dos grupos políticos do período.

A partir dos anos de 1990, houve um aumento substancial nas pesquisas que utilizaram a imprensa como fonte. A preocupação agora passaria pela concepção de que a imprensa servira como espaço de atuação política dos grupos que buscavam hegemonia no Brasil, bem como das modificações que essa mesma imprensa causou na sociedade brasileira.

Duas interpretações-chaves sobre a política do processo de independência passaram pela análise dos impressos. A obra de Cecília Helena Lorenzini de Salles Oliveira (1999) identificou que dois grupos teriam disputado o poder na Corte. Para conseguir legitimar seus projetos, lançaram mãos de artifícios como as manifestações e os impressos. Lúcia Maria Bastos Pereira das Neves (2003) também apontou a existência de dois grupos políticos no Rio de Janeiro e mostrou como os impressos tiveram papel elementar nos debates e nas disputas políticas.

Ainda pensando nos impressos, Marco Morel (2003) foi capaz de elucidar sobre o desenvolvimento dos espaços públicos no Brasil a partir dessas e de outras fontes. Tendo como ponto de partida as pesquisas de Jürgen Habermas (2003) e de François-Xavier Guerra (2001), o autor mostrou como a opinião pública se transformou – de forma progressiva e sempre híbrida (MOREL, 1998) – em espaço essencial de legitimação política (MOREL, 2006). O avanço dela teria sido reconhecido pelo próprio governo que buscou impor limites (MOREL, 2006) e participar por meio de jornais áulicos (REIS, 2016).

Reconhecendo os anos de 1821 e 1822 como um momento de explosão da imprensa, Isabel Lustosa (2000) se preocupou em compreender melhor a partir de que modo os jornalistas atuavam por meio dos jornais. Através da análise de insultos, de biografias, de alianças e de rixas políticas, a autora pôde afirmar que o objetivo desses homens era o público leitor, mas também seus pares e o próprio Imperador. Ainda segundo Lustosa, era por meio da imprensa que as culturas "popular" e "de elite" se encontravam, se transformando em um espaço mestiço entre mundos diferentes.

A partir dos subsídios dessas pesquisas, a imprensa tornou-se fonte imprescindível para a compreensão das formas de atuação na e da sociedade imperial. Em uma das óticas oferecidas por Neves (2002), as publicações devem ser compreendidas e estudadas como tentativas de implantar novas ideias e práticas políticas na relação entre indivíduo e Estado. O desenvolvimento desse ambiente de debate e de discussão poderia ter resultado em uma esfera pública de poder, mas que, graças às circunstâncias do período, isso não ocorreu integralmente. Mais do que espaço de disputa política em si, ela se transformou em lugar de alargamento dos espaços públicos e da cidadania, ainda que com avanços e com retrocessos.

De forma paralela e relacionada às análises que viam a imprensa como local de disputa política nacional e de conquista da cidadania, uma outra historiografia tem se destacado por enfatizar as relações e as inserções dos periódicos e dos discursos brasileiros no contexto internacional. Na verdade, essa historiografia encontra semelhança com uma outra desenvolvida principalmente em países de língua inglesa, onde a ideia de Era das Revoluções de Robert Palmer (2014) e de Jacques Godechot (1976) tem sido resgatada e reelaborada por historiadores como David Armitage e Sanjay Subrahamanyam (2009).

Segundo esses autores, no século XVIII, a partir da insatisfação sociopolítica de elementos das sociedades ocidentais, uma onda revolucionária teria varrido o mundo ocidental. Através do que Palmer chamou de "movimentos democráticos", os revolucionários buscavam maior igualdade, sendo esse o elemento impulsionador e unificador dessas revoluções (PALMER, 2014, p. 6). Assim, os movimentos revolucionários ocorridos na América e na Europa não foram isolados, mas parte de uma "mesma revolução 'liberal ou burguesa', cujas causas, profundas e gerais, foram as mesmas em todos os países" (GODECHOT, 1976, p.XVI).

Após quase 50 anos da publicação dessas obras, uma série de historiadores têm voltado a refletir sobre a ideia de Era das Revoluções de Palmer e de Godechot. Nesse retorno, algumas críticas têm tentado modificar aspectos dessa teoria e levantado novas hipóteses e oportunidades de análise. De forma mais relevante para esse capítulo, destacamos aquelas que pontam para problemas relacionados ao recorte temporal atribuído por ambos os autores à Era das Revoluções (originalmente, 1770-1800). Intelectuais, como Alison Games (2019), David Armitage e Subrahamanyam (2009), apontam para a necessidade de alargá-lo pelo menos até meados do XIX, abarcando os processos de independência da América Ibérica. Aliás, é importante destacar que o próprio Godechot (1972) já havia proposto isso em um artigo publicado no clássico livro *1822,* de Carlos Guilherme Mota, em 1972.

Com essas reflexões, uma tradição histórica tem encontrado espaço nas pesquisas sobre a independência da América a partir dessas reflexões sobre a Era das Revoluções Atlânticas. Historiadores, principalmente aqueles de língua inglesa, têm buscado compreender o processo de independência a partir dessa visão.

Dentre esses especialistas, podemos destacar quatro. Frederik Schulze e Stefan Rinke (2010), estudiosos das independências da América, destacaram em um artigo a importância de compreender esses movimentos a partir da perspectiva atlântica. Entendendo que as modificações essenciais para esses processos teriam iniciado com a independência dos Estados Unidos, esses autores apontam para uma ligação entre os movimentos revolucionários dos séculos XVIII e XIX que teria se consumado nas revoluções de independência dos países da América (RINKE; SCHULZE, 2010). Para Schulze e Rinke, o grande sinal de relação entre essas revoluções teriam sido as ideias ilustradas, que "circularon en muchas regiones del mundo", a mudança da economia mundial, as imigrações e as guerras (RINKE; SCHULZE, 2010, p. 161). O resultado desses fluxos de ideias e de pessoas teria sido a valorização da liberdade do indivíduo e dos seus direitos naturais, causando um questionamento da legitimidade do poder monárquico (RINKE; SCHULZE, 2010). Por isso, se as causas dos movimentos de independência foram internos, os acontecimentos de véspera dessas independências só podem ser explicados a partir de uma perspectiva atlântica, pois foi por meio desse oceano e dos enlaces formados que o conhecimento e as pessoas puderam circular (RINKE; SCHULZE, 2010).

Outros autores, como Kirsten Schultz e Anthony Macfarlane, têm apostado em interpretações semelhantes. Para Schultz (2006), a historiografia, tradicionalmente, atribui a continuidade do governo monárquico no Brasil à estadia da Família Real e à permanência de D. Pedro I após a Revolução do Porto. Porém, através de uma interpretação tendo como perspectiva a Era das Revoluções, essa opção teria sido uma das muitas alternativas disponíveis aos sujeitos históricos do momento, sendo ela mesma resultado das interações atlânticas. Já Macfarlane (2006) salientou que a independência não pode ser estudada exclusivamente do ponto de vista nacional, já que as ligações entre os movimentos de independência do norte e do sul são explícitas. Segundo o autor, o impacto ideológico das revoluções norte-americana e francesa, a partir da propagação de conceitos de direitos universais, é central para o conceito de "revolução atlântica", pois foram eles que adentraram nos processos de independência da América ibérica através da expansão dos meios de comunicação e de circulação no final do século XVIII.

Enquanto essa discussão é realizada, autores brasileiros têm dialogado direta e indiretamente com ela a partir de reflexões sobre circulação de pessoas, de ideias e de impressos. Ainda que não seja brasileiro, achamos importante destacar as pesquisas de Patrick Puigmal (2019) que, a partir de uma extensa e intrigante investigação, tem feito uma série de publicações sobre os agentes napoleônicos e os ex-oficiais do exército de Napoleão que vieram para a América.

No caso das pesquisas realizadas no Brasil, uma interessante livro organizado por Lúcia Granja e Tânia Regina de Luca (2018) se preocupou em analisar os intelectuais como elementos responsáveis por mediar e por realizar as trocas de impressos e de ideias entre diferentes partes do mundo. Na obra, Márcia Abreu e Jean-Yves Mollier (2018) chamaram atenção para a importância das trocas culturais do "longo século XIX" que teriam sido possíveis graças às transformações tecnológicas e ao aumento no número de leitores devido ao crescimento demográfico, à concentração urbana e ao aumento dos níveis educacionais. Assim, se o transporte dos impressos e das ideias se tornou possível graças ao alargamento da malha ferroviária e ao aumento da frequência de viagens atlânticas, o mercado tipográfico foi impulsionado por uma maior demanda.

No mesmo livro, Lúcia Maria Bastos Pereira das Neves e Tânia Maria Bessone da Cunha Ferreira examinaram as redes de comércio e de circulação de ideias no mundo atlântico a partir, principalmente, das lojas e dos impressores do Rio de Janeiro. Em suas análises, perceberam o grande número de comerciantes que imprimiam as novidades vindas da Europa, transformando-se em "figuras centrais que possibilitaram a circulação de ideias no Brasil, originárias do outro lado do Atlântico" (NEVES; FERREIRA, 2018, p. 82).

A compreensão desse espaço de circulação de ideias, de impressos e de pessoas não só Atlântico, mas também no espaço americano foi teorizado por João Paulo Pimenta (2017) em suas reflexões sobre as experiências vivenciadas pelos atores históricos nos processos de independência da América. Segundo o autor, a inserção do Brasil no contexto revolucionário geral se deu por meio de um conjunto de fenômenos como "eventos processos, relações históricas" (PIMENTA, 2017, p. 7). Para Pimenta, a partir do processo de independência da América inglesa, a introdução de novos conteúdos ideológicos nas outras partes da América passou a ocorrer de forma progressiva e interativa com os elementos tradicionais daquelas regiões. Com isso, os espaços públicos em alargamento e em adensamento foram alimentados de elementos de uma linguagem de fundamentos revolucionários, dando exemplos aos homens da época a se comportar em um contexto em constante mudança.

Compreendendo esse quadro, vemos que a historiografia brasileira tem avançado para tentar interpretar o processo de independência para além dos recortes nacionais. Aliás, a imprensa é um exemplo e uma fonte primordial nessa matriz de análise. Os jornalistas, por seus interesses a notícias internacionais e pelo contato com impressos de outros países, constantemente publicavam notícias e debatiam os acontecimentos de outros locais. Segundo Morel, na primeira geração da imprensa brasileira, não houve incompatibilidade entre o "local, o nacional e internacional", e notícias e opiniões sobre o Brasil e outros países disputavam espaços na mesma página e até mesmo seção.

A partir das diretrizes lançadas por essa historiografia, esse capítulo busca dialogar com ela. Em uma pesquisa onde são analisados os periódicos publicados na América portuguesa entre 1821 e 1823, percebemos uma enorme quantidade de referências a periódicos. Ao identificar um interessante objeto de análise, realizamos um levantamento de todas essas citações, bem como de seus conteúdos. Através desse levantamento, buscamos compreender os locais de publicação desses periódicos que serviram de referências e a quais assuntos eram relacionados.

O resultado da pesquisa nos trouxe informações que gostaríamos de compartilhar sobre a circulação de periódicos e os temas que giravam ao seu redor. Com isso, neste capítulo, temos como objetivo analisar as referências feitas pelos jornais que circularam na América portuguesa entre março de 1821 e o Dia do Fico, recorte esse que está inserido, de forma mais ampla, no processo de independência do Brasil. O recorte obedece não apenas aos limites de um artigo, como também reconhece que a modificação no debate político causado pelo evento do Fico demandaria uma outra pesquisa de forma a atender melhor as modificações decorrentes.[4] Resta destacar que Edú Trota Levati (2015) realizou pesquisa semelhante. O autor buscou não apenas citações, como também referências a outras regiões nos periódicos de forma a compreender a espacialidade geográfica utilizada pelos impressos do período joanino e do processo de independência. A partir de uma ampla base de dados, Levati (2015, p. 129) pôde esboçar o "mapa-múndi político imaginado" pelos jornalistas. Nossa questão, todavia, diferencia-se por buscar compreender não a espacialidade em si, como quis o autor, mas também os discursos e os conteúdos retirados desses periódicos. A pesquisa de Levati e de outros autores acima citados são tidos por nós como ponto de partida e de chegada.

Referências e temas nos periódicos de 1821

Diante do marco temporal escolhido, analisamos quinze periódicos[5] dos quais dez apresentaram citações de ou-

---

4 Pode-se argumentar que essa seria uma visão riocentrista, ou seja, centrada na cidade do Rio de Janeiro, já que nem todas as províncias foram atingidas com a mesma intensidade ou ao mesmo tempo pelos acontecimentos do dia 9 de janeiro de 1822. De fato, esse argumento está correto, uma vez que a notícia do Fico levou algumas semanas para chegar à Cisplatina, por exemplo, e os periódicos maranhenses parecem não ter dado muito espaço ao acontecimento. Todavia, optamos por esse recorte para melhor organizarmos a narrativa e a estrutura do capítulo, deixando as pesquisas posteriores darem conta dos períodos subsequentes ao aqui analisado.

5 Foram analisados: *Idade d'Ouro, Semanário Cívico, Conciliador do Maranhão, Aurora Pernambucana, Segarrega, Relator Verdadeiro, El Pacífico Oriental, Amigo do Rei e da Nação, Conciliador do Reino Unido, O Bem da Ordem, Revérbero Constitucional Flu-*

tros periódicos[6] no recorte. Foram localizadas oitenta e três citações, sendo trinta e uma (37,4%) de jornais brasileiros e cinquenta e duas internacionais (62,6%). A tabela abaixo evidencia/explicita mais alguns dados sobre as localidades.

Tabela 1. Região dos jornais referenciados

Região	Quantidade	Porcentagem
Brasil	31	37,3%
Portugal	19	22,9%
Inglaterra	14	17%
França	10	12%
Argentina	3	3,6%
Áustria	2	2,4%
Espanha	2	2,4%
Alemanha	1	1,2%
Desconhecido[7]	1	1,2%

Fonte: Tabela elaborada pelo autor

Quando observamos os dados acima, a citação de jornais estrangeiros é muito superior aos jornais brasileiros.

---

minense, O Espelho, Malagueta, Sabatina Familiar dos Amigos do Bem-Comum e Compilador Constitucional Fluminense. Não conseguimos localizar nenhuma edição da Minerva (BA) e não analisamos as citações do *Diário do Rio de Janeiro* e da *Gazeta do Rio de Janeiro* por serem jornais muito extensos, o que comprometeria os limites e a estatística deste capítulo. Esses dois periódicos devem ser pesquisados à parte.

6 *Aurora Pernambucana, El Pacífico Oriental, Amigo do Rei e da Nação, Conciliador do Reino Unido e Compilador Constitucional Fluminense* não apresentaram citações.

7 Não conseguimos identificar a localidade do periódico *Spectador Oriental,* citado pelo *Espelho* na edição n.11 ao tratar de notícias de um provável conflito entre Rússia e Império Otomano.

Assim, a primeira conclusão a que podemos chegar por meio desses números é que os jornais publicados no Brasil utilizavam, de forma mais frequente, referências externas ao Brasil para as notícias e para os debates. Isso ocorreu tanto pela preocupação que tinham com o que ocorria nos outros países, como porque as notícias sobre o Brasil também eram recebidas a partir de viajantes e de marinheiros ou via documentos oficiais, entre outros meios. Nem sempre, quando noticiavam algo, era necessário ter um jornal como referência, e isso ocorria de forma mais frequente não apenas aos acontecimentos do Brasil, mas também aos da América.

Importante destacar que, em 1821, o Brasil fazia parte do Império Luso-brasileiro, reino unido a Portugal e pertencente ao mesmo governo e a mesma nação. Tendo isso em mente, é normal que os jornais publicados no Brasil se referissem e debatessem constantemente com jornais portugueses, já que passavam pelas mesmas mudanças políticas e sociais. Por isso, deve-se relativizar essa atribuição aos jornais portugueses, servindo-a mais para ilustrar geograficamente do que politicamente.

Depois de Brasil e de Portugal, a Inglaterra e a França estão muito próximas na quantidade. Na Inglaterra, está incluído o *Correio Braziliense,* escrito pelo brasileiro Hipólito da Costa, que tratava da política luso-brasileira diretamente. Apenas ele abarca três das catorze citações de jornais publicados na Inglaterra. Outro jornal publicado na Inglaterra que aparece mais de uma vez é o *Morning Chronicle.* Já os jornais franceses são representados mais de uma vez pelo *Le Constitucionnel,* pelo *Le Moniteur Universel* e pelo genérico *Journal de Paris.*

Imagem 1. Referências à periódicos estrangeiros

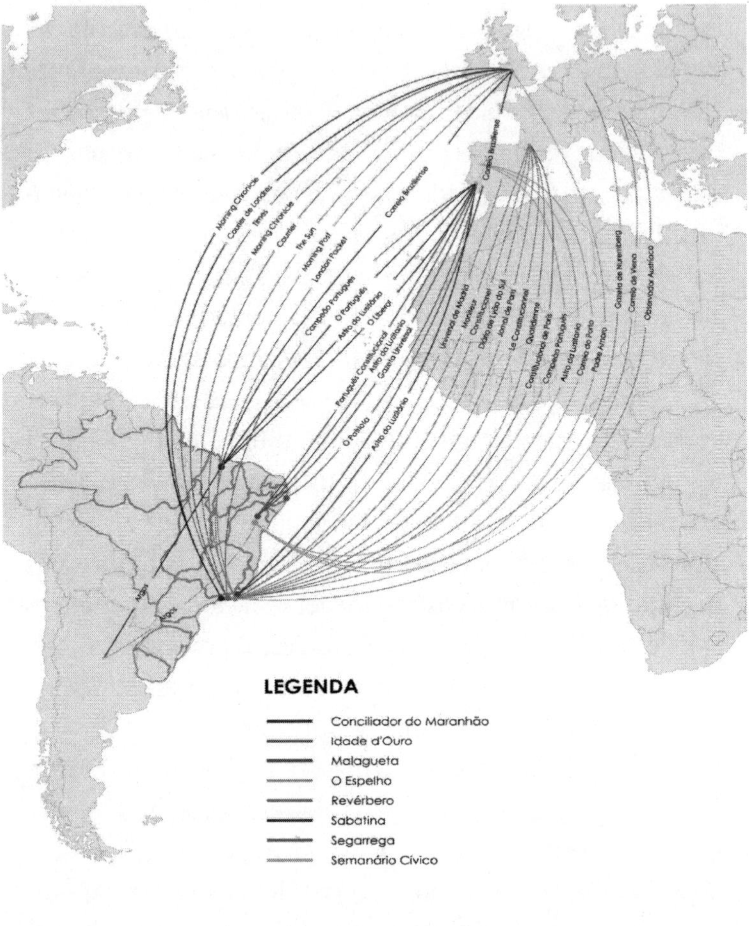

Fonte: Reis, 2021.[8]

---

8 As linhas vermelhas no território brasileiro referem-se aos limites da época, levando como base o mapa do Atlas FGV. Citações repetidas foram juntadas em apenas uma linha. Atlas FGV. Disponível em: https://atlas.fgv.br/. Acessado em 28/03/2021

Após esses dois países europeus, as citações pulverizam-se em jornais publicados na região que hoje é a Argentina (as três citações são do *Argos),* na Áustria, na Espanha e na Alemanha. Além disso, uma delas apareceu em um jornal de origem desconhecida. A partir de uma comparação continental, quarenta e cinco citações são de jornais europeus e apenas três de jornais americanos (com exceção dos brasileiros).

A imagem da Era das Revoluções Atlânticas ganha importância na nossa análise. No mapa acima, podemos ver que uma análise quantitativa das referências nos remete a um movimento de circulação de impressos e de ideias pelo atlântico. Ao olhar mais detidamente, vemos que as linhas que ligam os jornais publicados no Brasil concentram-se em Portugal, na França e na Inglaterra especialmente. Vemos claramente que esses jornais lidos e mencionados no Brasil vieram nos navios que circulavam o Atlântico transportando mercadorias, pessoas e ideias. De forma visível, o que estava sendo discutido na Europa era do conhecimento dos redatores brasileiros.

Mas qual era o cunho dessas citações? A que elas se referenciavam? Para encontrar as respostas, analisamos os textos ao redor das correspondências e encontramos dez tipos principais de conteúdo nas alusões a jornais estrangeiros, como podemos ver no quadro a seguir:

Tabela 2. Temas tratados através das referências

Tema	Quantidade	Porcentagem	Jornal que mais utilizou
Debate – política imperial	17	32,6%	*Semanário Cívico*
Notícias das Revoluções Liberais europeias	12	23%	*Revérbero Constitucional Fluminense*
Notícias da América	5	9,6%	*Conciliador do Maranhão* e *O Espelho*
Notícias da Espanha	5	9,6%	*O Espelho*
Debate – política provincial	4	7,7%	*Conciliador do Maranhão*
Notícias da Inglaterra	4	7,7%	*O Espelho*
Notícia das relações entre Império Turco e Rússia	2	3,8%	*O Espelho*
Elogio ao redator	1	1,9%	*Conciliador do Maranhão*
Notícias da França	1	1,9%	*Segarrega*
Notícias do Império Luso-brasileiro	1	1,9%	*Conciliador do Maranhão*

Fonte: Tabela elaborada pelo autor.

Por meio do quadro, temos um panorama dos assuntos em torno dessas citações de jornais estrangeiros. A começar, existe um predomínio de debates a respeito da política imperial, o que é esperado, já que esses homens passavam por um momento de mudanças decorrentes da Revolução do Porto de 1820 e pelos debates nas Cortes de Lisboa. Por isso, com exceção do *Correio Braziliense* (2) e do *Times* (1), todas as citações sobre esse tema são de jornais portugueses. O tema também corresponde a mais da metade do total de referências a jornais lusos.

Em segundo lugar, transparecem as citações referentes a movimentos que ocorriam na Europa. Todavia, deixemos a análise do cunho dessas notícias por último, pois merecem mais atenção. A terceira categoria destacada diz respeito às notícias da América, normalmente de cunho negativo. O *Semanário* e o *Conciliador* chegaram a retirar o mesmo trecho do *Argos* e colocaram uma mesma afirmação:[9] a de que esses países estavam em "anarquia" por terem destruído o "governo central" (*Semanário Cívico*, n.28, 6 de setembro de 1821; *Conciliador do Maranhão*, n.38, 21 de novembro de 1821).

Também chegavam muitas notícias da Espanha e da Inglaterra. No caso espanhol, elas variavam de questões relativas à política (*O Espelho*, n.2, 10 de outubro de 1821) e aos rumores de agitação (*O Espelho*, n.9, 28 de novembro de 1821). Destacamos, ademais, que todas as notícias desse país por meio de referências de jornais foram feitas pelo *Espelho*, que reservava uma seção inteira do periódico para isso. Já as notícias da Inglaterra também são quase monopólio do *Espelho*, já que apenas uma das referências foi feita pela *Sabatina*. Essas notícias passavam por acusações de que a Inglaterra queria prejudicar o Império Luso-brasileiro (*O Espelho*, n.14, 4 de janeiro de 1822), por estatísticas populacionais (*O*

9 O que nos leva a pensar que, provavelmente, o *Conciliador*, pela distância entre as regiões, copiou o outro. Todavia, alguns trechos da notícia são diferentes e não temos como afirmar isso com segurança.

Espelho, n.15, 7 de janeiro de 1822) e até mesmo pela notícia, dada pela *Sabatina*, de que a Real Sociedade de Horticultura oferecia um prêmio à melhor dissertação oferecida em um concurso (*Sabatina Familiar*, n.4, 29 de dezembro de 1821).

Ainda nas categorias de notícias, duas vezes são feitos comentários entre questões diplomáticas entre Império Turco e Império Russo (*O Espelho*, n.4, 24 de outubro de 1821). A França também aparece, ainda que só uma vez, em rumores de uma revolta absolutista noticiada pelo *Segarrega* a partir de um extrato do jornal português *Patriota* (Segarrega, n.3, 6 de janeiro de 1822).

Isso, aliás, deve ser destacado. Não necessariamente o jornal que servia de referência para uma notícia era proveniente do país da notícia em questão. O jornal francês *Le Moniteur Universel* falava sobre a América, o inglês *London Packet* sobre a Espanha, e a *Gazeta de Lisboa* sobre a Inglaterra. Não existia uma lógica relacional entre o local da notícia e o local do jornal de referência.

Também fica sobressalente no quadro a quantidade de debates da política provincial feitos com jornais estrangeiros. Todos eles foram feitos pelo *Conciliador do Maranhão,* jornal ligado ao governo local (GALVES, 2010), que constantemente utilizava suas folhas para defendê-lo. O teor dessas referências transita entre a replicação de notícias favoráveis ao governo (*Conciliador do Maranhão*, n.38, 21 de novembro de 1821 e n.38, 21 de novembro de 1821) e a defesa de ataques, como os feitos no *Correio Braziliense* e *O Liberal* (*Conciliador do Maranhão*, n.40, 28 de novembro de 1821 e n.51, 5 de janeiro de 1822). Por fim, destaca-se que o mesmo periódico fez um elogio ao redator do *Campeão Português* por suas ideias liberais (*Conciliador do Maranhão*, n.51, 5 de janeiro de 1822).

Agora, devemos voltar à segunda categoria referente às revoluções na Europa. Nos jornais de 1821, regularmente apareciam, nos periódicos, notícias de movimentos liberais que estavam ocorrendo no continente europeu. Nessa categoria, estão notícias e elogios a movimentos constitucionalistas em Nápoles (*O Espelho*, n.11, 12 de dezembro de 1821), Espanha, Portugal (*Revérbero*, n.7, 15 de dezembro de 1821 e n.1, 15 de setembro de 1821) e sete referências à guerra de independência da Grécia contra o Império Turco (*O Espelho*, n.3, 17 de outubro de 1821, n.15, 7 de janeiro de 1822 e n.15, 7 de janeiro de 1822; *Revérbero*, n.3, 15 de outubro de 1821; n.7, 15 de dezembro de 1821; n.7, 15 de dezembro de 1821 e n.8, 01 de janeiro de 1822). Essas notícias foram dadas, em sua maioria, pelo *Revérbero,* jornal que, em 1821, mostrava-se extremamente entusiasmado com as novidades liberais decorrentes da Revolução do Porto.

Em torno dessas novidades, criou-se nos periódicos uma relação de semelhança entre os movimentos liberais. Através das notícias e dos excertos, parece que uma experiência estava sendo vivenciada e compartilhada por diferentes pessoas em diferentes espaços. De certa forma, as reflexões em torno da Era das Revoluções Atlânticas parecem descortinar-se por meio desses discursos.

A partir dos impressos, sobressai a tese de que o mundo passava por um tempo no qual iam sendo construídas novas instituições e novos governos. Citando o discurso de um deputado inglês, *O Espelho* mostrou que as modificações nos sistemas de governo eram irrefreáveis (*O Espelho*, n.2, 10 de outubro de 1821), assim como para o *Semanário* era certo que Estados nascem, caem e são sucedidos por outro Estado, e que essa seria a trajetória do mundo (*Semanário Cívico*, n.23, 2 de agosto de 1821). Todavia, estava "reservado para os nossos dias, neste século de luzes, ousar traçar o plano de uma regeneração pronta e universal" (Semanário Cívico, n.4, 22 de março de 1821). A geopolítica desenhada por esses periódicos era dividida em dois lados. As notícias das revoluções liberais, bem como dos países em questão, colocavam, de um lado, liberais espanhóis, portugueses italianos e gregos, e, de outro, os anticonstitucionais franceses, espanhóis e austríacos que, unidos, formavam a Santa Aliança. A forma de reforçar a parceria com os liberais europeus deu-se por intermédio de notícias e de discursos.[10] A *Aurora Pernambucana* afirmava que "O heroico Povo Napolitano, para conservar a sua liberdade, terá imolado muitas vidas", mas que "preferiam a morte à escravidão" (*Aurora Pernambucana*, n.7, 4 de maio de 1821). Da mesma forma, citando o *Campeão Português,* o *Revérbero* pedia que os portugueses se lembrassem de "Piemonte e de Nápoles", onde estavam "correndo rios de sangue graças à reação dos usurpadores da liberdade" (*Revérbero*, n.1, 15 de setembro de 1821). Juntos, Portugal, Espanha, Grécia e Nápoles lideravam os liberais e conduziam o mundo na

10 As notícias, além de informar, também geravam expectativas e a impressão de que tempo e espaço se comprimiam, contribuindo, assim, para a educação política de seus leitores (FERNÁNDEZ SEBASTIÁN, 2011).

luta contra o Antigo Regime. Além das revoluções já iniciadas, os jornais apontavam novas agitações em países que não apareciam frequentemente nos jornais, como Noruega (*Revérbero*, n.2, 1 de outubro de 1821). Nesse ponto, as notícias da guerra de independência da Grécia deixavam de ser apenas informativas e serviam também a um objetivo político: a representação de uma possível guerra entre as forças militares absolutistas, representadas pelos turcos, e os liberais, representados pelos gregos. Além das notícias sobre a guerra em si, constantemente eram publicadas informações sobre possíveis ajudas de outros países a favor dos gregos, como da Inglaterra e os Estados Unidos (*Conciliador do Maranhão*, n.35, 10 de novembro de 1821; *O Espelho*, n.3, 17 de outubro de 1821, n.7, 14 de novembro de 1821 e n.4, 24 de outubro de 1821; *Revérbero*, n.2, 1 de outubro de 1821). Para se protegerem, os governos liberais, segundo a *Aurora Pernambucana* (*Aurora Pernambucana*, n.7, 4 de maio de 1821) e o *Semanário* (*Semanário Cívico*, n.5, 29 de março de 1821), deveriam formar uma aliança contra os ataques dos inimigos da liberdade. Mas quem eram os inimigos? A figura que exercia o papel de inimigo era a Santa Aliança,[11] os países que faziam parte dela e o Império Turco-otomano.

11 *O Espelho* também nomeou a Inglaterra como inimiga do liberalismo. Afirmava o periódico que, por serem a maior potência e terem dominado Portugal durante muitos anos, os ingleses ficavam irritados quando viam Portugal ou o resto do mundo se libertar da opressão. Todavia, esse não foi um discurso comum nos periódicos, e a Inglaterra era identificada mais como aliada potencial do que inimiga. *O Espelho*, n.14, 4 de janeiro de 1822.

A *Aurora Pernambucana* afirmava que a Santa Aliança buscava defender seu despotismo "nunca menos cabido em tal século" (*Aurora Pernambucana*, n.7, 4 de maio de 1821).Imaginando o mundo como um todo interligado, onde o Atlântico não passava de um caminho e as revoluções liberais europeias e americanas ligavam-se de forma íntima, esses periódicos colaboraram com a criação da experiência revolucionária moderna (PIMENTA, 2017). O clima revolucionário espalhava-se na Era das Revoluções, movido por insatisfação política e social, bem como projetos políticos criados a partir de leituras e de experiências. O resultado foi que esses homens criaram uma "comunidade imaginada" (ANDERSON, 2008), não limitada por fronteiras nacionais ou por governos, mas baseada no sentimento revolucionário que circulava pelo Atlântico.

Notas de conclusão

A partir de nossos dados, podemos apontar algumas notas de conclusão. Notas, porque, além das pesquisas históricas serem quase sempre mutáveis e, por vezes, provisórias, pretendemos avançar com essas conclusões em pesquisas futuras. Um primeiro passo é continuar a análise nos anos subsequentes. Com um recorte mais amplo, poderemos compreender não apenas os espaços de circulação e as formas de utilização dos periódicos como referências, mas também as modificações causadas nesse quadro pelos acontecimentos do processo de independência, como o Dia do Fico, a convocação da constituinte no Brasil e a proclamação de independência.

Os dados aqui expostos, entretanto, já nos revelam alguns aspectos dos periódicos do ano de 1821. Através das referências a jornais estrangeiros, conseguimos indicar alguns pontos de ligação e informações sobre a circulação dos periódicos nesse período. Partindo do que tem se tornado conhecido como *Histórias Conectadas* (SUBRAHMANYAM, 1997), buscamos interligar os pontos entre periódicos brasileiros e estrangeiros, fazendo o que Sanjay Subrahmanyam, em metáfora, apontou como o trabalho de um historiador eletricista, que restabelece as conexões continentais e intercontinentais que as historiografias nacionais, por vezes, desconectaram para impermeabilizar suas fronteiras (VENGO, 2009).

Os dados e o mapa mostram que o Atlântico não constituiu uma barreira, mas sim um caminho para as notícias e as ideias. As conexões deram-se através dos navios, os jornais estrangeiros chegaram às diferentes regiões do Brasil e, junto às notícias, traziam ideias que influenciavam as realidades locais. Os impressos viajavam e faziam seus leitores viajar por realidades e por países distantes que dificilmente iriam fisicamente. Morel (2013), em excepcional artigo, já havia apontado a importância de uma análise nesse sentido. Segundo o autor, os "impressos viajavam, transpunham mares e faziam 'viajar' seus leitores". Essa "viagem" seria responsável não só por informar, mas também por deslocar o tempo histórico e por desvelar a pluralidade de tempos de uma época.

No nosso caso, o deslocamento do tempo histórico parece ter ocorrido de forma paralela à construção de uma experiência revolucionária em comum através do liberalismo e do constitucionalismo. Segundo Javier Fernandez Sebastian (2014), o liberalismo, nesse momento revolucionário, era um macro conceito que legitimava as novas instituições políticas criadas a partir do século XIX. Sua entrada no mundo ibérico aconteceu justamente a partir das revoluções dos anos de 1820, e era atribuído a comportamentos políticos e morais, se ligando progressivamente à constituição e à divisão de poderes. No decorrer dos acontecimentos, o liberalismo passou a ser associado a uma doutrina do futuro e ao progresso. Segundo Sebastián (2009),

> Ao identificar o liberalismo com o progresso e à marcha ascendente da humanidade, os intelectuais liberais estavam marcando um sentido para sua época e o mundo vindouro, estavam dando uma direção aos tempos. Enquanto os liberais se moviam na direção correta – em direção ao futuro -, aqueles que se opunham a eles eram os retrógrados que queriam empurrar a sociedade de volta a épocas passadas.[12]

Ao publicar os jornais estrangeiros, principalmente europeus, não só nos é revelado o Atlântico como local de circulação, mas também a construção de uma experiên-

12 Al identificar el liberalismo con el progreso y la marcha ascendente de la humanidad, los intelectuales liberales estaban marcando un sentido para su época y el mundo venidero, estaban dando una dirección a los tiempos. Mientras que los adeptos al liberalismo se movían en la dirección correcta – hacia el futuro -, quienes se les oponían era unos retrógados que pretendían hacer retroceder a la sociedad hacia épocas pasadas (FERNÁNDEZ SEBASTIÁN, 2009, p. 723). Tradução do autor.

cia revolucionária a partir da linguagem política liberal. Como Sebastián teria percebido a partir dos movimentos de independência da América, os periódicos brasileiros criaram a ideia de um progressismo em direção ao constitucionalismo liberal no qual as revoluções liberais de 1820 inseriam-se como revelação e prenúncio de um futuro que já estava acontecendo. Em oposição a eles, como mostramos, estariam os absolutistas representados pelo Império Turco e a Santa Aliança.

Dessa forma, a imprensa brasileira, ao publicar extratos ou ao discutir com os jornais estrangeiros, não só contribuiu para uma precária "globalização", como formou a ideia de uma experiência compartilhada entre brasileiros e europeus. Essa tendência de globalização, aliás, deve ser pensada de olho no que acontece em nossos dias. A cada ano, cresce o número de usuários de internet e de redes sociais, instrumentos fundamentais na comunicação que ultrapassa as barreiras físicas.

Segundo o site *webhostingrating.com,* em janeiro de 2021, existia cerca de 4,7 bilhões de usuários de internet no mundo. A partir de uma estatística gerada pelas plataformas de acesso, estima-se que cada usuário gastou em média 6 horas e 43 minutos navegando na internet por dia. Por além dos enormes lucros gerados pelo mercado online – estimado em quase 5 trilhões de dólares apenas em 2021 – o número dos usuários das redes sociais, plataformas mais populares do momento, cresce a cada ano e, em 2021, chegou a 2,77 bilhões nas principais redes, como *Linkedln, Twitter, YouTube, Facebook* e *Instagram* (AHLGREN, 2021).

De 1821 (recorte temporal da pesquisa) para 2021 (momento em que esse capítulo foi escrito), muita coisa mudou. O desenvolvimento tecnológico no ramo da comunicação saltou de forma revolucionária após o advento e a popularização da internet. Se, em 1821, demorava cerca de seis meses para uma notícia da Europa chegar no Brasil, atualmente, dois séculos depois, a chegada é quase instantânea. Da mesma forma, a comunicação entre as pessoas com acesso à rede mundial de internet não sofre com barreira alguma, já que aplicativos de celular e de computador, como *Skype, Facebook* e *WhatsApp,* tornam possível que uma pessoa no Brasil converse com outra pessoa em qualquer parte do mundo instantaneamente por meio de vídeos.

Essa aceleração e essa imediaticidade da chegada de notícias e de informações tornam possível a costura de movimentos políticos, além de suas repercussões ,de forma muito mais forte e mais rápida do que há duzentos anos. Se, em 1821, as notícias dos movimentos liberais que ocorriam na Europa demoravam chegar no Brasil, hoje em dia, uma manifestação no Oriente Médio e as notícias sobre o golpe militar em Mianmar, por exemplo, são prontamente noticiadas e debatidas pelas mídias.

As repercussões, todavia, vão além da mídia tradicional e têm entrado cada vez mais no cotidiano dos cidadãos. Por meio de grupos nas redes sociais, como o *WhatsApp* (SILVA, 2017), são planejadas manifestações políticas, difundidas *Fake News,* e são feitas reivindicações aos governantes que a cada dia mais reconhecem a importância de ser uma figura pública e acessível na internet.

Todas essas mudanças são vistas com reservas e com preocupação pelos intelectuais. Talvez um dos mais preocupados com o tema seja Zygmunt Bauman (2001) que, em várias obras, têm refletido sobre a provisoriedade e a superficialidade do contato humano, bem como toda a problemática que envolve a velocidade das comunicações.

Diante de tamanha transformação entre o mundo dos nossos autores do alvorecer do século XIX e do mundo em que vivemos atualmente, devemos refletir sobre os impactos que a globalização tem causado na sociedade e na política. Se as diferenças são claras, principalmente no que diz respeito à velocidade, e as reflexões de Bauman nos alertam sobre os problemas, podemos apontar aqui algumas vantagens e algumas características que aproximam os jornalistas do século XIX e os usuários de internet do XXI. Dentre elas, destacamos que, por meio da circulação de notícias e de ideias, as histórias diferentes e distantes se tornaram e se tornam mais próximas e mais semelhantes, conectando trajetórias que, de outra forma, dificilmente teriam se encontrado, ao mesmo tempo em que cruzaram e que cruzam as vidas e os destinos de homens que não se conheciam ou se conhecem pessoalmente. Se, no ano de 1821, a partir de discursos e de notícias, uma conexão se formou e contribuiu para a inserção dos autores na Era das Revoluções Atlânticas, em 2021, essa mesma conexão tem sido usada das formas mais variadas, para mais distintos fins, nos inserido em diferentes "revoluções": a revolução tecnológica, a "revolução" conservadora, a revolução social e econômica causada pelo coronavírus. Esperamos, por ora, uma nova revolução científica, política e social.

Fontes

Aurora Pernambucana. Pernambuco: Oficina do Trem de Pernambuco, 1821.

BRASIL. *Coleção das leis do Império*. Rio de Janeiro: Tipogafia Nacional, 1889.

Conciliador do Maranhão. Maranhão: Tipografia Nacional do Maranhão, 1821.

O Espelho. Rio de Janeiro: Tipografia Nacional, 1821.

Revérbero Constitucional Fluminense. Rio de Janeiro: Tipografia Nacional, 1821.

Sabatina Familiar dos Amigos do Bem-Comum. Rio de Janeiro: Tipografia Nacional, 1821.

Segarrega. Pernambuco: Oficina do Trem Nacional de Pernambuco, 1821.

Semanário Cívico. Bahia: Tipografia Viúva Serva & Carvalho, 1821.

Referências

ABREU, Márcia; MOLLIER, Jean-Yves. Nota introdutória: circulação transatlântica dos impressos - a globalização da cultura no século XIX. In: GRANJA, Lúcia; DE LUCA, Tânia Regina(Org.). *Suporte e mediadores: a circulação transatlântica dos impressos (1789-1914)*. São Paulo: Editora da UNICAMP, 2018.

AHLGREN, Matt. 100 + estatísticas e fatos da internet para 2021. *Websitehostingrating*. Disponível em: <https://www.websitehostingrating.com/pt/internet-statistics-facts/#:~:text=Em%20janeiro%20de%202021%2C%20havia,trilh%C3%B5es%20em%20vendas%20em%202021>. Acesso em 06/03/2021.

ANDERSON, Benedict. *Comunidades imaginadas*. São Paulo: Companhia das Letras, 2008.

ARMITAGE, David; SUBRAHMANYAM, Sanjay. *The Age of Revolutions in Global Context, c.1760-1840*. Londres: Palgrave MacMillan, 2009.

ARMITAGE, John. *História do Brasil desde o período da chegada da família de Bragança, em 1808, até a abdicação de D. Pedro I, em 1831, compilada a vista de documentos públicos e outras fontes originais formando uma continuação da História do Brasil de Southey*. São Paulo: EDUSP, 1981.

BAUMAN, Zygmunt. *Modernidade líquida*. Rio de Janeiro: Rocco, 2001.

FERNÁNDEZ SEBASTIÁN, Javier. Cabalgando el corcel del diablo. Conceptos políticos y aceleración histórica en las revoluciones hispánicas. *Lenguaje, tiempo y modernidad. Ensayos de historia conceptual*, n. October, p. 21–59, 2011.

FERNÁNDEZ SEBASTIÁN, Javier. *Diccionario político y social del mundo iberoamericano: La era de las revoluciones, 1750-1850*. Madrid: Fundación Carolina; Sociedad Estatal de Conmemoraciones Culturales; Centro de Estudios Políticos y Constitucionales., 2009.

GALVES, Marcelo Cheche. *"Ao público sincero e imparcial": Imprensa e Independência do Maranhão (1821-1826)*. 2010. 356f. Tese (Doutorado em História) – Universidade Federal Fluminense, 2010.

GAMES, Alison. Atlantic History: definitions, challenges, and opportunities *The New World History*, v.111, ,n.3, 2006.

GODECHOT, Jacques. A independência do Brasil e a Revolução do Ocidente. MOTA, Carlos Guilherme da (Org.). *1822: dimensões*. São Paulo: Perspectiva, 1972.

GODECHOT, Jacques. *As revoluções (1770-1799)*. São Paulo: Pioneira, 1976.

GRANJA, Lúcia; LUCA, Tânia de. *Suportes e Mediadores: a circulação transatlântica dos impressos (1789-1914)*. Campinas: Editora da UNICAMP, 2018.

GUERRA, François Xavier. *Modernidad y Independencias:* ensayos sobre las revoluciones hispánicas. México: Mapfre, 2001.

HABERMAS, Jürgen. *Mudança estrutural da esfera pública:* investigações quanto a uma categoria da sociedade burguesa. Rio de Janeiro: Tempo Brasileiro, 2003.

HOLANDA, Sérgio Buarque De. *História Geral da Civilização Brasileira - O Brasil Monárquico*. São Paulo: DIFEL, 1970.

LEVATI, Edú Trota. *Os periódicos da Independência e suas geografias politicas:* o estudo do surgimento do Brasil independente e de sua inserção no contexto mundial (1808-1822). Dissertação de Mestrado (Mestreado em História). São Paulo: USP, 2015.

LUSTOSA, Isabel. *Insultos e impressos:* a guerra dos jornalistas na Independência. São Paulo: Companhia das Letras, 2000.

MCFARLANE, Anthony. Independências americanas na era das revoluções: conexões, contextos, comparações. In: MALERBA, Jurandir (Org.). *A independência brasileira:* novas dimensões. Rio de Janeiro: Editora da FGV, 2006.

MONTEIRO, Tobias do Rego. *O Primeiro Reinado*. Belo Horizonte / São Paulo: Itatiaia / EDUSP, 1982.

MOREL, Marco. *As transformações dos espaços públicos:* imprensa, atores políticos e sociabilidades na cidade imperial, 1820-1840. São Paulo: HUCITEC, 2006.

MOREL, Marco. Os primeiros passos da palavra impressa. In: MARTINS, ANA LUIZA; LUCA, TANIA REGINA DE

(Org.). *História da Imprensa no Brasil.* São Paulo: Contexto, 2013a.

NEVES, Lúcia Bastos Pereira Das. *Corcundas e constitucionais: a* cultura política da independência (1820-1822). Rio de Janeiro: REVAN, 2003.

NEVES, Lúcia Maria Bastos P. Cidadania e Participação Política na Época da Independência do Brasil. *Cadernos CEDES*, v. 22, n. 58, p. 47–64, 2002.

NUNES, Tassia Toffoli. *Liberdade de imprensa no Império brasileiro.* Dissertação de Mestrado (Mestrado em História). São Paulo: USP, 2010.

OLIVEIRA, Cecília Helena Lorenzini de Salles. *A astúcia liberal.* Bragança Paulista: EDUSF; Ícone, 1999.

PALMER, Robert Roswell. *The Age of the Democratic Revolution.* Princeton: Princeton Univesity Press, 2014.

PIMENTA, João Paulo Garrido. *Tempos e espaços das independências:* a inserção do Brasil no mundo ocidental (1780-1830). São Paulo: INTERMEIOS, 2017.

PUIGMAL, Patrick. *Diccionario de los militares y agentes napoleónicos durante la independencia:* México, el Caribe, Centroamérica y Brasil (1791-1840). Santiago: Ediciones Biblioteca Nacional de Chile, 2019.

REIS, Arthur Ferreira. *"Anarquistas" e "servis" : uma análise dos projetos políticos do ano de 1826 no Rio de Janeiro.* Dissertação de Mestrado (Mestrado em História). Vitória: UFES, 2016.

RINKE, Stefan; SCHULZE, Frederik. Los orígenes de las revoluciones de independencia de América Latina en perspectiva atlántica. *Estudos Ibero-Americanos2*, v. 36, n. 2, p. 153–178, 2010.

SCHULTZ, Kirsten. A Era das Revoluções e a transferência da corte portuguesa para o Rio de Janeiro (1790-1821). In:

MALERBA, JURANDIR (Org.). *Independência brasileira: novas dimensões*. Rio de Janeiro: Editora FGV, 2006.

SILVA, Sérgio Barbosa dos Santos. *WhatsApp e política*: novas formas de ciberativismo em Florianópolis. Dissertação de Mestrado (Mestrado em História). Florianópolis: Universidade Federal de Santa Catarina, 2017.

SODRÉ, Nelson Werneck. *História da Imprensa no Brasil.* Rio de Janeiro: Mauad, 1999.

SUBRAHMANYAM, Sanjay. Connected Histories : Notes towards a Eurasia. *Modern Asian Studies*, v. 31, n. 3, p. 735–762, 1997.

VARNHAGEN, Francisco Adolfo De. *História da independência.* Rio de Janeiro: Instituto Histórico e Geografico Brasileiro, 1917.

VENGO, Hugo Fazio. La historia global y su conveniencia para el estudio del pasado y del presente. *Historia Crítica*, p. 300–319, 2009.

Passados presentes: as polêmicas envolvendo as biografias

Rafael Terra Dall' Agnol[1]

Introdução

A escrita de uma vida que nos é alheia é um processo quase sempre marcado por uma noção de incompletude. Por mais que o desejo de narrar nos impulsione a buscar a compreensão da totalidade daquilo que ocorreu com o biografado, existe, ainda que intimamente apenas, uma sensação de que jamais chegaremos a essa totalidade, a consciência de que, em alguma medida, a vida do outro nos escapa. Mesmo assim, continuamos narrando, querendo compreender e saber. Eis, como observa o historiador francês François Dosse (2015), o desafio biográfico.

O gênero biográfico passou por sucessivas transformações, dentro de uma historicidade em que não faltam embates, questionamentos e certo ceticismo sobre a sua capacidade de concretizar aquilo a que se propõe, a saber, escrever sobre a vida de alguém (DALL'AGNOL, 2020). Apesar da crescente profissionalização e da preocupação com aspectos teórico-metodológicos, o desafio posto por Pierre Bourdieu (1996) permanece atual, qual seja, o de mostrar a vida do indivíduo em um processo no qual o significado da sua existência se dá em seu próprio devir.

---

1 Doutor em História pela Universidade Federal do Rio Grande do Sul. E-mail: rafael.agnol@ufsc.br.

Ambicionando a busca dos efeitos de verdade, o gênero biográfico ocupa uma posição muitas vezes incômoda entre a realidade e a imaginação, o real e o ficcional. Quer dizer, "a dimensão *ficcional* da biografia ganha força à medida que o biógrafo se depara com as lacunas documentais que o impossibilitam de encontrar respostas para as suas perguntas" (DALL'AGNOL, 2020, p. 128 [grifo do original]). Não obstante, questão também importante para os historiadores, não se trata de negar o aspecto imaginativo da produção de biografias, haja vista a permanência da intencionalidade discursiva referente à verdade.

Tanto no passado quanto no presente, pois, observa-se a importância conferida à escrita biográfica. O intuito deste texto será o de realizar um movimento entre os diferentes extratos temporais para demonstrar que determinadas discussões pretéritas, longe de ficarem restritas aos períodos anteriores, aparecem, na contemporaneidade, de forma renovada. O ponto de partida inicial será o contexto Oitocentista brasileiro.

Biografias Oitocentistas: nação, método e pesquisa histórica

No ano de 1847, é publicado o primeiro volume de *Plutarco Brasileiro*. A obra, de autoria do político e historiador João Manuel Pereira da Silva, narra a vida de vinte importantes personalidades do país que, à exceção de José Bonifácio de Andrada e Silva, viveram durante a época colonial. As vinte biografias escritas por Pereira da Silva abrangem desde religiosos, tais como José de Anchieta e frei Francisco de São Carlos, até poetas, dentre os quais temos Cláudio Manuel da Costa e Tomás Antônio Gonzaga. O procedimento de trabalho do autor consistia em fazer um resumo da vida de seu biografado para, posteriormente, analisar sua produção artística. Por muitas vezes, a obra mesclava escrita biográfica com crítica literária, o que ocasionou alguns questionamentos por parte dos periódicos cariocas da época haja vista essa posição intermediária ocupada pela prática biográfica, conforme se afirmou anteriormente.

Pereira da Silva, na introdução de *Plutarco Brasileiro*, afirma que a opção por adotar a fórmula biográfica era devido ao fato de "lhe parecer que narrando a história dos homens ilustres do seu país conjuntamente com as dos grandes sucessos, que tiveram lugar durante suas vidas, mais agradava a seus leitores, e mais folgas lhe dava à sua atenção" (SILVA, 1847, p. VII-VIII). Ou seja, para além de fomentar um apreço pela nação e pelos seus beneméritos, objetivo esse característico das primeiras décadas da Era Imperial, no qual se ambicionava a união nacional após o conturbado Período Regencial, a obra também deveria estimular uma leitura agradável, o que demonstra a preocupação do autor com seus leitores.

Como já afirmado, *Plutarco Brasileiro* suscitou comentários de alguns periódicos da imprensa do período. No final do segundo volume da obra, Pereira da Silva destina um espaço para os elogios e as críticas desses comentaristas, pois, de acordo com suas palavras, "entendemos que será agradável aos leitores ver impressos no segundo volume alguns juízos críticos que escreveram os ilustres redatores, que se dignaram de analisar a obra" (SILVA, 1847, p. 218).

Em um desses "juízos críticos", tem-se uma troca de cartas entre uma pessoa que alega ser parente do poeta José Basílio da Gama e Pereira da Silva acerca da biografia do autor de *O Uraguai*. A reprodução desse diálogo permite observar a importância conferida à prática biográfica Oitocentista também como *lócus* privilegiado para que debates historiográficos ocorressem.

A respeito da origem paterna de Basílio da Gama, Pereira da Silva escreve:

> Quem fora seu pai? — D'onde procedera? Nenhum biógrafo o diz: há quem afirme ter seu pai falecido pouco tempo depois do seu nascimento, e descender ele de pobres sertanejos, companheiros de João de Serqueira Affonso, grande cópia dos quais eram Portugueses, que procuravam fortuna; assevera-se também que ficara o infeliz infante entregue aos cuidados de sua desgraçada mãe, que nem meios tinha de subsistência para si, quanto mais para criar e educar um filho! (SILVA, 1847, p. 138).

Apesar de não citar suas fontes, o historiador continua sua história:

> O que parece certo é, que um religioso Franciscano, passando casualmente por aquela vila em viagem, que trazia para o Rio de Janeiro, recebera o infante, e em sua companhia o conduzira; que no Rio de Janeiro fora ele entregue à piedade do brigadeiro José Fernandes Pinto Alpoim, que o fez admitir no grêmio da Companhia de Jesus, a fim de cursar suas aulas, e de se aplicar a estudos literários (SILVA, 1847, p. 138).

Os dois parágrafos citados anteriormente motivaram a resposta de alguém identificado como *Um seu parente* que julgava esta passagem, além de carecer de comprovação por falta de documentos, equivocada. Com isso, no dia 1° de julho de 1847, uma carta é endereçada à sede do *Jornal do Commercio*, conforme relatado por Pereira da Silva:

> No fim d'esses artigos um aparece corrigindo erros, que o seu autor julga encontrar na vida de José Basílio da Gama; fazemo-lo acompanhar da resposta que consideramos dever dirigir-lhe, e que se pode também tomar como agradecimento ao público, pela benevolência com que acolheu a nossa obra (SILVA, 1847, p. 218).

A carta é iniciada com as seguintes palavras:

> Sr. Redator. - é tão inexata a breve notícia que o Sr. Dr. João Manuel Pereira da Silva nos deu, no seu excelente Plutarco Brasileiro, relativamente à ascendência do nosso distinto José Basílio da Gama, que força me é corrigi-la; e pois tenho de rogar-lhe a publicação no *Jornal* dos seguintes documentos, cujos originais, bem como outros muitos minuciosos e exatos, a respeito de José Basílio da Gama e seus ascendentes, existem em meu poder e serão ao Sr. Pereira da Silva, se por ventura me que deseja S. S. dar se ao trabalho de os ler (SILVA, 1847, p. 241 [grifo do original]).

O principal aqui parece ser que importa menos o desconhecimento de Pereira da Silva sobre a origem paterna do poeta luso-brasileiro do que a afirmação dele ter descendido de pobres sertanejos:

> Tenho por sem dúvida que à vista deles conhecerá o Sr. Pereira da Silva quão mal informado estava quando, falando de José Basílio, diz ele que se não sabe quem fora seu pai; que há quem afirme descender ele de pobres sertanejos, companheiros de João de Serqueira Affonso, grande cópia dos quais eram Portugueses que procuravam fortuna; e finalmente que também se assevera ter ficado o infeliz infante, por morte de seu pai, que pouco tempo sobrevivera ao seu nascimento, entregue aos cuidados de desgraçada mãe, que nem meios tinha de para si, quanto mais para criar um filho! (SILVA, 1847, p. 241).

Datado de 1787, o autor da carta faz alusão a um documento em que a rainha da corte de Portugal atesta ser o capitão-mor Manuel da Costa Villas-Boas o pai do poeta, tendo como esposa D. Quiteria Ignacia da Gama. Além do mais, também são citados os nomes dos avós e dos bisavós de Basílio da Gama. Como conclusão, *Um seu parente* afirma que:

> Outros talvez possam devidamente apreciar se foi o Sr. Pereira da Silva quiçá mais feliz a respeito das demais biografias que se contém na sua obra; pela minha parte, só me resta rogar a S. S., com que muito simpatizo, e de cujos talentos faço mui subido conceito, que não atribua a publicação d'estas linhas a qualquer outro motivo que não um tributo que julgou dever à memória de José Basílio da Gama (SILVA, 1847, p. 244).

A resposta de Pereira da Silva é publicada um dia após essa carta nas páginas do mesmo jornal. Em sua defesa, o historiador se vale de três argumentos. Ele assinala que a discórdia diz respeito somente à descendência do poeta e que outros historiadores também afirmaram o mesmo. De fato, o historiador e diplomata brasileiro Francisco Adolfo de Varnhagen escreveu, em um de seus trabalhos, relativo a Basílio da Gama, algo próximo do que Pereira da Silva afirmara em sua obra. Outro ponto da defesa de Pereira da Silva refere-se ao seu trabalho enquanto historiador. O autor afirma que, por mais que lacunas tenham permanecido, buscou sempre a prova documental necessária para balizar suas informações:

> Folheei para escrever o —PLUTARCO BRASILEIRO— bastantes livros antigos e modernos, e cópia mesmo de manuscritos. Colhi o que havia neles. Não vi tudo o que existe impresso ou não impresso. Necessariamente me faltaram materiais, e a prova encontro nos documentos manuscritos a que se refere seu correspondente, e que inteiramente desconheço. Ficar-lhe-ei sumamente agradecido se se dignar de m'os confiar, porque, a haverem erros ou inexatidões, procurarei emenda-los na nova edição que está reservada ao — PLUTARCO —, visto que tão bem foi recebido pelo público, que poucos exemplares restam do seu primeiro volume (SILVA, 1847, p. 246).

Mais adiante, ele continua:

> Creio porém não merecer desapiedada censura por ter sucedido comigo o que sucedeu aos biógrafos meus antecessores, isto é, por ter ignorado a ascen-

> dência de José Basílio da Gama. Nem eles e nem eu poderíamos adivinhar que o seu assinante, cujo nome não sei ainda, possuía documentos tão importantes como os que apresenta, e que guardava nos seus arquivos particulares (SILVA, 1847, p. 247).

De forma semelhante, em *História da fundação do Império brazileiro,* Pereira da Silva busca dar provas da confiabilidade e da fidedignidade do seu trabalho com um método histórico aparentemente rigoroso. Tal como na prática biográfica, o historiador objetiva conferir ao seu trabalho características vinculadas à produção científica:

> Desde que me resolvi a pôr mãos nesta composição não me poupei a fadigas para conseguir os maiores esclarecimentos. Pesquisei, estudei, meditei e comparei impressos e manuscritos, tradições orais e papeis do estado. Esforcei-me por tirar a limpo a verdade, separando-a do que pudesse obscurecê-la. Com o andar dos tempos e o encontro de novos subsídios, haverá de certo que modificar e depurar ainda nesta história. Na atualidade, porém, e auxiliando-me com as luzes que pude colher, julgo que a devo publicar como a senti, compreendi e imaginei. É pelo menos um trabalho consciencioso, e como tal atrevo-me a dar-lhe publicidade (SILVA, 1864-1868, p. 4-5).

Trabalho em permanente processo de construção, Pereira da Silva reconhece os limites de sua obra ao mesmo tempo em que evidencia o caráter aberto de seu *Plutarco.* Por outro lado, pode-se observar a busca, por parte dos letrados oitocentistas, por adequar suas produções às novas exigências do período.

Simultaneamente à preocupação com não se deixar cair no esquecimento os grandes feitos do passado e com o fortalecimento e o apreço nacional, os historiadores do período objetivavam consolidar a prática histórica e biográfica enquanto disciplina científica, e a fundação do Instituto Histórico e Geográfico Brasileiro, em 1838, é um exemplo sintomático disso. Com isso, "a prova documental foi ganhando cada vez mais relevância não somente para a produção de uma história geral sobre o país, mas também na escrita de vida dos heróis do passado. Indivíduo e nação estariam sujeitos aos mesmos procedimentos" (DALL'AGNOL, 2020, p. 44).

Por fim, Pereira da Silva, ao continuar sua defesa contra tão "desapiedada censura", compara o cenário nacional com outros contextos históricos. Argumenta o historiador:

> Acresce que, se na França, na Inglaterra e na Alemanha, onde tudo se imprime e tudo se sabe acerca dos *homens* que adquirem renome por seus feitos, muitas publicações são por vezes tachadas de inexatas na narração de um ou outro facto histórico ou biográfico, como tem sucedido com Thiers, Capefigue, Johnston, D'Israeli, e Ancillon, Saint Beuve, Ebert, Clarke, Schlegel e Butterweck, me parece que no Brasil, onde redobra o trabalho para se conseguirem quaisquer notícias e esclarecimentos, onde há falta quase absoluta de materiais acerca da história e da literatura, dada mesmo à hipótese de uma ou outra inexatidão no –PLUTARCO- e que se pode corrigir, não há muita razão na sua censura rigorosa (SILVA, 1847, p. 247 [grifo do original).

A afirmação do autor de *Plutarco Brasileiro* vai, de certa maneira, ao encontro do que escreveu, em 1842, José Fernandes Feliciano Pinheiro, visconde de São Leopoldo, na quarta sessão pública de aniversário do Instituto Histórico e Geográfico Brasileiro. Para Pinheiro, tanto a história quanto a biografia deveriam passar por procedimentos que pudessem comprovar a veracidade dos fatos:

> Nosso Instituto, esmerilhando documentos, por incúria ou malícia escondidos, para coordenar o História do Brasil, depois afinados, como os metais preciosos, no crisol da crítica severa, e de receberem o cunho da autenticidade; traçando a biografia dos compatriotas famigerados, para não confundir com o diamante o cristal rocha, e de modo lapidá-lo que brilhe, afim de n'esses exemplares espelharem-se os vindouros; aponta ao mesmo alvo, que é o timbre de uma das mais ilustradas Academias da Europa, em quanto reputa – vã a gloria que não leva em fito o útil – por esta traça tende para o aperfeiçoamento dos costumes e da civilização, e o sinal característico do progresso manifesta-se antes pela conscienciosa observância das virtudes sociais, do que pelas artes e talentos (PINHEIRO, 1842, p. 2-3).

Esse objetivo, por conseguinte, reforça a ideia de que a escrita biográfica, assim como a histórica, deveria passar por um constante processo de aperfeiçoamento em sua busca por atingir a verdade. Com isso, o acesso a documentos que até então eram desconhecidos pelos autores do período era de extrema importância para evitar, por assim dizer, o falseamento do passado. Não obstante, por outro lado, a partir das considerações de Pereira da Silva, a relação entre autor e crítica, entendida aqui como aquela responsável por provocar alterações na obra, nem sempre ocorria sem embates e sem questionamentos. Conforme escreve o jornalista e escritor Manuel de Araújo Porto-Alegre a respeito de *Plutarco Brasileiro*:

> O Plutarco Brasileiro é um momento triunfal; é uma obra de longo folego, que ganhará de dia em dia novas perfeições, novos toques de remate com o andar dos anos, com a colheita dos factos, com o engrandecimento do número, e com a perfeição e a madureza que o tempo estampa em todos os trabalhos históricos. Este livro brindado às letras do país terá longa duração, e augura ao seu autor uma nomeada duradoura, si ele durante a sua vida o for retocando, e ampliando como convêm: um erro estampado é um veneno que se lança á posteridade; é um ponto falso de projeção no perímetro da história; e toda a humanidade é desviada da senda da verdade, logo que os idealistas ou historiadores falsificam os acontecimentos (SILVA, 1858, p. 9).

Tendo como um de seus objetivos tornar visível e acessível uma história preexistente do país por meio da narrativa da vida de seus beneméritos, a prática biográfica também teve de se adequar às exigências metodológicas impostas à escrita histórica. Pode-se concordar, dessa forma, com o que assinala a historiadora Maria da Glória de Oliveira, quando afirma que "a aposta biográfica dos nossos letrados adequou-se às injunções da disciplina histórica tal como esta foi concebida e praticada no Brasil do século XIX" (2011, p. 82).

No caso de *Plutarco Brasileiro*, Pereira da Silva tinha um duplo desafio, já que, simultaneamente ao processo de escrever biografias e de analisar a produção artística de seus biografados, o autor também buscava reconstituir o contexto histórico e social de suas vidas. É uma obra que se localiza, por assim dizer, em uma posição intermediária, uma espécie de *entre-lugar*. É biografia, pois o historiador se propôs para a difícil tarefa de escrever as vidas dos indivíduos ilustres do país, mas também é história, já que o autor se preocupa em oferecer uma detalhada reconstituição histórica ao seus leitores.

Seja objetivando prestar um serviço às letras do país, seja buscando estimular no seu público um apreço pelo passado a partir de uma função cívica e pedagógica que Pereira da Silva assumiu para si, o fato é que seu trabalho se insere em um plano maior, dentro da proposta de um projeto biográfico feita por Januário da Cunha Barbosa, secretário perpétuo do IHGB, durante o discurso de inauguração do Instituto no ano de 1839:

> - Começamos hoje um trabalho que, sem dúvida, remediará de alguma sorte os nossos descuidos, reparando os erros e enchendo as lacunas, que se encontrão na nossa história. Nós vamos salvar da indigna obscuridade, em que jaziam até hoje, muitas memorias da pátria, e os nomes de seus melhores filhos; nós vamos assinalar, com a possível exatidão, o assento de suas cidades e vilas mais notáveis, a corrente de seus caudalosos rios, a área de seus campos, a direção de suas serras, e a capacidade de seus inumeráveis portos (BARBOSA, 1839, p. 13).

Para Barbosa, a melhor forma de aprender as lições que são dadas pela história seria por meio das biografias dos chamados grandes homens e o exemplo a ser seguido é o do escritor de Queroneia, biógrafo da antiguidade, Plutarco:

> O livro de Plutarco (diz o barão de Morogues) é uma excelente escola do homem, porque oferece em todos os gêneros os mais nobres exemplos de magnanimidade; ali se encontra descoberta toda a antiguidade; cada homem celebre ali aparece com seu gênio, com seus talentos, com suas virtudes e com a influência que exercera sobre seu século [...]; ali vidas brilhantes e mortes ilustres ensinam a amar a gloria, a apreciar suas causas, a prever os seus resultados, e a acautelar-mo-nos daqueles perigos que a seguem como sombras, porque (diz M. Thomaz) os homens que pesão sobre o universo também lutam com o seu próprio peso; logo após a gloria acham-se frequentemente ocultos o desterro, o ferro e o veneno (BARBOSA, 1839, p. 13).

Compartilhando objetivos em comum, história e biografia não podem ser vistas, por outro lado, como modalidades discursivas puras ou inalteráveis. Desde a antiguidade, como é possível verificar no prefácio de *Vida de Alexandre*, biografia escrita por Plutarco, quando este ressalta que "Não escrevemos História, mas Vidas", ambos os gêneros funcionam como modo de elaboração do passado e não estão isentos de questionamentos e de erros.

No caso de *Plutarco Brasileiro*, na reedição da obra sob o nome de *Os varões illustres do Brazil durante os tempos coloniáes* (1858), há o acréscimo, por meio dos documentos adquiridos após o debate público analisado mais acima, de um parágrafo que relata a verdadeira origem de José Basílio da Gama, logo após àquele relativo à pergunta sobre "Quem fora seu pai?":

> Acham-se porém hoje inteiramente esclarecidos estes pormenores. Obtivemos dos seus próprios parentes documentos comprobatórios de ser José

> Basílio da Gama filho legitimo de Manoel da Costa Villas-Boas e de Dona Quitéria Inácia da Gama, pertencentes ambos a famílias ilustres e importantes de Minas Gerais, e que se ufanavam de descender de fidalgos conhecidos que possuíam solar e quinta em Barcellos desde o tempo d'El Rei Dom Pedro I de Portugal e que se haviam distinguido em guerras e governos (SILVA, 1858, p. 360).

Conforme já afirmado, muitas vezes, no Brasil Oitocentista, a produção biográfica constituía um local para o estabelecimento de debates historiográficos. A partir da contenda envolvendo a biografia do poeta Basílio da Gama, feita por Pereira da Silva, pode-se perceber a importância das biografias durante as primeiras décadas do século XIX e sua dimensão pública e formativa. Mais de um século após o surgimento de *Plutarco Brasileiro*, as escritas de vida ainda suscitam debates e querelas.

Biografias contemporâneas: edição, crítica e polêmica sobre a autorização prévia

Um exemplo contemporâneo acerca das divergências da produção de biografias ocorreu recentemente e remete à, por vezes conturbada, relação entre escritor, editora, política e crítica. Uma nova biografia sobre Roberto Marinho, o fundador do grupo Globo, escrita pelo autor Leonêncio Nossa, está no centro de uma disputa judicial envolvendo a maior editora do país e o referido jornalista. O clímax do conflito, que levou a Companhia das Letras a buscar as instâncias judiciais, ocorreu quando a editora soube da publicação da obra pela Nova Fronteira no dia 17 de maio de 2019.

O processo judicial tornou-se público e foi tema de debates em alguns periódicos na imprensa nacional. Para resumir o ocorrido, farei referência à reportagem publicada pelo jornal *ELPAÍS* (2019) e às redes sociais tanto da Companhia das Letras quanto do Nossa. Embora o formato no qual é possível acompanhar a disputa judicial entre os envolvidos difira daquele observado em *Plutarco Brasileiro*, qual seja, o meio digital, existem pontos de similitude entre ambos no que se refere à escrita biográfica.

Segundo a reportagem publicada no dia 29 de outubro de 2019, Leonêncio Nossa teria procurado o grupo controlado por Luiz Schwarcz quando já havia levantado extenso material de pesquisa para o que viria a se tornar *Roberto Marinho: o poder está no ar*. O contrato estabelecido entre o jornalista e a Companhia das Letras, no ano de 2014, representaria a concretização de um trabalho de fôlego que revelaria aspectos até então desconhecidos da vida do empresário carioca. Ficou acertado que Nossa receberia duzentos mil reais, sendo quarenta por cento para a pesquisa e o restante, a serem pagos em cinco parcelas, resultante de adiantamento das vendas futuras do livro. À primeira vista, as duas partes contratantes estavam satisfeitas. Não obstante, a editora exige judicialmente a devolução dos valores acertados e o contrato com Nossa foi rompido, além de a obra estar disponível para compra pela editora Nova Fronteira (*ELPAÍS*, 2019).

De acordo com o autor Leonêncio Nossa e a sua defesa, os problemas com o grupo sediado em São Paulo começaram quando Schwarcz pediu para conversar acerca do capítulo intitulado *O mulato e o embaixador*, que trata da relação de Marinho com o banqueiro e ex-embaixador Walther Moreira Salles, quando este tenta comprar a Rede Globo. Na época, Fernando Moreira Salles, filho do banqueiro, era sócio da Companhia das Letras. A partir desse início de conflito, a relação entre ambos foi se deteriorando, culminando na não finalização da revisão da obra, a cargo, em um primeiro momento, de outro conhecido biógrafo do país: Lira Neto. Segundo consta, Nossa teria ficado profundamente irritado com as alterações feitas, além de ter ouvido de uma fonte, segundo consta nos autos do processo, que o próprio Neto estava sendo apresentado como o responsável pela obra (*ELPAÍS*, 2019).

Por sua vez, a Companhia das Letras alega que Nossa era quem teria rompido o contrato por sua própria vontade. De acordo com o texto da empresa, divulgado em seu perfil oficial na rede social *Facebook*, no dia 28 de agosto de 2019, a editora afirma que o ingresso na justiça visava não à censura do livro, mas sim ao ressarcimento dos valores pagos ao autor, a título de adiantamento, que seriam abatidos com a publicação e com a venda do livro, o que não aconteceu, uma vez que houve rompimento contratual. A editora também afirmou serem inverídicas as informações divulgadas pela defesa de Leonêncio Nossa acerca da coautoria da obra, pois, de acordo com o texto publicado, tudo foi feito com o consentimento do autor. E, por fim, a Companhia das Letras, em sua nota pública, lamenta o alargamento da discussão em, segundo suas palavras, "lugar impróprio" ao ambiente onde ela estava ocorrendo, isto é, na justiça (INTERNET, 2019). Em síntese, entre as cartas do passado e as redes sociais atuais, a produção de biografias continua suscitando embates e disputas.

O intuito, ao descrever brevemente essa disputa inédita dentro do mercado editorial brasileiro, não é o de adentrar nas especificidades da divergência. Por exemplo, saber se a entrega dos originais, momento-chave no processo contratual no qual a editora recebe o texto final do autor para posterior edição e para revisão foi feita de fato, o que implicaria o não ressarcimento do valor alegado pela companhia paulista. Quero me concentrar, por outro lado, em um ponto da discórdia, pois ela tem relações, direta e indiretamente, com a escrita biográfica, tanto a de hoje quanto a dos tempos pretéritos, conforme se observou na discussão historiográfica envolvendo o historiador Pereira da Silva.

Parece que, ao lado da acusação do autor Leonêncio Nossa relativa a uma possível censura a sua biografia sobre Roberto Marinho, o centro da discórdia envolve a revisão da obra feita pelo também jornalista Lira Neto. Apesar da anuência de Nossa, o escritor ficou bastante contrariado com as alterações feitas pelo revisor, o que teria desencadeado uma mudança significativa no texto original. Além do mais, existe também a acusação de que Lira Neto estava sendo apresentado como o novo responsável pela biografia, em um caso emblemático no qual o revisor vira o autor principal. Mesmo após a substituição de Neto por outro revisor, as desavenças entre Companhia das Letras e Leonêncio Nossa continuaram até o definitivo rompimento de contrato. Em síntese, esse fato mostra que, mesmo depois de o Supremo Tribunal Federal proibir o impedimento de biografias não autorizadas, o lançamento de livros de não-ficção não se dá, em muitas vezes, sem disputas, sem críticas e sem questionamentos. Algo não muito distante do que se verificou com *Plutarco Brasileiro*.

Poucos anos antes da disputa judicial relatada acima, mais precisamente em 2015, o Supremo Tribunal Federal afirmava não ser necessária autorização prévia para a publicação de biografias. Movida pela Associação Nacional de Editores de Livro (Anel), a Ação Direta de Inconstitucionalidade (Adin) 485 sustentava que os artigos 20 e 21 do Código Civil eram incompatíveis com a liberdade de expressão e de informação à luz do que rege a Constituição Federal. De forma unânime, a decisão do STF apontava para as imbricadas relações entre biógrafos e biografados (STF, 2015).

De acordo com o que aponta o Código Civil, em seus artigos 20 e 21, é possível proibir a publicação de obras que, de alguma maneira, atinjam a boa fama, a honra e a respeitabilidade das pessoas retratadas, assim como assegura a inviolabilidade da vida privada do indivíduo, podendo o juiz adotar providências necessárias para impedir algum ato que contrarie esse preceito, a partir do pedido da pessoa interessada. Não obstante, o entendimento dos nove ministros que participaram do julgamento foi ao encontro do voto da relatora Ministra Cármen Lúcia, que estabelecia a impossibilidade de censura prévia das obras haja vista o prevalecimento do direito de expressão e de informação, o que não significa, importante frisar, que medidas judiciais não possam ser tomadas após a publicização das biografias.[2]

2 Os ministros, além da relatora Ministra Cármen Lúcia, que julgaram a Ação Direta de Inconstitucionalidade (ADI) 4815, no dia 10 de junho de 2015, foram: Luís Roberto Barroso, Rosa Weber, Luiz Fux, Dias Toffoli, Marco Aurélio, Celso de Mello e Ricardo Lewandowski (STF, 2015).

Em *Contar vidas em uma época presentista: a polêmica sobre a autorização prévia*, o historiador Benito Bisso Schmidt (2018) analisa o julgamento e as polêmicas subjacentes a ele. Seguirei pontos da argumentação do historiador, pois eles vão ao encontro dos objetivos do artigo, qual seja, propor um movimento em direção do passado ao presente relativo às discussões envolvendo à prática biográfica.

Os problemas abarcando a necessidade ou não de autorização prévia para a publicação de biografias não eram novos, conforme assinala o historiador:

> Importante insistir que a ADI foi interposta pela ANEL, certamente interessada em garantir seus lucros com a venda de obras deste gênero, em especial depois de problemas envolvendo a publicação de, entre outras, as biografias de Garrincha, de autoria do jornalista Ruy Castro (1995), que foi retirada de circulação logo após seus lançamento em 1995, quando as dez filhas do jogador entraram na Justiça com um mandado de busca e apreensão, reivindicando os direitos autorais da obra; e, mais recentemente, em 2006, de Roberto Carlos, escrita pelo também jornalista Paulo Cesar de Araújo (2006), contra a qual o cantor reagiu com virulência acusando o autor de invadir sua privacidade. No primeiro caso, a disputa se arrastou por uma década, e acabou quando as herdeiras do antigo atacante entraram em acordo com a editora responsável pela publicação (a Companhia das Letras); o segundo resultou na apreensão de *Roberto Carlos em detalhes* e na transformação de Paulo Cesar em uma espécie de "herói da liberdade de expressão" (SCHMIDT, 2018, p. 22).

Foi nesse contexto, por conseguinte, que a Ação Direta de Inconstitucionalidade 485 foi analisada. Importante sublinhar que, além do que foi apontado acima, o julgamento da ADI 485 foi precedido de uma audiência pública que contou com a participação de diversas entidades interessadas, a saber, Ministério Público Federal, Academia Brasileira de Letras, União Brasileira de Escritores, Ordem dos Advogados do Brasil, dentre outras. A título de exemplo, as relações entre história e biografia, assim como se observou no Brasil Oitocentista, também foram apontadas:

> As relações entre biografia e história também foram mencionadas pelos representantes do Sindicato Nacional dos Editores de Livros, Sônia da Cruz Machado, que disse que "A vida de figuras públicas é parte da historiografia social"; do IHGB, que, mesmo sendo ligado à área do Direito, foi o único a discutir questões mais próximas à epistemologia da História, indicando que o problema da narrativa não se refere propriamente ao "erro em relação ao que se relata", mas, sobretudo, "à má-fé na produção e no relato desse erro", pois "não basta que esteja errado, porque, em pesquisa acadêmica, como sabido, não existe verdade absoluta"; e da UFRJ, que salientou que "a censura prévia de biografias, por extensão da escrita da História, priva o leitor e o cidadão do acesso ao conhecimento de sua própria sociedade" (SCHMIDT, 2018, p. 25).

Em relação ao voto da ministra Cármen Lúcia, quando da ocorrência do julgamento da ação, novamente a biografia aparece ao lado da história e da memória. É possível ter acesso à íntegra do voto da relatora na página do Supremo Tribunal Federal.[3] Em suas 119 páginas, encontram-se citações de textos de juristas, referências a excertos de cartas constitucionais de outros países e do Brasil, além de menções a uma diversidade considerável de filósofos, historiadores e literatos. Para a magistrada, a biografia é história:

> Biografia é história. A história de uma vida. Essa não acontece apenas a partir da soleira da porta de casa como anotado. Ingressa na intimidade sem que o biografado sequer precise se manifestar. A casa é plural. Embora seja espaço de sossego, a toca do ser humano, os que ali comparecem observam, contam histórias, pluralizam a experiência do que nela acontece.
> O biógrafo busca saber quem é o biografado indo atrás de sua vida. Investiga, perscruta, indaga, questiona, observa, analisa para concluir o quadro da vida, o comportamento não mostrado que ostenta o lado que completa o ser autor da obra que influencia e marca os outros (LÚCIA, 2015, p. 98).

Mais adiante:

> A pesquisa histórica depende das biografias. É da vida e com as vidas que se estruturam as sociedades. Sociedade é todo composto de vidas singulares, mas que se erguem como esteios estruturadores das instituições e construtores de catedrais e capelas de gentes, ideias e costumes. Viver conjuga-se no plural. Por isso, pode ocorrer que a escrita

3 Para leitura integral do voto da Mnistra Cármen Lúcia acesse: http://www.stf.jus.br/portal/cms/verNoticiaDetalhe.asp?idConteudo=293298

> sobre a vida de alguém, tomado como referência propícia ao esclarecimento histórico, seja de natureza cultural, intelectual, artístico ou científico adentre espaços que se pretendam íntimos. Daí a assertiva de que estas incursões seriam ilegítimas porque violadoras da intimidade e da privacidade do biografado (LÚCIA, 2015, p. 102).

Observa-se, no caso das polêmicas envolvendo a produção de biografias contemporâneas, a importância da autorização prévia, da edição e da revisão correlacionadas aos seus aspectos políticos. O debate sobre a proibição da publicação de biografias não autorizadas, rechaçado pelo Supremo Tribunal Federal, nos leva a indagar sobre os motivos de tanto interesse pela vida de um indivíduo.

Considerações Finais

Pode a vida de um indivíduo esclarecer o passado? Até que ponto as biografias auxiliam na tarefa de elaboração das experiências pretéritas? Qual relação a escrita de uma vida guarda com a memória nacional? Eis algumas questões que continuam instigando os autores desses relatos de vida.

Conforme aponta a historiadora francesa Sabina Loriga (2006), mesmo em um período em que se verifica um espaço cada vez maior dado, dentro do conhecimento histórico, às explicações processuais e totalizantes sobre o passado, o século XIX, e trabalhos como o de Pereira da Silva são um exemplo sintomático disso, continuou propiciando um campo de pensamento e de estudo sobre as ações individuais dentro da história, como forma de compreensão do passado. Vinculada a uma concepção *magis-*

tra vitae do conhecimento histórico, a prática biográfica possuía um caráter formativo, cívico e pedagógico. Contudo, será que é possível afirmar que:

> Não mais escrevemos biografias na expectativa de que nossos personagens ofereçam modelos de conduta, bem ao estilo de uma história *magistral,* capaz de educar as gerações presentes a futuras através dos exemplos, embora tais perspectivas persistam. (AVELAR; SCHMIDT, 2018, p. 9 [grifo do original]).

Por mais que, considerando-se as proposições de François Hartog e os seu regimes de historicidade (2013), estejamos em uma época na qual a dimensão presentista do tempo parece predominar, a julgar o debate envolvendo a ADI 485, ainda somos herdeiros, e muito, de uma concepção de história, de memória e de biografia, forjada ao longo do século XIX.

É que contar algo, pois, sobre a vida de um outro que nos é, até certo ponto, alheio não se refere a um processo de escrita caracterizado por sua neutralidade e que, por meio de sua própria trajetória existencial, terminará por enaltecer ou por depreciar alguém. Em síntese, "escrever vidas implica revelar as contradições inerentes ao ser humano. O biógrafo alia sentimento com erudição, crítica com método, o prazer do texto com certo dever de memória" (DALLAGNOL, 2020, p. 130).

Quando tornamos público aquilo que escrevemos, estamos, sob o olhar atento do leitor, buscando, por assim dizer, sua empatia. Queremos que nossa obra tenha relevância e significância na vida daqueles que decidiram dedicar um tempo para "nós". No entanto, antes desse momento chegar, o produto, resultado final do que escrevemos, passa por instâncias mais variadas. No fim das contas, escrevemos sobre o outro para, por meio de um processo de alongamento de nossa percepção sobre nós mesmos, tentarmos nos compreender um pouco melhor, e a leitura acompanha esse processo. Enquanto esse desejo de compreensão do outro e de nós mesmos persistir, continuaremos narrando e lendo vidas.

Fontes

BARBOSA, Januário da Cunha. "Discurso". In: *Revista do IHGB*, 1839, p. 9-18.

MATTOS, Raymundo José da Cunha. BARBOZA Januário da Cunha. "Breve noticia sobre a creação do Instituto Historico e Geographico Brazileiro". *RIHGB*, 1839, p. 5-9.

PARECERES DE COMIMSSÃO OU COMISSARIOS ESPECIAES. *Revista do IHGB*, Rio de Janeiro, tomo 29, 1866, p. 373-430.

PORTO ALEGRE, Manuel Araújo. Iconographia Brazileira. *Revista do IHGB*, Rio de Janeiro, tomo 19, n. 23, p. 349-378, 1856.

PINHEIRO, José Fernandes Feliciano. "Discurso". In: *RIHGB,* 1842, p. 2-4 (suplemento).

SILVA, João Manuel Pereira da. *História da fundação do Império brazileiro*. Rio de Janeiro: B.L. Garnier, 1864-1868. 7 v.

_______. *Os varões illustres do Brazil durante os tempos coloniáes*. Pariz : Livraria de A. Franck...,: Livraria de Guillaumin..., 1858. 2 v.

_______. *Plutarco Brasileiro*. Rio de Janeiro: Em Casa dos Editores Eduardo e Henrique Laemmert, 1847. 2 v

Referências

AVELAR, Alexandre de Sá; SCHMIDT, Benito Bisso. O que pode a biografia. In: AVELAR, Alexandre de Sá; SCHMIDT, Benito Bisso (Orgs.). *O que pode a biografia*. São Paulo: Letra e Voz, 2018, p. 7-13.

BOURDIEU, Pierre. A ilusão biográfica. In: FERREIRA, Marieta de Moraes; AMADO, Janaína (Orgs.). *Usos & abusos da história oral*. Rio de Janeiro: Fundação Getúlio Vargas, 1996.

DALL AGNOL, Rafael Terra. *Biografia e* historia magistra vitae*: aproximações e afastamentos no brasil oitocentista.* 2019. Monografia (Tese de Doutorado) – Instituto de Filosofia e Ciências Humanas, Universidade Federal do Rio Grande do Sul, Porto Alegre.

_______. *Biografar, imaginar, escrever: escrita biográfica e imaginação histórica em João Manuel Pereira da Silva (1817-1898)*. 2017. Monografia (Dissertação de Mestrado) – Instituto de Filosofia e Ciências Humanas, Universidade Federal do Rio Grande do Sul, Porto Alegre.

_______. Ser historiador no século XIX. Entre debates, críticas e polêmicas: Pereira da Silva e seu Plutarco brasileiro. *História e Cultura*, v. 6, p. 40-58, 2017.

DOSSE, François. História e historiadores no século XIX. In: MALERBA, Jurandir. *Lições de história: o caminho da ciência no longo século XIX*. Rio de Janeiro: Editora FGV, 2010, p. 15-32.

_______. *O desafio biográfico: escrever uma vida*. São Paulo: EDUSP, 2009.

HAIDAR, Daniel. A disputa que fez a Companhia das Letras tentar barrar nova biografia de Roberto Marinho. (São Paulo, online). Disponível em <https://brasil.elpais.com/brasil/2019/10/25/cultura/1571960351_985690.html>. Acesso em 15 dez. 2020.

HARTOG, François. *Regimes de historicidade: presentismo e experiência do tempo*. Belo Horizonte: Autêntica, 2013.

KOSELLECK, Reinhart. Historia Magistra Vitae – Sobre a dissolução do topos na história moderna em movimento. In: KOSELLECK, Reinhart. *Futuro passado: contribuição à semântica dos tempos históricos*. Rio de Janeiro: Contraponto, 2006, p. 41-60.

LORIGA, Sabina. Des possibilités d'une histoire biographique. In: *CONFERÊNCIA IFCH/UFRGS,* 25 set. 2006, Porto Alegre. Texto cedido pela autora. Agradeço ao professor Evandro dos Santos pela disponibilização do texto.

_______. *O pequeno x: da biografia à história*. Belo Horizonte: Autêntica Editora, 2011.

LÚCIA, Cármen. Ação direta de inconstitucionalidade 4.815 distrito federal. (Brasília, online). Disponível em: <http://www.stf.jus.br/arquivo/cms/noticiaNoticiaStf/anexo/ADI4815relatora.pdf>. Acesso em 16 dez. 2020.

OLIVEIRA, Maria da Glória. "Biografia e historia magistra vitae; sobre a exemplaridade das vidas ilustres no Brasil oitocentista". *Anos 90 (Online)* (Porto Alegre), v. 22, p. 273-294, 2015.

_______. *Escrever vidas, narrar a história: a biografia como problema historiográfico no Brasil oitocentista*. Rio de Janeiro: Editora FGV, 2011.

SCHMIDT, Benito Bisso. Contar vidas em uma época presentista: A polêmica sobre a autorização prévia. In: AVELAR, Alexandre de Sá; SCHMIDT, Benito Bisso (Orgs.). *O que pode a biografia*. São Paulo: Letra e Voz, 2018, p. 17-32.

Parte II
Mulheres e seus fios tipográficos, impressos e intelectuais

A tipografia da Viúva Roma: relações de gênero e propriedade na imprensa de Pernambuco

Carolina de Toledo Braga[1]

Introdução

Umbelina Coelho da Silva Ribeiro Roma ou, após 1848, a Viúva Roma, viveu no Recife, na província de Pernambuco, no Brasil, em meados do século XIX. Com a morte do marido Luiz Ignácio Ribeiro Roma, no auge da Insurreição Praieira (dezembro de 1848), a Viúva Roma assumiu os negócios do casal, uma loja de livros e uma tipografia, e mudou o nome da oficina para *Tipographya da Viúva Roma.*

Este artigo examina a trajetória de Umbelina: o período entre a morte do marido (1848) e a venda da oficina tipográfica (1853). Baseando-se no inventário do falecido marido da viúva e em notícias de diversos jornais da época, em cruzamento com a bibliografia sobre o tema, a ideia é analisar a participação dessa mulher enquanto proprietária de uma oficina tipográfica e levantar questionamentos sobre as mulheres como editoras e impressoras no Oitocentos e no século XXI. Quais eram, na prática, as tarefas realizadas por ela? Quais as diferenças dos papéis de gênero entre os/as proprietários/as de oficinas tipográficas?

---

1 Doutoranda em Ciências Sociais na Universidad de Buenos Aires, Argentina. E-mail: caroltbraga@gmail.com.

A imprensa periódica do Brasil Imperial tinha viés informativo e educativo, inclusive promovendo a disseminação da importância da própria imprensa para a sociedade e para o progresso da nação – num projeto civilizador e modernizador. Citando a historiadora Zahidé Muzart, Karoline Carula aponta que foi a conquista de direitos que impulsionou as mulheres a escreverem textos, dirigirem e fundarem periódicos. Esses primeiros impressos de autoria feminina reivindicavam pautas como educação, profissão e voto (CARULA, 2016).

Por meio de um estudo das mulheres proprietárias de tipografias, é possível perceber que, desde o século XIX, há tendências monopolistas no ramo tipográfico no Brasil. A pesquisa *Media Ownership Monitor Brasil* mapeou os/as proprietários/as de 50 veículos de mídia brasileiros atuais e quais são as ligações deles com política, com religião e com negócios. Entre canais de televisão, de internet, de impressos e de rádios, foram analisados os de maior audiência e influência na opinião pública. Entre as 50 concessões analisadas, é notável o número de mulheres proprietárias dos maiores veículos de mídia no país naquele momento: quatro (INTERVOZES, 2017). A maioria sendo coproprietária junto com os maridos, apenas uma delas não dividia a propriedade.

Ainda de acordo com a pesquisa, cinco grupos controlam mais da metade da propriedade da mídia no Brasil. Dentre os grupos e os conglomerados de mídia estudados, verificou-se uma predominância de homens brancos enquanto proprietários de veículos de comunicação de massa. As mulheres proprietárias ou com cargos de destaque dentro dos grupos são exceções. Por exemplo, há o Grupo Sílvio Santos que entre outros, tem a propriedade do canal *SBT* e é de propriedade de Senor Abravanel. Duas de suas filhas têm ações na empresa e uma, Renata Abravanel, é a vice-diretora do grupo, já tendo sido indicada pelo pai como sucessora dele no cargo de diretora geral.

O Grupo Record tem como proprietários o casal Edir Macêdo e Ester Bezerra. O marido é bispo da Igreja Universal e Ester Bezerra escreve um blog sobre cristianismo evangélico, porém não tem cargo de destaque nem de liderança na Igreja, mas é coproprietária da mídia.

O Grupo Sada, do italiano Vittorio Medioli, além de empresas na área de energia, também possui diversos veículos de comunicação, como o jornal *O Tempo*. Ele foi deputado federal pelo PSDB entre 1990 e 2006. Quem administra a empresa de comunicação, na verdade, é a esposa junto à filha Lúcia Machado e Marina Medioli. São presidente e vice-presidente da empresa, respectivamente. Além de vice-diretora, a filha também é acionista na empresa, junto com a irmã Daniela Medioli.

A única mulher que realmente era a principal acionista de um veículo, sem ser coproprietária junto com o marido, foi Isabel Rocha dos Santos, dona da *Ongoing Strategy Investiments*, que administrava o portal *IG*. A empresa portuguesa chegou a ser o maior conglomerado de empresas privadas antes da Revolução dos Cravos (1975), em Portugal, mas faliu em 2016.

O Grupo Bandeirantes foi gerido pelo casal João Saad e Maria Helena Saad que, quando morreram, deixaram a propriedade dívida entre os cinco filhos, entre eles três mulheres. Duas trabalham na empresa, além de serem acionistas. Apesar de terem parte considerável das ações do grupo, mais de 50% das ações ainda estão correndo na justiça.

Por último, os bispos Estevam e Sônia Hernandes, além de terem os veículos da Rede Gospel, são fundadores da Igreja Apostólica Renascer em Cristo. O casal já foi acusado de estelionato e de lavagem de dinheiro pelo Ministério Público – por abrir igrejas de fachada. Fernanda Hernanes Rasmussen, também conhecida como "Bispa Fê", é filha do casal e sucessora deles na propriedade tanto da Igreja como dos veículos de comunicação (INTERVOZES, 2017).

Compreender a participação das mulheres não apenas na publicação, mas na produção de material impresso no Oitocentos nos abre caminhos para afirmar que estavam inseridas na propriedade da imprensa, então, como foram silenciadas no exercício desses papeis? O silenciamento sobre as mulheres como proprietárias de tipografias e de veículos de comunicação reflete uma tentativa de apagamento da existência delas no mundo público ocidental e uma delimitação da participação feminina no mundo doméstico.

Entre as publicações mais recentes sobre as mulheres tipógrafas, proprietárias e editoras na América Latina está o dossiê *Editoras y autorías: las mujeres en el mundo editorial latinoamericano,* publicado no ano de 2020, no *Cuaderno 107*, uma revista da *Facultad de Diseño y Comunicación* da *Universidad de Palermo*, em Buenos Aires, na Argentina. Organizado pela antropóloga Ivana Mihal, pela linguísta Ana Elisa Ribeiro e pela socióloga Daniela Szpilbarg, o caderno é um compilado com estudos interdisciplinares sobre as mulheres que produziam, editavam e imprimiam em toda a América Latina. Partindo da pergunta "o que significa ser uma editora mulher e quais os condicionamentos de gênero que devem ter atravessados para se tornarem editoras visíveis nos próprios empreendimentos?", os artigos do dossiê problematizam as desigualdades sociais vividas pelas mulheres frente aos saberes hegemônicos construídos pelos homens. É uma análise da produção da cultura escrita numa perspectiva de gênero e feminismos.

Destacamos também estudos como os de Manuel Ramos Medina, *Viudas en la historia* (2002), que apresenta os papéis das viúvas em diversas sociedades, como México, Peru e Espanha, desde o tempo Medieval até o século XIX – incluindo capítulos apontando a relação das viúvas com o ramo do comércio livreiro. Outro trabalho relevante é o artigo "*Viudas de la tipografia* (2004)," de Martínez Leal, publicado na revista mexicana DX.

De referências em língua portuguesa, no ano passado, a Biblioteca Nacional de Portugal publicou a pesquisa da investigadora Helga Maria Jüsten, *Para a história da tipografia portuguesa: A oficina de Germão Galharde e de sua viúva, 1519-1565*. No Brasil, as linguístas Ana Elisa Ribeiro e Constância Lima Duarte publicaram as obras mais relevantes sobre o tema (RIBEIRO e KARAM, 2020; RIBEIRO, 2020; DUARTE, 2016) cujas produções se debruçam sobre o tema das mulheres na edição, na escrita e na publicação de artigos desde o século XIX até o tempo presente.

De acordo com a investigadora Sandra Establés Susán (2018), a partir dos anos 1970s, os estudos sobre as mulheres no ramo tipográfico e editorial começaram a valorizar aspectos que ressaltam sua capacidade profissional nas oficinas ao colocar no centro da narrativa as largas trajetórias de algumas delas e ao problematizar as presenças e os silêncios delas na documentação. É fato que, a partir do momento que enviuvavam, passavam a aparecer mais nos documentos. De 1980 em diante, começaram a existir mais publicações acadêmicas sobre o assunto e, por meio de estudos das trajetórias de mulheres que ganharam prestígio nesse ramo após se tornarem cabeça do casal (com a viuvez ou até mesmo antes), averiguou-se que o papel delas nas oficinas era mais relevante do que se acreditava anteriormente.

Importante contribuição sobre a questão das mulheres no mercado editorial vem da historiadora mexicana Marina Garone Gravier (GRAVIER, 2013; LOPEZ e GRAVIER, 2008; GRAVIER, 2007; GRAVIER, 2004). Segundo a autora, muitas mulheres trabalhavam como impressoras no século XVIII no mundo *hispanohablante*, mas quase não há informações sobre elas. De fato, há uma falta de provas documentais sobre o trabalho diário das mulheres dentro das oficinas tipográficas. Gravier utiliza-se de crítica realizada por Albert Coberto sobre o rigor histórico e metodológico acerca de documentos que provem fielmente esse trabalho cotidiano das oficinas - crítica esta que não é equivalente nas pesquisas dos historiadores sobre impressores e tipógrafos homens (GRAVIER *apud* LÓPEZ, 2008).

Para Gravier, há uma certa tendência da historiografia sobre a imprensa *hispanohablante* de descredibilizar o trabalho das mulheres tanto como impressoras quanto como direção dos negócios das oficinas tipográficas. Sintoma disso é que, até o ano de 2008, havia poucas pesquisas sobre as mulheres impressoras. Segundo ela, é a partir de 2004 que são iniciadas uma série de publicações de estudos bem documentados sobre as mulheres impressoras nos países hispano americanos - e mostram como era ativa, efetiva e definitiva a participação das mulheres na imprensa do México, por exemplo. A mexicana Sara Poot-Herrera publicou em 2008 o texto *El siglo de las viudas impresoras y mercaderes de libros: el XVII novohispano,* no qual ela defende a tese de que foi intensa a participação das viúvas na formação dos centros urbanos ilustrados no país.

A mudança do foco da análise também é um fator importante. Sandra Establés Susán percebeu que, na Espanha e na Iberoamérica, era grande o número de folhetos impressos com nome de mulheres responsáveis pela edição e pela impressão. A autora sugere que, para estudá-las, é necessário haver uma mudança do foco da análise para a procedência dos livros e para os responsáveis pelo processo de criação dos impressos, ao invés de se pesquisar apenas os aspectos físicos e as propriedades culturais dos livros. Além disso, também é preciso, segundo ela, superar os preconceitos e o desprestigio com que se há concebido a posição que ocuparam essas mulheres nesses negócios. "Não dá para pensar que a atividade exercida por elas era apenas ocasional e secundária, quase sempre supervisionada por um homem", pontua a autora após indicar que, nas fontes pesquisadas, as mulheres aparecem à frente das oficinas tipográficas. Por se tratar de negócios familiares, na maioria das vezes, as relações de trabalho se davam dentro do âmbito familiar (2018, p.10).

Para Gravier (2008), é necessário aprofundar a análise efetiva da produção para além dos repertórios bibliográficos, ou seja, examinar qualitativamente os gêneros e os clientes com os quais os impressores estavam familiarizados e o material impresso - para abordar as possíveis repercussões, se houver, da ação das mulheres nos aspectos práticos e estéticos das edições (volume, ilustração e ornamentação). A ideia é buscar fazer um estudo cujo enfoque seja a presença das mulheres nas diversas áreas da cultura escrita, desde a impressão, a edição, até a propriedade e a venda de materiais impressos de forma transversal. Para fazer uma história feminista, que englobe as problemáticas interseccionais entre gênero, raça, classe e outros marcadores, é preciso, para além de destacar nomes de mulheres que participavam da cultura letrada, inserir as experiências de vida e as contribuições delas na história da imprensa e do livro (GRAVIER, 2008).

A loja de livros

A loja de livros do Pateo do Collegio, número 2, vendia principalmente obras para os estudantes da Faculdade de Direito do Recife. No entanto, também havia uma infinidade de romances, de dicionários, de manuais de História, de Geografia e de Matemática vendidos na livraria da Viúva Roma. Materiais como papel, lápis e bolsas também estavam à venda lá.[2] É incontestável a ligação entre a livraria e a tipografia. Quando chegavam as prateleiras, os livros eram anunciados nos jornais impressos na tipografia, como no *O Commercial* (1850, n. 67): "Vende-se di-

2 Inventário. Luiz Ignácio Ribeiro Roma, p. 28-78.

reito público para o primeiro e segundo ano da academia jurídica, pelo dr. Autran: no pateo do collegio n.2, loja da viúva Roma e filhos".

Em 1849, o imposto pago por Umbelina sobre a loja de livros foi de 20 mil réis, sendo o imposto anual sobre lojas, seges e barcos do interior. No primeiro semestre do ano seguinte, ela pagou 10 mil mais uma multa de 300 réis.[3] Em dezembro de 1849, a Viúva Roma pediu e logo conseguiu autorização para vender em hasta pública a loja de livros. Na avaliação feita para o inventário, a armação da loja com todos os pertences valia 480$000 réis. No mês seguinte, a viúva até tentou vender, mas não apareceu ninguém interessado em comprar a loja. Algum tempo depois, ela achou uma pessoa para comprar não pelo preço avaliado, mas "resgatando e restituindo o equivalente em letras existentes em poder de vários credores do finado marido". Ou seja, o comprador pagaria um valor para a viúva e "compraria" dívidas ativas do marido morto.[4] Para além de mártir da praieira, Luiz Roma também era um devedor. Quando morreu, deixou dívidas ativas com 89 pessoas, dívidas cujo montante era de 754$140 réis.

Finalmente, a loja de livros acabou comprada por dois irmãos: o bacharel Abreu e Lima e Pedro de Alcântara Faria de Abreu e Lima. Em abril daquele mesmo ano, a loja passou a se chamar *Abreu e Lima & irmão,* como publicado no *Comercial*: "A loja de livros da viúva Roma passou a pertencer ao bacharel Abreu e Lima, e Pedro de Alcantara faria de abreu e lima, por compra, em virtude de consen-

3 Inventário. Luiz Ignácio Ribeiro Roma, p. 152.

4 Inventário. Luiz Ignácio Ribeiro Roma, p. 80.

timento do juiz de órfãos, cuja casa principia a girar sob a firma – abreu e lima & irmão" (1850, n.76, p. 4). Vale lembrar que o bacharel Abreu e Lima foi o mesmo que deu fiança da conduta da viúva para ela conseguir a tutela dos filhos menores. Esse comerciante também era irmão de Luiz Roma. Ou seja, o negócio não saiu da família.

A tipografia

Foi, no dia primeiro de agosto de 1842, a primeira publicação do jornal *Diário Novo*. O periódico era publicado pela também recém-nascida Typografia Imparcial. Com a morte de Luiz Roma, a oficina passou a ser chamada "Typ. da Viúva Roma e Filhos" ou "Typographia Imparcial da Viúva Roma". A viúva assumiu o negócio do marido justamente no período no qual a Typ. Imparcial virou o local onde se imprimiam panfletos revolucionários e o principal jornal diário dava notícias em primeira mão sobre a movimentação das tropas rebeldes, estava no auge da Insurreição Praieira (1848).

Entre as folhas, os periódicos e os livretos impressos nessa época, consegui encontrar exemplares de: *Diário Novo, A revolução de Novembro, A Marmota Pernambucana, O Commercial, O médico do Povo, O Liberal Pernambucano, O Guaycuru, O Paladim, Aurora, O Patuléia, Gazeta do Povo, O Telhegrapho, O Maccabeu, A cartilha do povo* e *O Guarda Nacional*. Alfredo de Carvalho (1908), nos *Annaes da Imprensa Periódica Pernambucana*, aponta mais algumas folhas impressas na tipografia sob comando da viúva, como *O Recreio das Bellas* e *O Jasmim* ("jornal dedicado ao bello sexo"), duas folhas dedicadas ao público feminino, mas que eu não encontrei vestígios. Mello (1952), no *Roteiro Bibliográfico de Panfletários da Praieira,* também indica outros nomes de folhas impressas na tipografia. Até agora, eu só encontrei vestígios dos periódicos já citados.

A Typ. Imparcial foi fundada em 1842 por Luiz Roma e por João Baptista de Sá (MELLO, 1952). O *Diário Novo* nasceu junto com a oficina tipográfica.[5] Mal foi enterrado o antigo proprietário da Typ. Imparcial, a viúva já precisou encabeçar confrontos com a polícia para não ver a tipografia fechar. No segundo volume de História da Imprensa em Pernambuco, Luiz do Nascimento escreveu que, no dia 11 de janeiro de 1849, lia-se nas páginas do *Diário Novo* um anúncio ao público: os distribuidores haviam sido assaltados pela polícia. Levaram 250 exemplares do jornal.

> E como por nenhum preço há quem queira distribuir o *Diario Novo,* porque a polícia ameaça a todos com a cadeia e com o recrutamento, a proprietária pede encarecidamente aos srs assinantes tenham a bondade de mandar buscar os seus diários a esta tipografia, no andar de sua residência, *onde ela mesma os entregará,* até que Deus se compadeça de Pernambuco e nos dê remédio em nossas angustias. (*Diario Novo*, 11 jan. 1849 *apud* Nascimento, 1966, p. 44 [grifo nosso])[6]

5 Os redatores do periódico eram José Ignácio de Abreu e Lima, Urbano Sabino, Felix Peixoto de Brito, Nunes Machado, Felippe Lopes Neto, Affonso de Albuquerque Mello e A. M. O'Connell Jersey. Nota: a cúpula de fundadores do Partido Nacional redigia o *Diário Novo.*

6 Esse exemplar do *Diario Novo* citado por Luiz do Nascimento não foi encontrado pela autora, assim como nenhum outro exemplar do jornal do ano de 1849.

Ou seja, Umbelina estava distribuindo o periódico em sua própria casa. Ela se envolvia completamente com o *Diário Novo* – portanto, com a própria insurreição. Luiz do Nascimento escreveu sobre o episódio: "A viúva, D. Umbelina, mulher de rara tempera – escreveu Leduar de Assis Rocha – sustentou o jornal do marido e, o que é mais, no mesmo diapasão desabusado do esposo morto" (NASCIMENTO, 1996, p. 45). Tendemos a considerar que esse "diapasão desabusado" dela pode se configurar enquanto participação política nos confrontos. No dia 11 de novembro de 1849, o chefe de polícia Figueira de Mello, junto com um escrivão e com mais 20 ou 30 praças de polícia cercaram a tipografia e fizeram uma busca em todos os papéis existentes no lugar e também no andar onde ficava a casa da viúva proprietária, "abrindo-se para isso as carteiras e gavetas que o chefe de polícia determinou", segundo o jornal *O Grito Nacional* (n. 108, 1849, p. 4), publicado no Rio de Janeiro.

> Depois de correr os papeis que lhe pareceu, declarou à sra. viúva Roma que o fim porque procedera busca era procurar os autógrafos das últimas publicações; depois do que, e quando se retirava disse em particular a mencionada sra. que não consentisse que se publicasse na sua tipografia artigo algum que se referisse aos movimentos de Água Preta!! (*O Grito Nacional*, n. 108, 1849, p.4)

Se o chefe de polícia disse para Umbelina não consentir a publicação de nenhum artigo sobre a "Ágoa Preta" na tipografia dela, uma coisa já sabemos: a última palavra das publicações era dela. A cidade de Água Preta era onde estavam as tropas do comandante rebelde Pedro Ivo, no interior do estado. As edições anteriores do *Diário Novo* davam detalhes daquele foco de resistência praieira, onde anos antes tivera acontecido a Cabanada. "*Autographo*" era o escrito da própria mão, e assinado, os originais. Nas páginas de outro jornal liberal, *O Paladim* (1851, n.7), encontramos protestos contra a ação da polícia na tipografia da viúva:

> Ele [Figueira de Mello, o chefe de polícia] foi o encarregado pelo verdugo Honório para recolher ao arsenal de guerra a tipografia da senhora Viúva Roma, quando aquele déspota acabou nesta província com a liberdade de exprimir o pensamento, rasgando destarte a página mais importando do nosso pacto fundamental. Este ato do furioso algoz dos pernambucanos, que a ser executado, aniquilaria um capital de 16 a 20 contos de réis, *destruiria o melhor estabelecimento tipográfico então existente na província, e reduziria a mendicidade uma viúva e quatro orfãosinhos*, encontrou neste espoleta um fiel e gostoso executor; e quando os remorsos acabrunhando a consciência do déspota, fizeram-no revogar essa ordem monstruosa, ficou o malsim tão penalizado por lhe haver escapado ainda esta ocasião de cevar seu ódio maldito, e de não poder argumentar com esta viúva e órfãos o seu catálogo de vítimas, que desesperado desmanchou com suas próprias mãos, e pôs em bolo algumas paginas de composição, que encontrou, causando assim o prejuízo, que pôde, e retirando-se bastante enfurecido por não lhe consentirem fazer maior mal. (*O Paladim*, 1851, n. 7, p. 2 [grifo nosso])

A viúva é uma personagem interessante nessa história toda, porque, ao mesmo tempo que ela estava defendendo a tipografia, distribuindo jornais proibidos pela polícia, publicando notícias das tropas rebeldes, ela era um argumento de culpabilização da oposição. Como poderiam se atrever as autoridades provinciais não só a destruírem o "melhor estabelecimento tipográfico" da província, como também deixarem uma viúva e quatro órfãos caírem na mendicância, sem terem de onde tirar sustento? Gerir uma oficina tipográfica significava ter uma propriedade, mas não esqueçamos que se tratava dum comércio letrado, seleto, em disputa. Ignácio de Loyola[7] também escreveu sobre o evento:

> A snrs. viúva Roma, proprietária desse estabelecimento, a muitas instâncias pode demorar a execução em quanto foi ter com o s. exc. O sr. Honorio *compadecido das lágrimas da desolada viúva*, mandou levantar o cerco, que se verificou por ás 6 e meia hora da tarde; porém o Diario-novo não sai mais! Quando a polícia se retirou do cerco da tipografia levou presos dois impressores, e um compositor, que ali se acharam (*O Fiscal*, 1849, n. 19, p. 1 [grifo nosso]).

Nessa ocasião, foram presos Abreu e Lima, Affonso de Albuquerque e Mello e o Padre Rochaél. Para reabrir a empresa, a viúva precisou declarar na Câmara do Recife ser a proprietária da tipografia. Na sessão de 9 de julho de

7 O mesmo jornal já havia denunciado "perseguição da polícia" ao *Diário Novo* e a imprensa liberal (*O Fiscal*, 1849, n.14).

1849, presidida pelo Sr. Oliveira, na qual estiveram presentes os Srs. Barros, Mamede, Carneiro Monteiro, Franca, Barata, e Dr. Moraes e Oliveira, "compareceu a viúva do falecido Luiz Ignacio Ribeiro Roma e assignou a declaração que fez de ser a proprietária da tipografia denominada imparcial, estabelecida na rua da praia, n.55, na qual pretende que se continue a publicar o *Diario Novo*" (*Diario de Pernambuco*, 1849, n. 167).

Em resposta aos jornais liberais, o jornal conservador *A União* (1849, n.112) publicou, no dia 19 de maio do ano seguinte, que tais notícias não eram verdadeiras e que a polícia não tinha feito aquilo. "Porém para que a publicação do *Diario Novo* fosse embargada pela Justiça, bastava o artigo 304 do código criminal, pois que a declaração feita na câmara municipal não mencionou o nome do impressor, e de certo a sra. viúva Roma não tem as qualidades exigidas pela lei para ser responsável de um periódico." O artigo de lei referido pelo jornal diz o seguinte:[8]

> Art. 304. Imprimir, litografar, ou gravar qualquer escrito, ou estampa, sem nele se declarar o nome do impressor, ou gravador, a terra em que está a oficina, em que for impresso, litografado, ou gravado, e o ano da impressão, litografia, ou gravura; faltando-se a todas, ou a cada uma destas declarações. Penas - de perda dos exemplares, em que houverem as faltas e de multa de vinte e cinco a cem mil réis.

8 Código Criminal do Império do Brasil, 1831. Disponível em: *http://www.planalto.gov.br/ccivil_03/leis/lim/LIM-16-12-1830.htm* Acesso em 07/01/2021.

Repare que a lei não exige qualidade nenhuma para quem fosse responsável por um periódico. Será que o redator da *União* estaria dando uma indireta ao fato de ela ser uma mulher à frente da tipografia praieira? No *Correio da Tarde* (1849, n. 789, p. 2), impresso na Corte, diziam que não havia calúnia maior: "é falso, falsíssimo, que jamais se tivesse procurado intimidar a sra. viúva Roma; e para afirmar o contrário fora preciso tanta imprudência que longe estávamos de esperá-la de quem quer que queira ostentar a menor parcela de sinceridade!" Era gravíssimo acusar, assim, uma viúva honesta, poderia virar a opinião pública contra os conservadores.

Durante o período do Quinquênio Liberal, o *Diário Novo* (1847, n. 127) havia publicado um artigo intitulado "Aos incrédulos", explicando sobre a responsabilização primeira do proprietário da tipografia sobre os impressos. Isso, nos termos da lei.

> Felizmente a opinião de que o dono da tipografia é o principal responsável, o primeiro que deve ser chamado a juízo, não é somente do partido dominante, não é somente daqueles que vós chamais de perseguidores da liberdade de imprensa, ela universalmente seguida: porque ela está na letra e espírito da lei. O Brasil (papel) que não deve ser para voz suspeito, em o n. 839 deste corrente ano exprime-se pelas seguintes palavras: – e a lei não quer, que em assumptos da imprensa o arbítrio do juiz possa dizer = o criminoso é este, ou aquele individuo = a lei vos diz que citado para comparecer como ---> primeiro responsável o proprietário da tipografia de onde saiu o impresso <---- apresenta a ele a responsabilidade de editor, e assim se exime,

> ou sujeita-se ao processo. O editor pode igualmente eximir-se da responsabilidade, apresentando a responsabilidade do autor.

Apesar dos gritos dos conservadores de que jamais haviam intimidado a Viúva Roma, não foram só os redatores do *Diário Novo* a reclamarem da perseguição policial à tipografia da viúva. A folha republicana intitulada *A revolução de novembro* também esbravejava acusações: "receamos que o poder use de violência, procurando amedrontar a proprietária da tipografia onde se imprime esta folha." E continuam: "De tudo tem usado o poder para não sair esta folha: os seus agentes estão constantemente a fazer a senhora viúva Roma avisos de terror, para ver se ela desiste da empresa" (1850, n.3, p. 2).

Em janeiro de 1849, o *Diário de Pernambuco* publicou artigo sob título "O excelentíssimo Senhor Manoel Vieira Tosta e os Redatores do Diário Novo". O texto era uma resposta para alguém que havia acusado Tosta de querer prejudicar uma viúva e quatro órfãos (a Viúva Roma):

> O sr Manoel Vieira Tosta escreveu o seguinte: "estou resolvido a tomar sobre mim a responsabilidade de todos eles [viúva e órfãos], e de quaisquer outros para fazer calar o Diario Novo, e até, se for preciso, a mandar fechar a tipografia; e ultimamente também estou determinado a declarar esta cidade em estado de sitio" (*Diario de Pernambuco*, 1849, n.13, p. 2)

Um ano depois dos praieiros acusarem a polícia de tentar fechar algumas vezes a tipografia do *Diário Novo*, em novembro de 1850, o juiz de órfãos mandou sequestrar os bens de Umbelina, porque ela não havia concluído o inventário no prazo da lei. O sequestro dos bens era, na realidade, sequestro dos objetos da tipografia. Em 16 de janeiro, Umbelina roga contra o sequestro e justifica não haver concluído o inventário, porque estivera doente (com "incomodidades físicas imorais") e só havia se recuperado naquele momento. Quatro dias depois do pedido da inventariante, é feita a avaliação dos tipos e prelos da tipografia.[9]

Mesmo que todas as acusações dos liberais fossem exageradas, dois fatos nos parecem claríssimos sobre a viúva. Primeiro, ela realmente atuava como administradora e proprietária da tipografia, e isso fazia com que estivesse em contato direto com os liberais. Segundo, ela participava da política provincial naquele período. Ter um estabelecimento de produção e de difusão das letras era ter uma relação direta com o poder provincial.

Thayná Peixoto (2017) percebeu que, na Paraíba, a relação de José Rodrigues da Costa, tipógrafo responsável pela tipografia do periódico *O Publicador*, era de dupla dependência com o Estado. Por seu lado, o Estado precisava de um lugar para publicar. E, independentemente do partido que estivesse no poder, a tipografia imprimia os relatórios oficiais. Essa relação é exatamente o oposto do que acontecia na província vizinha, em Pernambuco, durante a Praieira. O fato significativo é: a relação entre políticos e impressores sempre existiu, apesar de variar nos moldes e nos significados. O *Diário Novo* apresenta um papel de comando/destaque na luta partidária e arma-

9 Inventário. Luiz Ignácio Ribeiro Roma, p.91.

da. Se Umbelina era a proprietária da tipografia do jornal, isso a fazia uma mulher sozinha, praieira, com uma posição de destaque na luta armada rebelde?

Explicaremos nossa afirmação sobre a administração da tipografia. Para além do fato dela ter mudado o nome para "Typographia da Viúva Roma & Filhos", o que pode ter sido uma mera formalidade, apesar de não haver indícios, vários artigos de diferentes jornais apontam a viúva como negociante. Um exemplo é a *Marmota Pernambucana,* escrita pelo Dr. Prospero Diniz: "Dou-lhe parque que contratei-me com a Viuva Roma para imprimir a Marmota, por ser Typ. mais limpa que vejo por aqui, e a Dona é uma senhora amável, e simpática." (n. 2, 1850, p. 3).

José Raimundo da Natividade Saldanha publicou uma correspondência no *Diário de Pernambuco* (1850, n. 64) afirmando ter negociado com a viúva para imprimir alguns livretos escritos por ele. Como não tinha dinheiro para pagar a impressão, o homem negociou com ela a venda de exemplares em sua loja e que, de todo o dinheiro das vendas, ela ficasse com o necessário para pagar as impressões e outra dívida que ele houvera contraído com a viúva. Segundo Saldanha, a senhora havia aceitado, mas agora reclamava o não pagamento dele de todas as dívidas. Na correspondência, o autor se detém a reclamar da viúva, dizendo que realmente não pagou as dívidas, porque o livreto não vendeu como ele esperava. Ele repetiu essas reclamações em forma de anúncio por um mês, mas Dona Umbelina sequer respondeu em alguma folha em circulação no período.

Umbelina também usava a tipografia para negociar as próprias dívidas, deixadas pelo marido quando morreu.

Uma das contas herdadas de Luiz, uma letra de 110$286 réis, Umbelina trocou o pagamento por itens, tais como: livros, papel, pena, publicações de anúncios e assinaturas do *Diário Novo*.[10]

Um anúncio assinado sob pseudônimo "O caruaruense", no jornal *O Maccabeo,* falava um pouco da interação entre os redatores dos diferentes jornais impressos na tipografia da viúva: "chegando a tipografia da sra. viúva Roma, foram-me presentes os autógrafos, e aí o tal artigo sobre a constituinte escrito pelo próprio punho do sr. Borges da Fonseca, e que me foi apresentado pelo sr. Oliveira compositor da mesma tipografia respondi, que nada tinha com o Diario Novo" (1852, n. 43, p. 1).

O *Diário Novo* foi o maior motivo dos "varejamentos" da polícia, dos fechamentos e das prisões na tipografia. O periódico seguiu dando notícias das tropas rebeldes e sendo fechado e reaberto pela polícia diversas vezes até o anúncio da venda da tipografia, em 1852, por Umbelina. Em 1853, a Typ. da Viúva Roma & Filhos foi vendida para Ignácio de Loyola.

O Lidador definiu assim Ignácio de Loyola: "Quem é o Sr. Loiola? Praieiro como tal sempre havido e declarado; oficial da secretaria da assembleia praieira, preso e processado pela parque tomou nos acontecimentos" (1848, n. 294, p. 2). Para além do juízo de valor dos conservadores, o que se sabe é o que o jornal *A Voz do Brasil,* de Loyola, era o maior veículo de propagação das ideias dos *Cinco Mil,* uma facção extrema da Praia – "defendiam

10 Inventário de Luiz Ignácio Ribeiro Roma, p.123.

ideias avançadas de reivindicações sociais, algumas delas propendendo para manifestações desordenadas e até anárquicas", explica Quintas.[11] Para ele, foi o grupo dos Cinco Mil que defendeu as ideias mais populares e levou o partido à revolta, tendo como uma figura centralizada e agitadora Borges da Fonseca. Loyola foi um dos primeiros a serem presos quando começou o movimento armado.

Editora?

Segundo Maria da Conceição Araújo (2008), até o fim do século XIX, não havia mercado editorial para sustentar os escritores brasileiros. Isso significa dizer que a figura do "editor" era essencial para a publicação de um material impresso. Já que o campo da edição é tido como "masculino", o que significava (e significa) ser uma editora mulher e quais os condicionamentos de gênero que devem ter atravessado para se tornarem editoras visíveis nos empreendimentos delas? Vale salientar que as mulheres sempre desempenharam múltiplos papéis no campo editorial, mesmo não tendo suas trajetórias recuperadas. As experiências dessas mulheres, as relações profissionais e sociais, assim como o vínculo com momentos históricos nos quais as mulheres foram invisibilizadas, nos permi-

11 A origem do nome do grupo dos "Cinco Mil" é bem interessante. Primeiro porque não se sabe realmente, segundo porque, teria sido, uma ironia dos guabirus apropriada pela ala "mais a esquerda" dentre os praieiros. O Diário Novo teria noticiado uma passeata com cinco mil praieiros no Recife, fato que os guabirus trataram com ironia e passaram a chamar assim os praieiros. QUINTAS, Amaro. *O sentido Social da Revolução Praieira*. Civilização Brasileira, 1967, p. 32-34.

tem fazer perguntas com as lentes do tempo presente, ligadas às questões de gênero, num tempo onde há uma eclosão de múltiplos movimentos de mulheres ao redor do globo (MIHAL *et ali*, 2020/2021).

Umbelina vivia em um estado "desgraçado". A província estava em rebelião, ela estava envolvida, a loja de livros teve que ser vendida para pagar as dívidas, ela criava sozinha quatro crianças, tocava uma tipografia de oposição ao governo e, ainda por cima, a casa e a principal fonte de sustento, fincadas no mesmo endereço, eram a sede do Partido Praieiro. Para piorar, estava afundada em dívidas.

Uma carta enviada para o proprietário da casa onde morava, em abril de 1849, ilustra duas situações. A primeira é a de que ela realmente ficou em condição de pobreza logo após a morte de Luiz Roma, quando teve que pagar todas as dívidas do "seu casal" e ainda mais as dívidas do funeral.[12]

> Sei que nós andamos atrasados e que todos nós temos sofrido, mas esses ainda mais do que outros, eu posso lhes afirmar que me acho sem coisa alguma e por essa razão rogo se querem me dar adiantando esse pagamento (...) atenda o meu estado desgraçado em que me acho desando ficar na certeza de que a não ser este o meu estado não lhe pediria.

O segundo ponto, e talvez o mais interessante, é a certeza que temos de que Umbelina era uma mulher letrada e instruída. A carta foi escrita a próprio punho por ela, e assinada. Seria Umbelina, enquanto proprietária da

12 Inventário de Luiz Ignácio Ribeiro Roma, p.257.

tipografia, uma espécie de editora? Ela fazia alianças com autores, com livreiros, negociava com as autoridades políticas, tratava das finanças da tipografia. Como fazia para cuidar das remessas, dos fornecimentos e da publicidade? Roger Chartier data da década de 1830 a fixação da figura do editor como conhecemos até hoje em dia: "trata-se de uma profissão de natureza intelectual e comercial que visa buscar textos, encontrar autores, ligá-los ao editor, controlar o processo que vai da impressão da obra até sua distribuição" (1998, p. 50). O editor podia até ter uma livraria e uma gráfica, mas não era isso que o definia. O sucesso desse personagem dependeria de sua inventividade pessoal, às vezes do apoio do estado, e às vezes da invenção de novos nichos de leitura. Primeiro se era livreiro, ou seja, impressor, e porque, ao ser livreiro, se assume uma função editorial, uma espécie de livreiro-editor. É em torno da atividade de livraria que se organiza a atividade editorial. Para Darnton (2015), a figura do editor merece estudos mais sistemáticos para se entender como se delineou enquanto indivíduo diferenciado do mestre-livreiro e do impressor, ou como firmavam contratos com autores, faziam alianças com livreiros e tratavam das finanças.

Não existe ainda nenhum trabalho sobre a Typografia Imparcial, nem sobre Luiz Roma enquanto tipógrafo. Não foi o objetivo do atual capítulo estudá-lo, mas compreendemos e indicamos a importância de um estudo aprofundado sobre essa personagem, possibilidade que deixamos aberta para futuras pesquisas. Para entender melhor o papel dele na trajetória de Umbelina enquanto Viúva Roma, algumas perguntas precisam ser colocadas. Uma vez que a história da tipografia se confunde e se entrelaça com a do Partido da Praia, sendo Luiz Roma um praieiro importante e ativo na imprensa da época, se a sede do órgão era na casa de Umbelina, isso fez dela uma rebelde praieira? A partir daí, nos vieram as perguntas: afinal, o que era ser tipógrafo naquela época? Havia diferença entre ser tipógrafo e proprietário de tipografia?

Se são escassos os estudos que focam a análise nos proprietários dos veículos de comunicação no Brasil do século XXI, quase não há nenhum que utilize o gênero como categoria de análise. Muitos trabalhos dão ênfase ao trabalho jornalístico em si, bem como ao cotidiano dentro das redações. É o caso da investigação de Thales Lelo acerca da "feminilização do jornalismo sob a ótica das desigualdades de gênero". Segundo dados apresentados por Lelo, em investigação realizada no ano de 2009, as jornalistas representavam, em escala mundial, 37% da categoria (LELO, 2019 *apud* HANITZSCH e HANUSCH, 2012). Semelhante efeito também ocorreu no Brasil, com o aumento da porcentagem de mulheres no âmbito do trabalho jornalístico no período de 1986 a 2001. Thales Lelo analisa que o crescimento do percentual de mulheres jornalistas nas empresas de mídia não é capaz de

> Subverter assimetrias solidamente enraizadas no tecido social, haja vista que, como muitos estudos detectaram, a naturalização e a reprodução das injustiças ligadas a gênero também são incorporadas por muitas mulheres nas redações como meio de permanecerem em seus postos ou mesmo de ascenderem em uma profissão que normatiza a figura masculina." (LELO, 2019, p. 12).

Também salienta que a presença crescente de mulheres nos ambientes das redações não significa, na atualidade, a feminização desses locais e nem do jornalismo em si. O aumento no número de repórteres mulheres não significa também que as jornalistas chegam mais aos cargos de chefia, como aos cargos de editoras. As relações familiares, assim como as de herança, têm papel central no acesso das mulheres à propriedade dos grupos de mídia.

Ainda não foram realizadas pesquisas com levantamento de quantas mulheres eram proprietárias de tipografias para além de Umbelina no Pernambuco oitocentista. Nos dias atuais, existem três jornais impressos em circulação na cidade do Recife: Diário de Pernambuco,Folha de Pernambuco e Jornal do Commercio. Os jornaissão de propriedade de conglomerados de mídia cujos presidentes são (à época da publicação deste capítulo), respectivamente, o advogado Carlos Frederico Albuquerque Vital, presidente do Grupo Diário de Pernambuco, Eduardo de Queiroz Monteiro, presidente doGrupo EQM, e o empresário João Carlos Paes Mendonça,presidente do Grupo JPCM.

Apesar de não haver nenhuma mulher na presidência dos grupos que gerem os jornais impressos, quando voltamos o olhar aos cargos mais altos dentro das redações, duas mulheres são editoras chefes das publicações. É o caso das jornalistas Leusa Santos, na Folha de Pernambuco, e Paula Losada, no Diário de Pernambuco.[13] Em rela-

13 EXPEDIENTE. JC Online, Disponível em: "<https://jc.ne10.uol.com.br/institucional/expediente>". Acesso em: 14/03/2021. EXPEDIENTE. Folha de Pernambuco. Disponível em: <https://www.folhape.com.br/folhape/expediente/>". Acesso em: 14/03/2021. EXPEDIEN-

tório da pesquisa *Media Ownership Brasil,* os *media* brasileiros de maior audiência foram descritos como sendo controlados, dirigidos e editados por uma elite econômica formada por homens brancos. Entre os fundadores dos grupos de mídia, há uma mulher. Entre os fundadores dos veículos, há três mulheres, entre os CEOs, há seis mulheres, que controlam oito dos 50 veículos de comunicação de massa analisados (INTERVOZES, 2017).

É importante deixar claro que, ao comparar dois tempos históricos, é imprescindível levar em conta as transformações pelas quais o estabelecimentos de impressão e o jornalismo passaram durante este tempo. O jornalismo e os materiais impressos como estão configurados na atualidade sofreram mudanças seja de forma de discurso jornalístico, seja nos aspectos visuais das páginas. Se por um lado, os jornais oitocentistas tinham artigos com discursos políticos e ideológicos, o jornalismo atual pretende uma certa neutralidade. Para Larequi (1988), houve três momentos de revoluções gráficas na impressão. A primeira seria justamente durante o século XIX, a chamada "Era tipográfica", que vai até a invenção do Linotipo (1884), estabelecendo a "Era Mecânica" e, por último, a "Era Eletrônica", que tem início na década de 1960. Seguindo o mesmo caminho, Freire (2009) propõe uma classificação dos processos de produção gráfica a partir da participação do design como estruturador dos discursos jornalísticos e a divide em três fases: a tipográfica, a litográfica e a digital. A classificação proposta pelos autores leva em conta as tecnologias gráficas

---

TE. JC Online, Disponível em: "<https://www.diariodepernambuco.com.br/outros/fale_conosco.html>". Acesso em: 14 mar. 2021.

e apontam como estas tiveram influências no discurso jornalístico. Algumas características da fase tipográfica eram a impressão artesanal e poucos recursos gráficos, além da separação clara entre redatores e tipógrafos. Divisão esta que dura até hoje, quando, em muitas redações, ainda há uma distância significativa entre quem diagrama e quem escreve os textos dos jornais (FREIRE, 2009).

Vale salientar que o século XIX é tanto o início da imprensa no Brasil quanto *boom* dos impressos, e o século XXI abriga a crise dos materiais impressos (e concomitante ascensão de outras formas de produção de conteúdo, o digital) com o fechamento de diversas gráficas e de muitas editoras (GARCEZ, 2020). As transformações pelas quais passaram as tipografias do século XXI e as gráficas do século XXI também se refletem na propriedade dos estabelecimentos de impressão. Atualmente, no Brasil, grupos e conglomerados de mídias não possuem apenas gráficas de impressão de jornais, mas também portais de notícias, canais de televisão e de rádio.

O que era ter uma tipografia?

A oficina da Typographia Imparcial tinha três prelos e tipos dos mais variados modelos. Góticos, britânicos, franceses, em itálico, velhos, novos. De números e de letras. Os tipos ficavam guardados em caixas, organizados de acordo com os modelos. A tipografia foi avaliada para ser partilhada na herança no dia 20 de janeiro de 1851.[14] O avaliador pesou os caixotes de tipos para avaliação. A unidade de me-

14 Inventário de Luiz Ignácio Ribeiro Roma, p. 92-98.

dida usada era a arroba. Além dos tipos e dos prelos, também havia oito resmas de papel, tábuas e réguas.

O primeiro prelo chegado em Pernambuco, em 1817, foi um *Columbiam*, inventado por George E. Clymer nos Estados Unidos. Conhecido como "prelo da água", foi o primeiro a ser fabricado em grandes quantidades. Apesar disso, a maioria dos jornais brasileiros eram impressos em prelos de madeira, fabricados no Brasil mesmo. Provavelmente, esse era o caso dos três prelos da tipografia imparcial.

De onde Umbelina comprava os materiais necessários para a oficina tipográfica? Quais eram os fornecedores da tipografia? Ela comprou um suporte de papel de Francisco Sales Monteiro, em 1849, por 243 mil réis. O papel propriamente dito, os cadernos e os livros (esses, provavelmente para a livraria), ela comprou de José Humberto Pinto, no Recife. Essa compra custou-lhe 63 mil rs.[15]

Um tal de Joaquim José Pinto, no entanto, era um dos principais fornecedores de Umbelina. Era a ele que ela comprava as folhinhas de algibeira para revender, resmas de papel encadernadas, papel, folhetos de história do povo e de história do Brasil, uma coleção de trabalhos do conselho de salubridade, o relatório da receita do patrimônio dos órfãos em modelo encadernado, relatório de direito público. Tudo isso ela comprou dele em 1849. O total do pagamento feito a esse senhor foi de 93$600. Ele também devia fazer o serviço de encadernação, pois foi quem encadernou os relatórios comprados por ela.[16]

15 Inventário de Luiz Ignácio Ribeiro Roma, p. 124, p.136.

16 Inventário de Luiz Ignácio Ribeiro Roma, p. 142-143.

Apesar das compras feitas no Brasil, Umbelina também comprava de fora do país. Um recibo da Companhia Exterior D'Alfandega mostra que, em fevereiro de 1848, ela recebeu uma caixa de livros, seis volumes sobre a Revolução Nova e papéis de tipografia. No mês seguinte, em março, entraram nos portos do Recife navios com dois maços e com dois barris de tinta, além de quatro caixas grandes de papéis não especificados, mas diferentes dos outros (os de tipografia). Em agosto daquele ano, uma caixa e um barril de tinta estavam endereçados à viúva.[17]

Os navios eram portadores permanentes de mensagens escritas que ditavam sobre os maiores interesses dos colonos, sobre notícias do outro lado do atlântico, inclusive incendiárias. E estes respondiam e reclamavam, fazendo da carta o gênero literário mais alto, junto com as crônicas. As cartas percorriam todo o continente, e o atlântico, em uma complexa rede de comunicações, rede de letrados que giravam no circuito de comunicações escritas e orais, adaptando-se às normas e divulgando-as com as próprias contribuições (RAMA, 1985).

Legislação

De acordo com o Código Criminal de 1830, todas as pessoas que estabelecessem uma oficina de impressão, de litografia ou de gravura deveriam declarar à Câmara Municipal o nome do estabelecimento, a rua e a casa. Quem não o fizesse, inclusive todas as vezes que mudasse de

17 Inventário de Luiz Ignácio Ribeiro Roma, p. 146.

endereço, deveria pagar multa de 12 a 60 mil réis.[18] Todas as impressões deveriam ter o nome do impressor, o endereço da oficina, o papel no qual foi impresso e o ano da impressão e, para cada falta, havia pena da perda dos exemplares. Se houvesse falsidade nas informações, além de perder os exemplares, havia multa de 50 a 200 mil réis. Deixar de enviar ao promotor um exemplar de cada obra impressa no dia da distribuição também tinha multa, dessa vez era de 10 a 30 mil réis.

Há uma seção, no Código Criminal, artigo 7º, de delitos de "abuso da liberdade de communicar os pensamentos" que especifica cada pessoa necessária na oficina tipográfica. Isso para nomear os possíveis crimes cometidos por elas, claro. Em primeiro lugar, vinha o impressor. Esse, caso mostrasse que o escrito era de responsabilidade do editor, ficaria isento de responsabilidade. O editor ficaria isento de responsabilidade se acusasse o impressor. O autor não tinha como ficar sem responsabilidade. Se o impressor não estivesse no Brasil, ou os impressos fossem "mandados suprimir", a culpa seria do vendedor. Além dos possíveis criminosos, a lei também especifica quem não era:

> Art. 9º Não se julgarão criminosos:
> 1º Os que imprimirem, e de qualquer modo fizerem circular as opiniões, e os discursos, enunciados pelos Senadores, ou Deputados no exercício de suas

---

18 Artigo 303, Capítulo VIII (Uso indevido da imprensa). Código Criminal do Império do Brasil (1830). Disponível em: http://www.planalto.gov.br/ccivil_03/leis/lim/LIM-16-12-1830.htm Acesso: 01/01/2020.

> funções, com tanto que não sejam alterados essencialmente na substancia. 2º Os que fizerem análises razoáveis dos princípios, e usos religiosos. 3º Os que fizerem análises razoáveis da Constituição, não se atacando as suas bases fundamentais; e das Leis existentes, não se provocando a desobediência á elas. 4º Os que censurarem os atos do Governo, e da Publica Administração, em termos, posto que vigorosos, decentes, e comedidos.

É interessante perceber a preocupação dos legisladores em não condenar os divulgadores da palavra escrita oficial. Mais interessante ainda se pensarmos que a maioria dos periódicos oitocentistas divulgavam, nas primeiras páginas, os discursos de senadores e de parlamentares locais, os textos religiosos e as atas do governo e da administração pública – enquanto as próximas páginas estavam repletas de artigos com brigas políticas e com anúncios.

Para além disso, o interessante na legislação é que o código elenca as figuras presentes nas oficinas tipográficas: dono da tipografia, impressor, editor, autor e vendedor. Se a lei não especifica as funções de cada agente, recorramos aos dicionários da época.

No dicionário de Bluteau, ele não faz uma definição de *typographia*, somente de *typo* como "palavra tomada dos gregos, vale como molde, forma e as vezes letras que usa o impressor na sua oficina". Publicado 61 anos depois, no dicionário escrito por Moraes e Silva (1789), *Typographia* era um vocábulo definido como "a arte de imprimir." Somente no século XIX, Silva Pinto (1832) define *typhógrapho,* isto é, como substantivo masculino, impressor. Para os três dicionaristas, a atividade tipográfica estava ligada à impressão.

O que exatamente os dicionaristas não explicam é que a arte e o trabalho de imprimir eram realizados, no Brasil, por duas pessoas diferentes. A impressão propriamente dita era um trabalho braçal. Tanto a historiadora Thayná Peixoto (2017), ao estudar a trajetória do tipógrafo José Rodrigues da Costa na Paraíba, como o historiador Artur Vitorino (2007), estudando o *Correio Paulistano*, encontraram vestígios de que a impressão era um trabalho realizado por escravizados. Já a composição tipográfica era considerada como uma arte, uma técnica que demandava treinamento e especialização.

Segundo Vitorino (2007), as tipografias eram formadas por compositores, por impressores, por fundidores de tipos para composição tipográfica e por encadernadores. Os trabalhadores manuais das oficinas tipográficas eram assalariados que mantinham contato direto com o debate intelectual e político nacional, já que conviviam com as elites políticas e com os intelectuais. Nesse sentido, as tipografias, para além de espaços de sociabilidade e de leituras, também podem ser entendidas como espaços nos quais a mão de obra era especializada e qualificada.

Darnton (2015) alertou que os tipógrafos europeus oitocentistas formavam um grupo "notavelmente alfabetizado" e pertenciam a algo como uma aristocracia do trabalho, ou seja, eram artesãos qualificados, ganhando quase duas vezes mais do que operários comuns. Além das habilidades de mexer nas máquinas de escrever, os tipógrafos deveriam saber ler e escrever.

O tipógrafo, ou compositor, pegava com uma das mãos um por um dos tipos nas caixas e colocava num "componedor", uma espécie de régua metálica, que ficava na outra mão dele e assim ia compondo o texto. Segundo Molina (2015), um compositor com prática compunha 1.200 a 1.500 caracteres por hora, ou seja, um periódico de quatro páginas podia levar 16 horas para ser composto, por isso uma tipografia precisava de vários compositores.

O autor explica que os prelos imprimiam a primeira e a quarta página do jornal e, depois, do outro lado do papel, a segunda e a terceira. O texto era composto manualmente, letra por letra, ou tipo por tipo. Os impressores, no Brasil, geralmente eram escravizados ou libertos, pois era um trabalho manual e pesado. Havia uma precariedade da infraestrutura gráfica da imprensa brasileira.

Segundo Pereira da Costa (1882), em Pernambuco, tipógrafos ganhavam cem mil réis por mil letras compostas. De acordo com Molina (2015), era necessário, no mínimo, cinco pessoas para tocar uma tipografia com prelo manual: um mestre, um impressor, um compositor (tipógrafo), um revisor de provas e um encadernador.

Apesar daquela primeira avaliação, na qual são descritos os objetos da tipografia, Umbelina entrou na Justiça dizendo que as avaliações tinham sido feitas por pessoas que não estavam "aptas para avaliar a tipografia". Para falar a boa verdade, nem um preço os avaliadores foram capazes de dar para os tipos, nem da armação, nem dos bens que estavam lá.[19] Até faz sentido pesar joias em uma avaliação de inventário, por exemplo, mas colocar tipos

19 Inventário Luiz Ignácio Ribeiro Roma, p. 111-112.

móveis na balança? Concordando com a viúva, o juiz manda ser feita a reavaliação da oficina tipográfica.

Uma das maiores dívidas que Luiz Roma deixou foi com José Jacome de Araújo, um viúvo, que agora era administrador dos bens da falecida esposa. O juiz da primeira vara do cível, onde corria o processo, Custódio Manoel da Silva Gusmão, mandou executar em hasta pública a tipografia com todos os bens que tivessem dentro para Umbelina pagar essa dívida, que, nessa época, estava num montante de 2 contos, 159 mil e 521 réis.[20]

Quando foi notificada sobre a execução da tipografia, Umbelina respondeu ao juiz pedindo para não arrematar, porque, segundo disse, ela tinha várias "obras e impressões prometidas", "que certamente produzirão um capital suficiente para pagar a dívida". E faz uma manobra ousada, afirmando que, se com os lucros da tipografia, ela não conseguisse pagar a dívida, hipotecava-a no prazo de um ano.

Com a autorização do juiz de órfãos, a viúva segue trabalhando na oficina tipográfica. Em 20 de março de 1850, é realizada uma segunda avaliação no estabelecimento. Dessa vez, a tipografia é descrita como contendo três prelos, oitenta pares de "caixitos", 37 estantes onde eram guardados os "caixitos", 46 galés com punidores, 58 diferentes qualidades de tipos de composição, duas caixas de emblemas e mais utensílios. Dessa vez, a oficina foi avaliada por quatro contos e 500 mil réis.[21]

20 Inventário Luiz Ignácio Ribeiro Roma, p. 251.

21 Inventário Luiz Ignácio Ribeiro Roma, p. 261.

Depois da morte dos irmãos Luiz e João Roma, segundo Sodré (1966), teria ficado a cargo de Abreu e Lima, o precursor das ideias socialistas no Brasil, o General das Massas, a "orientação" do *Diário Novo*. Sobre o assunto, levantamos aqui algumas questões: Havia feitores na tipografia? O trabalho de impressão era realizado por escravizados de ganho? Como era a rotina desses impressores? São muitas as perguntas suscitadas, deixadas sem respostas pela limitação das fontes pesquisadas até agora. Mas as perguntas ficam abertas, esperando novas pesquisas, ansiosas pelas análises de outras documentações.

Para os padrões da época, Umbelina era proprietária da tipografia, mas não há evidências de que trabalhasse enquanto tipógrafa. Ou seja, ela não fazia a composição dos tipos móveis, porém gerenciava o negócio do ramo livreiro. Fosse comprando materiais para a oficina, negociando as folhas que seriam ou não impressas, ou realizando a contabilidade do empreendimento, com a interpretação da documentação analisada, fica claro que a ela cabia um papel semelhante ao que compreendemos hoje como edição.

É importante relembrar que as tipografias não imprimiam apenas jornais, mas também panfletos, livros, livretos e relatórios oficiais. Sendo assim, o papel de editora exercido por Umbelina assemelhava-se mais aos moldes compreendidos hoje aos de edição em tipografias ou em editoras, não aos cargos de edição de texto de dentro das redações dos jornais impressos.

Segundo Constância Lima Duarte (2018), quando as mulheres ocuparam os espaços intelectualizados, ditos de competência exclusivamente masculina, como a propriedade de tipografias, escritas na imprensa periódica e na publicação de livros, o mundo das letras foi aberto para as mulheres por meio da escrita, da escolarização e da leitura.

Considerações finais

Umbelina Coelho da Silva Ribeiro Roma, a Viúva Roma, foi uma das viúvas que não recebeu indenização do governo provincial após a morte do marido na Praiera. Ao contrário disso, ela perdeu todos os negócios deixados pelo marido morto. Afinal, ela era viúva de um rebelde, do lado "perdedor" do combate. Definitivamente, a Viúva Roma estava inserida no mundo público, letrado, trabalhista, político e de negócios.

Diante do exposto, alguns pontos parecem interessantes. O primeiro, definitivamente, aponta que ela vivia em situação concomitante de respeitabilidade e de precariedade social. Ela estava num lugar privilegiado entre as mulheres sós, isso na questão da respeitabilidade e do jogo da honra. O título de viúva em si trazia uma respeitabilidade ligada ao pertencimento de uma família, a um ambiente familiar. Se o status do marido morto importasse na sociedade, a viúva carregaria seu sobrenome colado ao título da viuvez (como a Viúva Roma).

Umbelina foi protagonista da Insurreição Praieira (e da Revolução de Novembro, como foi definida por Borges da Fonseca) sendo administradora, proprietária e editora da Tipografia Imparcial, imprimindo, circulando e editando folhas, periódicos, panfletos rebeldes e revolucionários dos praieiros. Umbelina teve participação política ativa nos movimentos de 1848 até, pelo menos, 1853. A atuação dessa mulher na Praieira e enquanto editora e proprietária duma tipografia foi silenciada pela historiografia, que apenas citava a existência dela à frente da tipografia após a morte de Luiz Roma, sem analisar, problematizar ou destacar essa atividade feminina.

As tipógrafas, proprietárias, editoras e impressoras tiveram suas histórias silenciadas da história do século XIX do Brasil. As experiências e as trajetórias das mulheres foram propositalmente excluídas do universo letrado, de domínio masculino. É urgente recuperar a histórias dessas mulheres e inseri-las como agentes nas questões dos períodos no qual estavam inseridas. Seja nos Oitocentos, seja no século XXI, pouquíssimos são os estudos centrados na propriedade dos veículos de comunicação do Brasil que utilizam gênero como categoria de análise, ainda menos são aqueles que usam a interseccionalidade gênero, raça, classe, sexualidade, por exemplo, para analisar quem foram e quem são os donos da comunicação no país. Recuperar as trajetórias dessas mulheres à frente de estabelecimentos de impressão para, além de colocá-las como sujeitos ativos em suas narrativas, é importante para nos dar mais dados para enfrentar as desigualdades de gênero no mundo letrado.

Fontes

INVENTÁRIO. Luiz Ignácio Ribeiro Roma. Inventariante, Umbelina Coêlho da Silva Roma. 1º cartório do Juizo de Órfãos da Comarca do Recife, 1849. IAHGP (Instituto Arqueológico, Histórico e Geográfico Pernambucano).

RSF, Repórteres sem fronteiras. *Media Ownership Monitor Brasil*. Disponível em: http://brazil.mom-rsf.org/br/ Acesso em 01 de janeiro de 2021.

BLUTEAU, Raphael. *Vocabulario portuguez & latino: aulico, anatomico, architectonico...* Coimbra: Collegio das Artes da Companhia de Jesus, 1712 - 1728. 8 v.

O Commercial (1850, n. 67, 76)

O Grito Nacional (1849, n. 108)

O Paladim (1851, n.7)

O Fiscal (1849, n. 19)

Diario de Pernambuco (1849, n. 13, 167. 1850, n. 64)

A União (1849, n.112)

Correio da Tarde (1849, n. 789)

Diário Novo (1847, n. 127)

A Revolução de Novembro (1850, n. 3)

Marmota Pernambucana (n. 2, 1850)

O Maccabeo (1852, n. 43)

O Lidador (1848, n. 294)

Referências bibliográficas

ARAÚJO, Maria da Conceição P. *Tramas femininas na imprensa do século XIX: Tessituras de Ignêz Sabino e Délia*. Tese (Doutorado em Letras), Porto Alegre: Pontifica Universidade Católica do Rio Grande do Sul, 2008.

CARULA, Karoline. *A imprensa feminina no Rio de Janeiro nas décadas finais do século XIX*. Estudos Feministas. Florianópolis, v. 24, n.1, jan-abril. 2016.

CANGA LAREQUI, (1988) Jesús. *La Prensa y las Nuevas Tecnologías*. Manual de la Redacción Electrónica. Madrid: Ediciones Deusto.

COSTA, F A *Pereira* da. Dicionário biográfico de pernambucanos célebres. Recife, *PE*: *Tipografia* Universal, 1882.

DARNTON, Robert. *O grande massacre de gatos e outros episódios da história cultural francesa*. São Paulo: Paz e Terra, 2015.

ESTABLÉS SUSÁN, Sandra. Diccionario de mujeres impressoras y libreras de Espanã e Iberoamérica entre los siglos XV y XVIII. Zaragoza: Prensas de la Universidad de Zaragoza, 2018.

FREIRE, Eduardo Nunes. *O design no jornal impresso diário. Do tipográfico ao digital*. Revista Galáxia, São Paulo, n. 18,p.291-310, dez. 2009.

GARONE Gravier, Marina. *Impresoras hispanoamericanas: un estado de la cuestión*. Butlletí de la Reial Acadèmia de Bones Lletres de Barcelona, 2008, Vol. 51, p. 451-7. Disponível em https://www.raco.cat/index.php/BoletinRABL/article/view/191317 Acesso: 15-01-2021.

LELO, T. V. (2019). *A feminização do jornalismo sob a ótica das desigualdades de gênero. Revista Estudos Feministas, 27*(2), 1–14.

MELLO, Milton F. de. *Panfletários da Revolução Praieira: Roteiro Bibliográfico*. Recife: Imprensa Universitária, 1952-55.

MOLINA, Matías. *História dos Jornais no Brasil: Da Era Colonial à Regência (1500-1840)*. Rio de Janeiro: Companhia das Letras, 2015.

NASCIMENTO, Luiz do. *História da Imprensa em Pernambuco (1821-1854) Vol. II*. Recife: Imprensa Universitária UFPE, 1966.

PEIXOTO, Thayná. *José Rodrigues da Costa: um tipógrafo na cidade da Parahyba (1848-1866)*. João Pessoa: Mídia Gráfica e Editora Ltda, 2017.

RAMA, Angel. *A cidade das letras*. Brasiliense, 1985.

SILVA, Bibiana Garcez. *O jornalismo alternativo atento às mulheres: Uma análise dos portais brasileiros Revista AzMina e Gênero e Número.* Dissertação (Mestrado em Jornalismo). Coimbra: Universidade de Coimbra, 2020.

SODRÉ, N. W. *História da imprensa no Brasil.* Rio de Janeiro: Mauad, 1966.

QUINTAS, Amaro. *O sentido social da Revolução Praieira.* Recife: Massangana, 1982.

VITORINO, Artur José Renda. *Parem as máquinas! A greve dos operários tipográficos de 1858 no Rio de Janeiro.* Revista de História. Rio de Janeiro, v.20, 2007.

Os desafios de produzir e de vender periódicos femininos em meados do Oitocentos e suas aproximações contemporâneas

Isadora de Mélo Escarrone Costa[1]

Introdução

Desde seu surgimento, a imprensa veio se propagando e se consolidando como o principal meio de reprodução e de produção de ideias, à medida em que se desenvolviam as características viáveis envolvendo essa atividade, como a demanda de um público leitor, as condições comerciais e a autorização do Estado. Tais questões, ao longo da história, nem sempre foram fáceis de conciliar.

No continente europeu, havia tipografias, desde meados do século XV, a partir da criação de Johannes Gutenberg (1400- 1468). Na América, a atividade impressora surgiu no século XVI, algumas décadas após a chegada dos europeus, sendo a imprensa periodista desenvolvida no século XVII, no chamado Velho Mundo, e no século seguinte surge na América inglesa e espanhola "sob vigilância e repressão das autoridades" (MARTINS; LUCA, 2006, p. 16-17). Ainda nessas condições, na América portuguesa, a

1 Doutoranda – Universidade do Estado do Rio de Janeiro (UERJ) – isadoramc95@gmail.com. Agradeço a participação da orientadora Lúcia Maria Bastos Pereira das Neves na leitura e na correção deste artigo.

imprensa é inaugurada, oficialmente, em 1808, ao fim do "decreto de trezentos anos que se proibia todo e qualquer tipo de impressão" fora de Portugal (EL FAR, 2010, p. 89).

Nesses primeiros momentos, a produção de um impresso poderia começar com uma pena de ganso molhada num tinteiro, com textos rasurados, recortados emendados, à medida em que eram escritos. Os riscos ao redor das páginas e a caligrafia pessoal faziam parte do processo. Depois do manuscrito pronto, um copista poderia passá-lo a limpo de forma mais legível, mas sempre com a pena. Depois, o texto era enviado para a censura prévia, feita por civis e por eclesiásticos que poderiam ficar com o manuscrito por alguns meses (BELO, 2013).

Só após atender às demandas dos censores, o texto seria autorizado, ou não, a ser impresso em uma oficina tipográfica. Numa oficina, com caracteres móveis feitos em metal, cada letra era alinhada num recipiente de madeira, a galé.[2] Linha a linha de caracteres ou de tipos móveis formavam uma página. Pelo menos dois impressores trabalhavam no prelo.[3] O primeiro inseria tinta sobre as páginas e, posteriormente, colocava uma folha em branco em cima delas. O segundo impressor acionava a barra de madeira. Depois que a tinta secava, o mestre impressor, o dono da oficina, comparava o manuscrito ao impresso. Só assim a ação era recomeçada (BELO, 2013). Embora nem

---

2 "Peça quadrangular sobre a qual se assenta a composição tipográfica a imprimir" (FARIA; PERICÃO, 2008, p. 357).

3 "Máquina primitiva de impressão manual usada durante muitos anos pelos impressores, trata-se de uma prensa" (FARIA; PERICÃO, 2008, p. 592).

todos os impressos fossem feitos exatamente da mesma maneira, a dinâmica de criação tinha suas semelhanças, colocando em evidência o trabalho árduo e repetitivo enfrentados no ato.

No século XIX, no Brasil e em Portugal, tal trabalho continuou sendo maçante, ainda que com algumas modificações. Uma dessas foi o fim da censura prévia – que vigorou até 21 de agosto de 1821. A partir disso, a liberdade de publicar o que, de fato, se pensava estimulou a produção dos impressos, sobretudo, os de cunho político. Nesse cenário, a imprensa se tornava um vetor púbico de anseios, projeções, visões, expectativas, circulação de ideias e informações – "ainda que restritos à *boa sociedade*, pois a maior parcela da população luso-brasileira era iletrada" (NEVES; FERREIRA, 2018, p. 83 [grifo do original]).

Em meados do Oitocentos, seja no Brasil seja em Portugal, a imprensa se expandiu em termos de número de tipografias e de impressos, ganhou novos públicos e melhorias significativas. Criou-se a "fabricação de papel-contínuo, a prensa cilíndrica (...) o vapor, (...) as prensas mecânicas, as rotativas" e outras (LUCA, 2018, p. 8-10). Além disso, com a melhoria dos sistemas de ensino, a introdução do vapor no transporte das rotas do Atlântico Sul e a ampliação das redes ferroviárias, os impressos tornaram-se acessíveis a um maior número de pessoas de modo mais rápido e mais dinâmico.

O maior grau de internacionalização das publicações também foi um fator importante do período (LUCA, 2018). Com mais frequência, podia-se observar uma publicação periódica sendo impressa em um local e voltando-se para um público leitor mais distante, que poderia estar em outro país, como é o caso dos periódicos dedicados ao público feminino *O Jornal das Senhoras* e *A Esperança*. O primeiro foi produzido no Rio de Janeiro, entre os anos de 1852 e 1855, e o segundo impresso na cidade do Porto, entre 1865 e 1866.

Mesmo com os avanços técnicos do período, para se publicar e para se vender essas páginas, que contavam com um público leitor feminino, mais que achar uma tipografia, ter um dirigente capaz de compilar os manuscritos, supervisionar os artigos dos autores, enviá-los para impressão e manter locais de assinaturas, era necessário tramar estratégias de produção e de venda que atingissem seu público leitor que, na época, embora em expansão, ainda era muito reduzido se compararmos com o número de leitoras francesas e inglesas que existiam nesse momento (FERREIRA, 2005).

Poucas mulheres eram letradas e uma parte ainda menor dessas apresentavam a liberdade de agir no meio público da palavra impressa. Essas mulheres, em geral, "tinham pouca liberdade para saírem sozinhas, e menos ainda para gastar o orçamento doméstico" dificultando, muitas vezes, a aquisição dos jornais ou de outros objetos por conta própria, sem a presença de seus pais ou maridos (FERREIRA, 2005, p. 7; LEAL, 1992, p. 69).

As táticas em torno da confecção e do comércio de impressos voltados às mulheres leitoras era algo, então, fundamental para aumentar os índices de lucros das empresas que se dedicavam ao ramo. Afinal, embora pequeno e com dificuldades práticas para aquisição do impresso, o público leitor feminino estava em expansão devido às diferentes reformas nos sistemas de ensino do Brasil e de Portugal no decorrer desse tempo e pela compreensão de que a imprensa era um vetor pedagógico de ensinar os modos vistos como mais civilizados para as senhoras do período. Esse público leitor feminino era uma novidade e uma oportunidade de venda. Assim, a partir de meados do século, cada vez mais os artífices dos livros e dos impressos buscaram "conhecer melhor as preferências de leitura e [...] organizar coleções que interessavam o público feminino" (FERREIRA, 2005, p. 3). Além disso, o incentivavam "a comprar através de anúncios de jornais" (FERREIRA, 2005, p. 7).

Estratégias de venda e de produção periodista podem ser encontradas, portanto, não somente nos dias hoje, mas também em séculos anteriores. Em meados do Oitocentos, diferentes táticas cooperavam para a manutenção de impressos que eram, muitas vezes, nutridos somente pelos recursos pessoais de seus donos e pela venda de suas assinaturas. Tais características podem ser notadas ao se analisar os periódicos femininos *O Jornal das Senhoras* e *A Esperança*.

Nesse sentido, o presente trabalho objetiva compreender as principais táticas de produção e de venda desses impressos e os desdobramentos dessas estratégias na contemporaneidade. Busca-se analisar as semelhanças e as diferenças da confecção e da manutenção do *Jornal das Senhoras* e de *A Esperança* que se perpetuaram ao longo dos séculos. Ao mesmo tempo, procura-se trazer à luz questões específicas do processo de criação e de desenvolvimento de periódicos do Rio de Janeiro e do Porto, sociedades que apresentavam um passado em comum marcado pelas relações de ex-metrópole e ex-colônia e, portanto, com laços de proximidades que justificam seu estudo em conjunto.

A semelhança no tipo de documentação também justifica a análise que se pretende fazer. *O Jornal das Senhoras* e *A Esperança,* embora produzidos em países diferentes, são periódicos que se distinguem pelo sexo de suas consumidoras e podem ser caracterizados pelo termo "Imprensa Feminina" (BUITONI, 1989). Esse tipo de impresso surgiu no século XVII, com o *Lady's Mercury* e, em termos de Brasil e de Portugal, se desenvolveu ao longo do XIX, apresentando a maior quantidade de seus títulos na segunda metade do século. Parte-se daí a importância de compreender seus modos de venda e de produção no XIX, assim como suas ligações contemporâneas.

Modos de venda e de publicação na corte do Rio de Janeiro

> Ora pois, uma Senhora à testa da redação de um Jornal! Que bicho de sete cabeças será?
> Contudo em França, em Inglaterra, na Itália, na Espanha, nos Estados-Unidos, em Portugal mesmo, os exemplos abundam de Senhoras dedicadas à literatura colaborando em diferentes jornais. (*O Jornal das Senhoras*, n.1, 01, jan. 1852, p. 1).

Vindo a público em 1º de janeiro de 1852, uma das primeiras táticas de produção e de venda do *Jornal das Senhoras* foi legitimar a inserção da escrita feminina e de sua direção em diferentes jornais do planeta.

Ainda que pudesse ser visto com estranheza ou como um "bicho de sete cabeças", em meio ao Império do Brasil, o *Jornal das Senhoras* buscava mostrar que existiam mulheres que se dedicavam ao mundo dos impressos como redatoras e como colaboradoras em diferentes partes do mundo. Para esse impresso fluminense, essas eram atividades possíveis e viáveis para esse grupo social. Afinal, as folhas dedicadas aos assuntos literários eram, na época, uma das principais formas de entretenimento do público leitor feminino (OLIVEIRA, 2011).

A argentina Joana Paula Manso de Noronha foi a primeira redatora desse impresso, uma exilada da ditadura de Juan Manoel Rosas. Ela era esposa do violonista português Francisco Sá Noronha, o que facilitava sua inserção no tecido cultural em que se assentava (LOBO, 2009).

Depois, a redação passou para as mãos de Violante Atabalipa Ximenes de Bivar e Vellasco, filha de Violante Lima de Bivar e do conselheiro imperial, bacharel em direito formado em Coimbra, redator e presidente do Conservatório Dramático do Rio de Janeiro Diogo Soares da Silva Bivar, o que, sem dúvidas, cooperava para o interesse e o acesso de Violante nos assuntos literários, teatrais e jornalísticos de seu tempo (VIANNA, 1946).

Por último, Gervasia Nunésia Pires dos Santos Neves entra na redação do impresso. Gervasia era esposa de Antônio José dos Santos Neves, taquígrafo do Senado, funcionário do Ministério de Guerra, poeta e compositor em teatros na corte do Rio de Janeiro, o que também dava condições dessa redatora manter o periódico (BARBOSA, 2018).

Durante os quatro anos de publicação, Joana, Violante e Gervasia buscaram entreter suas leitoras, mas também defender a melhoria da condição feminina e de sua educação formal. Nesse sentido, diferentes textos foram publicados tendo como base a defesa da educação das mulheres e a igualdade intelectual entre os sexos. Além desses artigos, havia os que se referiam à moda, aos romances-folhetins,[4] às poesias, às traduções e aos eventos púbicos e privados. Essas publicações serviam tanto para atualizar quanto para informar as leitoras e eram publicadas quinzenalmente com cerca de 8 páginas. Às vezes, chegavam a ter 12 páginas, quando eram impressos itens em folhas soltas que saíam a público quase como um brinde. Esses itens eram os riscos de bordado, as partituras musicais e as estampas de figurinos franceses, muito apreciados na época. O periódico também colocava a público anúncios da loja de sapato *Viana e C.*, estabelecimento localizado na Rua do Ouvidor 154, nos mostrando o quanto o periódico se interessava em propagar questões referentes à moda e às lojas de uma das principais ruas do Império do Brasil: a rua do Ouvidor.

Por defender a igualdade intelectual entre os sexos, as redatoras do *Jornal das Senhoras* incentivaram suas leitoras a cooperarem com o próprio conteúdo da revista[5]

4 "Novela, artigo ou qualquer outro trabalho literário, em geral extenso, por vezes dividido em várias partes [...]". Normalmente, "esta modalidade literária era uma escrita de encomenda feita pelos diretores dos jornais aos escritores que, por sua vez, se sujeitavam aos gostos do público leitor [...]" (FARIA; PERICÃO, 2008, p. 647).

5 Embora o nome do periódico esteja acompanhado da palavra "jornal", tanto *O Jornal das Senhoras*, quanto *A Esperança* podem ser compreendidos como uma revista. Pois, como afirma Constância Lima Duarte: "Naquela época, jornal e revista [...] tinham a mesma aparência, distinguindo-se apenas na diversidade de gêneros literários e nas matérias de entretenimento, que costumavam ser maiores nas denominadas revistas" (DUARTE, 2016, p. 21).

com textos que podiam ser endereçados às suas casas ou nos tradicionais locais de sua assinatura em carta fechada e com a opção do anonimato (*O Jornal das Senhoras*, n. 1, 01 jan. 1852, p. 1). O anonimato era uma forma de impedir críticas, calúnias ou difamações às pessoas que colaborassem com a empresa, como transparecia sua 15ª edição:

> A.J.P.C.
> Ilha das Cobras, 12 de Fevereiro de 1852.
> Muito nos honra a nossa nova e digna colaboradora com a continuação das suas interessantes poesias. Não vai o nome por extenso por precisarmos ainda de autorização (*O Jornal das Senhoras*, n. 15, 11 abril, 1852, p. 3).

As cartas e os textos enviados eram lidos e analisados de modo cuidadoso. Depois, respondidas individualmente e, caso o artigo fosse pertinente às temáticas do periódico e aos seus objetivos, era publicado com os devidos créditos de autoria, de anonimato ou de pseudônimo escolhido pelo(a) colaborador(a).

Por apresentar a opção de recebimento de cartas em fluxo contínuo, as redatoras estimulavam o público leitor a cooperar com o jornal. Porém, ao mesmo tempo, lidavam com problemas que podiam atrasar ou adiantar a publicação de um texto. No segundo número do periódico, por exemplo, Joana Paula Manso de Noronha sinalizou que o artigo "Presente e Passado" deveria vir no primeiro número da revista, mas por "chegar um pouco tarde este artigo não pode ser publicado no primeiro número" (*O Jornal das Senhoras*, n.2, 11 jan. 1852, p. 2).

As cartas que não podiam ser respondidas, por omitir o nome ou o endereço do remetente, de modo algum eram esquecidas. Esses casos eram tratados de forma pública, nas próprias páginas do jornal, mantendo o anonimato do remetente, em breves informes comumente assinados pela "redatora em chefe",[6] demostrando zelo e cuidado que tanto Joana, quanto, depois, Violante e Gervasia tiveram ao se portar a seus colaboradores (as) e a suas leitoras.

> Temos recebido, ultimamente, das nossas assinantes algumas cartas às quais nos privamos de responder, como era de nosso dever, por não sabermos a quem nos dirigir em casos tais. Rogamos pois a todos quantos nos queiram fazer a honra de se corresponder com esta redação de firmar as suas cartas com o seu nome e morada, todas as vezes que elas tratarem *somente de assuntos* particulares e de conveniência a esta empresa: com direção às casas designadas nas condições que se acham estampadas na última página do jornal.
> O digno [...] – *Ninguém* – será satisfeito em tempo, sobretudo se quiser ir remetendo, desde já, a continuação do seu belo e poderoso artigo A Redatora em Chefe (*O Jornal das Senhoras*, n. 28, 11 jul. 1852, p. 1 [grifos do original]).

Além do cuidado e da atenção com os colaboradores e com a escrita feminina, outra estratégia desse impresso eram os anúncios que davam publicidade ao periódico em meios de grande visibilidade, como o periódico *O Jornal*

6 Em geral, é "o que no conjunto da redação de uma publicação, orienta e dirige o trabalho do corpo editorial", é "normalmente o autor dos artigos de maior importância" (FARIA; PERICÃO, 2008, p. 621).

do Comnercio. Embora seja possível identificar escritos com pseudônimos e com assinaturas de homens, como as dos próprios maridos das redatoras, durante todo o período de publicação, a frase "Jornal das Senhoras, escrito por Senhoras" estampou diferentes anúncios que colocavam em destaque essa peculiaridade da autoria feminina como característica marcante do conteúdo do jornal. Tal prerrogativa evidenciava uma fórmula de venda, já que a imprensa escrita por mulheres, nesse período, era algo incomum e ainda florescia.

> O JORNAL DAS SENHORAS,
> Escrito e redigido por Senhoras. Publicou-se hoje o 2º número (*Jornal do Commercio*, n. 11, 11 jan. 1852, p. 3).

> O JORNAL DAS SENHORAS ESCRITO
> POR SENHORAS.
> A redatora em chefe, apresentando hoje o 5º número do Jornal das Senhoras as suas assinantes, com um figurino lindíssimo todo apropriado a nossa estação (*Jornal do Commercio*, n.32, 01, fev. 1852, p. 3).

> MODAS, TEATROS E LITERATURA
> Publica-se ontem o n. 19 do Jornal das Senhoras, escrito por senhoras contendo artigos sempre instrutivos, alegres e interessantes, lindíssimas poesias e a Crônica da Semana [...] (*Jornal do Commercio*, n.130, 11 maio 1852, p. 3).

> Jornal das Senhoras
> ESCRITO POR SENHORAS

> Publica-se [...] com dois lindos figurinos de passeio e a interessante novela moral – A mentira e a verdade – A flor caída, artigos de muito gosto – Modas – Poesias – e a crônica da quinzena [...] (*Jornal do Commercio*, n. 191, 12, jul. 1852, p. 4) .

Embora a frequência dos artigos tenha diminuído com o passar dos anos, em 1853 e 1854, a frase "escrito por senhoras" continuou sendo um chamariz do impresso, como se observa nos exemplos abaixo:

> Jornal das Senhoras,
> Escrito por Senhoras.
> Com uma brilhante gravura colorida, representando figurinos de baile e de estar em casa.
> [...] Distribui-se hoje aos Srs. Assinantes o n. 17 [...] (*Jornal do Commercio*, n.113, 24 abril 1853, p. 3).

> O 3º Número do Jornal das Senhoras,
> Escrito por senhoras, Publica-se hoje ornado de uma brilhante estampa colorida [...] (*Jornal do Commercio*, n.15, 15 jan. 1854, p. 3).

> PUBLICOU-SE hoje o n. 31 do Jornal das Senhoras, Escrito por Senhoras, Com figurinos coloridos e artigos interessantes [...] (*Jornal do Commercio*, n. 230, 20 ago. 1854, p. 3)

No *Jornal do Commercio,* é possível encontrar um total de 49 ocorrências do termo "*Jornal das Senhoras*", entre os anos de 1851 e 1856. Desses, pelo menos 38 vezes a ênfase na escrita e na redação feminina é destacada, sendo 36 vezes com a frase "escrito por senhoras" e 2 vezes "escrito e redigido por senhoras". Ou seja, era, de fato, uma tática de venda que dava visibilidade e distinguia esse periódico frente a outros impressos da época.

Outra tática para angariar leitoras pode ser observada pela localização das tipografias e das assinaturas, tal como já apontou o trabalho de Everton Barbosa. As tipografias do *Jornal das Senhoras*, por exemplo, se localizavam próximo a um importante logradouro da época: a rua do Ouvidor, local que atraia as senhoras do Império do Brasil que se interessavam pelo comércio de moda e por artigos de luxo que se abrigavam em suas diferentes lojas. Assim, primeiramente, *O Jornal das Senhoras* foi publicado pela *Tipografia Parisiense*, localizada na Rua Nova do Ouvidor nº. 20. Depois, na Rua da Carioca n. 32, na *Tipografia Santos & Silva* e, somente após março de 1853, se estabeleceu em uma tipografia com um mesmo nome do jornal, quando, migrou para o estabelecimento de George Leuzinger, na Rua do Ouvidor, no nº. 36. Posteriormente, ainda com o nome *Tipografia do Jornal das Senhoras,* fixou endereço na Rua da Alfândega, nº 54, e em julho de 1853, se estabeleceu na Rua do Cano, nº 165, até o fim de suas publicações (BARBOSA, 2018).

Mais que demostrar que o periódico se localizava em áreas centrais do Rio de Janeiro, com variados pontos tipográficos e de fluxo de mulheres, todas essas mudanças de tipografia permitem perceber outra tática de manutenção e de publicação desse impresso: revela-se que Joana Paula Manso de Noronha e as demais redatoras-chefes buscaram novas oportunidades de expansão e, possivelmente, de barateamento ou de melhorias na qualidade das publicações. Ou seja, estavam abertas às novidades, às demandas e às oportunidades de seu tempo.

As assinaturas do *Jornal das Senhoras* foram fixadas em estabelecimentos da própria Rua do Ouvidor, como forma de atrair as senhoras leitoras da época. Por exemplo, o estabelecimento de *Alexandre & Francisco Desmarais,* no n. 86, se caracterizava pela venda de perfumes, "objetos de luxo" e prestava serviços de cabelereiro, com o prestigioso título de "cabelereiro da casa imperial" desde 1850. O estabelecimento *Mongie,* no n. 87, se dedicava ao comércio de papéis pintados e funcionava como "Gabinete" de leitura. Já a loja dos *Snr. Wallerstein* e C, no nº 70 do Ouvidor, vendia sapatos, alguns acessórios, objetos e se dedicava aos artigos de moda das "fazendas francesas" (*Almanak Administrativo, Mercantil e Industrial do Rio de Janeiro*, n. 7, 1850, p. 362- 428). Isso é, os três locais de assinatura estavam localizados na Rua do Ouvidor e em endereço considerado legitimamente de interesse feminino à época.

O diálogo entre esses estabelecimentos, porém, não se limitou a um simples local de assinatura. O *Jornal das Senhoras* comumente citava algumas dessas lojas em suas páginas e estimulava a ida de suas leitoras a tais estabelecimentos, embora sempre acompanhadas (*O Jornal das Senhoras,* 7 março 1862, n. 10, p. 2). Acredita-se que o estímulo a frequentar esses ambientes de assinatura cooperava para possíveis renovações ou compra da mesma.

Outro mecanismo que igualmente cooperou para a venda e, portanto, para publicação desse impresso foi a estabilidade do preço. *O Jornal das Senhoras* era vendido por 3 mil réis para as assinaturas trimestrais na Corte, 4 mil réis para as assinaturas trimestrais das províncias, e não sofreu aumento durante os 4 anos de publicação, mesmo com as possíveis intempéries no custeio do impresso, como a subida do preço do selo, em 1853 (BARBOSA, 2016). Tal dado era tomado como um chamariz de venda, que acompanhou diferentes momentos do jornal, como se observa abaixo:

> O JORNAL DAS SENHORAS
> Escrito por senhoras, Jornal da boa companhia,
> Continuará a ser publicado em todos os domingos do ANO DE 1853, debaixo das mesmas condições já estipuladas para o ano de 1852.
> NÃO AUMENTARÁ DE PREÇO
> (*Jornal do Commercio*, n. 351, 21 dez. 1852, p. 3).

O periódico apresentou apenas uma mudança em relação ao preço: o barateamento das assinaturas da província. De 4 mil réis trimestrais, ele passou a ser assinado, fora da Corte, por 7 mil réis semestrais, e não oito como seria a lógica (*O Jornal das Senhoras,* n. 26, 7 março 1852, p. 10). Barateá-lo foi um fator que, certamente, instigou o aumento das colaborações de autores de fora do Rio de Janeiro e, portanto, aumentou o raio de circulação do periódico e o seu potencial de ser assinado por um maior número de leitoras. Inclusive, passa-se a verificar a presença de colaboradoras de locais distantes da corte, como se observa abaixo:

> A UMA INTELIGENTE jovem de quinze anos devemos o prazer de publicar a seguinte produção sua, que nos remeteu de Pernambuco, de cuja pro-

> víncia é uma de suas mais interessantes filhas. Que ela caminhe a par das virtudes que a adornam e da ilustração que corajosamente enceta (*O Jornal das Senhoras*, n. 30, 25 jul. 1852, p. 2).

O *Jornal das Senhoras* não procurou fazer transformações profundas em suas temáticas anunciadas desde o início das publicações, revelando que, possivelmente, seus conteúdos agradavam suas leitoras. Inclusive, durante os seus quatro anos, as redatoras arcaram com a promessa e os custos de colocar a público figurinos franceses, que eram inseridos em páginas soltas no interior do periódico. Tratava-se de variadas estampas ou litografias[7] que saíam com a assinatura do francês Jean-Baptiste David (1808-1892) (BARBOSA, 2018).

Em outras palavras, as redatoras do *Jornal das Senhoras,* a todo o momento, mantiveram um conteúdo sujeito a possíveis atrasos de embarcações e de "enormes despesas" à época, visando a um público de assinantes que se agradavam em ter os figurinos de moda não somente descritos, mas em imagens. Tais imagens davam um porte ao periódico e a possibilidade de ele atrair senhoras letradas e não letradas. Além disso, nos leva a compreender o grau de internacionalização desse impresso, já que eram estampas que vinham da França, como se observa abaixo:

---

7 Processo de produção de gravura, inventado cerca de 1789, em que os dados são gravados com um punção em pedra litográfica de grão muito fino e extremamente polida. "Teve um sucesso importante na época romântica e até finais do XIX". (FARIA; PERICÃO, 2008, p. 457).

> A Redação cuidou antecipadamente de relacionar-se com as primeiras casas francesas do Rio de Janeiro, encomendou os seus figurinos, com as mais restritas condições em favor, à primeira e mais importante das nossas casas de modas, estabeleceu uma correspondência especial com os agentes e sócios dessa casa em Paris, pessoas aqui já muito notáveis pelo seu apurado gosto e completo conhecimento do nosso mundo elegante brasileiro, habilitou-se em tudo e por tudo e com passo seguro [...].
> [...]
> Das preocupações assim tomadas resulta [...] aparecer os artigos de modas do JORNAL DAS SENHORAS acompanhados sempre da verdade e da exatidão. Nossos figurinos não vos serão apresentados por mero capricho de fantasia, ou o quer que for, que não seja o ardente desejo que há muito alimentava a redação de instituir um jornal deste porte, a cujas enormes despesas não recuou, nem recuará, enquanto vós os sustentardes (*O Jornal das Senhoras*, n. 4, 25 jan. 1852, p. 1-2).

As redatoras e as colaboradoras do *Jornal das Senhoras* estavam atentas a todas as dificuldades em torno da publicação desse impresso. Reconheciam as vantagens do periódico e valorizavam os textos e as informações que vinham às suas mãos e na extensão de suas vistas a partir de colaboradores, de familiares e de redes de amizade, como já alertavam trabalhos anteriores (BARBOSA, 2016; 2018).

Porém, além de amizades nutridas com seus familiares e com letrados conhecidos, havia também a cooperação de pessoas anônimas, como é o caso do cativo e guarda portão referenciado como Santos, que passou a ser um dos informantes da colaboradora que escrevia sobre os eventos que ocorriam na cidade:

> De hoje em diante deves passear por essas ruas da cidade quando e como quiseres; para, conversa, escuta, dá fé de tudo, mas, que ninguém te suspeite, sentido Santos! Depois volta quando entenderes que assim o deves fazer, e dá-me conta do que vistes e ouvistes durante o dia (*O Jornal das Senhoras*, n. 16, 1852, 18 abril, p. 8-9).

Essa colaboradora relatava dificuldades de colher as informações das ruas, simplesmente, por ser mulher. Como já comentado, não era decente, para época, uma senhora letrada sair sozinha e com grande frequência, ainda que fosse para auxiliar na escrita de um periódico. Tal colaboradora soube, então, utilizar de um hábito comum no XIX (KARASCH; 2000): mulheres determinarem as posições sociais dos escravos domésticos, para que, com isso, extraíssem informações dos burburinhos das ruas e dos diferentes eventos públicos que se passavam na Corte do Rio de Janeiro.

Mesmo usufruindo de diferentes táticas de venda e de produção, em 30 dezembro de 1855, Gervasia anunciava uma breve parada nas publicações, demostrando o desejo de voltar às atividades do periódico somente em 1857 (*O Jornal das Senhoras*, n. 52, 30 dez. 1855, p. 1). Ao buscar informações acerca desse possível retorno, podem-se verificar, em fins de 1856, anúncios sobre a futura inauguração de *O Recreio das Senhoras Brasileiras*, periódico que visava continuar com as temáticas e com as assinaturas do *Jornal das Senhoras* (*O Correio Mercantil*, n. 1, 01 jan. 1856, p. 3). Não foi possível, porém, encontrar nenhuma das edições desse periódico nas bases da *Hemeroteca Digital da Biblioteca Nacional,* o que nos faz ter dúvidas acerca de sua real publicação, ou aceitação, como dizia o próprio anúncio:

> Recreio das Senhoras Brasileiras
> Tendo cessado a publicação do *Jornal das Senhoras,* publica-se-há, em continuação, o *Recreio das Senhoras Brasileiras,* com as mesmas condições daquele jornal, dando os mais modernos figurinos de Paris todos os domingos, bordados e músicas. Assina-se no escritório do jornal, rua do S. Jorge n. 35, 1ª andar, ou na tipografia da rua do Cano. Preço, 3$000 por trimestre. O primeiro número será distribuído aos Srs. Antigos assinantes do *Jornal das Senhoras,* e a sua aceitação será indicativo de que protegem a nova empresa com as suas assinaturas. O primeiro número saíra domingo, 6 de janeiro (*O Correio Mercantil,* n. 1, 01 jan. 1856, p. 3 [grifos do original]).

Assim, é provável que o último número do *Jornal das Senhoras* tenha sido o do dia 30 de dezembro de 1855. No entanto, os motivos para o seu fim não são claros. Sabe-se somente que a dificuldade de manter esse periódico, de modo que suas assinantes pudessem proteger a empresa, era um desafio que pode ser observado na promessa fracassada de seu retorno.

Como vender e como confeccionar páginas femininas no Porto

A Esperança: Semanário de Recreio Literário dedicado às Damas é considerado o 35° periódico feminino editado em Portugal. Ele apresentou páginas de aproximadamente 26 cm cada, contendo textos em duas colunas (LEAL; 1992), nas quais, possivelmente, eram publicadas em edições de 8 páginas.[8] Elas apresentavam assuntos que, em geral, não se prendiam a seções específicas. Havia artigos de moda, de crítica social, teatral e religiosa, crônicas, textos em prosa e em verso, algumas cartas de leitores, assim como a descrição de eventos contemporâneos e curiosidades de história e da ciência que eram publicados semanalmente. O periódico também apresentava alguns anúncios de obras literárias que saiam pela própria tipografia que o imprimia. Em boa parte das edições, não faltaram, vale destacar, as traduções de textos literários e os romances- folhetins, publicações que chamavam a atenção das leitoras em ambos os lados do Atlântico.

Ao mesmo tempo em que se dedicava às damas, com o objetivo de levar instrução para as senhoras inteligentes, *A Esperança* não perdeu a oportunidade de angariar um maior público leitor com frases que afirmavam: "Este jornal é para todos" (*A Esperança*, 1865, p. 3).

Essa característica de voltar-se para damas, mas aceitar que homens também leiam o impresso pode ser com-

---

8 Embora seja difícil compreender quando começa e termina uma edição, visto que a única cópia digitalizada desse periódico encontra-se sem a capa das edições, ao averiguar os anúncios ou comunicados ao fim de algumas páginas, comumente localizado ao fim de uma edição – como assim acontecia nos demais impressos de época – pode-se observar que esses anúncios se repetiam em uma progressão de 8 em 8 páginas. Assim, estima-se que *A Esperança*, tal como *O Jornal das Senhoras*, eram impressos semanalmente contendo 8 páginas.

preendida tanto como uma estratégia de venda quanto como uma posição ideológica do próprio periódico, pois, nesse contexto, havia longos debates entre os intelectuais portugueses acerca do lugar da imprensa na divisão dos papéis entre os sexos. Dentro desses debates, questionava-se, por exemplo, se mulheres deveriam escrever somente para o sexo feminino, enquanto os homens fariam para eles mesmos (LOPES, 2005). Ao ampliar o número de leitores, o periódico dialogava com esses questionamentos, disponibilizando textos escritos por homens e por mulheres, se beneficiando de um possível aumento do público leitor de ambos os sexos e, portanto, de um maior número de assinaturas.

Assim, o periódico *A Esperança* era formado por colaboradores e por colaboradoras, e esses, em geral, assinavam seus textos com os próprios nomes. Isto é, quase sempre, não utilizavam pseudônimos, sejam os escritores, sejam as escritoras. Tal informação se distingue do *Jornal das Senhoras* que geralmente utilizava-se das formas de anonimato e nos faz pensar que, como apontava uma colaboradora de *A Esperança*, no período, podiam "as damas com menos timidez erguer a fronte e com mais ânimo lançar mão da pena" (*A Esperança*, 1865, p. 113).

Os nomes dos colaboradores foram publicados na capa anual de 1865 e no índice do seu segundo volume, de modo a demostrar prestígio quanto aos nomes evocados e enfatizar a presença de "colaboradores" e "colaboradoras" (*A Esperança*, 1865, p. 1). Pois, embora o nome de mulheres escritoras de *A Esperança* seja, em média, 10 vezes menor do que o de colaboradores, a escrita periodista feminina, tal como no Rio de Janeiro, ainda era uma novidade que precisava ser valorizada como um diferencial do jornal.

Essa escrita feminina foi destacada nos dois anos de publicação e parece ter chamado atenção do público assinante. Não à toa, a demanda de leitores que almejavam ser colaboradores desse impresso pode ser observada na citação a seguir, presente na 5ª edição desse impresso:

> EXPEDIENTE
> Na redação d'este jornal tem-se recebido vários escritos, tanto em prosa como em verso, a que não podemos dar publicidade. Esta redação prometeu ao público um jornal literário; há de por conseguinte envidar todos os seus esforços para não faltar a tão sagrada promessa. Não queremos com isto afugentar as pessoas, que, não estando inseridas como colaboradoras, d'este jornal, nos fazem o favor de nos enviar os seus escritos; agradecemos sempre pelo contrário tais remessas como uma fineza; mas não conhecemos nenhum preceito de cortesia que nos mande dar publicidade a tudo quando recebemos. Como representantes d'este jornal, pertence-nos a nós o direito da escolha, boa ou má, mas, no entanto tal como a entendermos. Sirva-nos isto de desculpa para as pessoas, que, tendo-nos enviado quaisquer escrito, os não vejam publicados n'este jornal (*A Esperança*, 1865, p. 40).

A Esperança mostrou-se um impresso que buscava, com seriedade e com rigidez, não só chamar a atenção do público leitor, mas também amenizar as tensões entre colaboradores e assinantes que, muitas vezes, disputavam o mesmo espaço de publicação no semanário. Buscava, além disso, manter o programa original do impresso compactuando com o movimento que, em termos de características editoriais, vai se deflagrar ao longo do final do século XIX, uma vez que, nesse contexto, cada vez mais os dirigentes dos periódicos passaram a "distinguir claramente os projetos que se constituem em torno de programas de edição e se afastam da simples resposta a solicitações de autores ou de publicações avulsas" (LISBOA; MELO, 2018, p. 142).

Fixar os endereços de assinatura também era uma questão importante para manter o periódico e as suas produções em dia. Esses endereços se relacionavam às demandas dos dirigentes do jornal. Inicialmente, *A Esperança* era publicada na *Typ. de Rodrigo José d'Oliveira Guimarães*, localizada no Largo de São Domingos, nº 30, e tinha dois editores: António Pereira da Silva[9] e Ricardo Dias Cesar Rey. Este último ficou na redação menos de um ano, aproximadamente, em 8 edições. Ao fim do oitavo número, Cesar Rey se afastou de *A Esperança* com a justificativa de se mudar da cidade do Porto em função de negócios (*A Esperança*, 1865, p. 64).

Após a saída de Cesar Rey, Antônio Pereira da Silva passou a ser o único proprietário do periódico e o endereço tipográfico foi transferido para a tipografia *José Pereira da Silva e Filho*, localizada na Praça de Santa Teresa. Essa prerrogativa, através do sobrenome do estabelecimento, nos faz supor que existiam relações familiares en-

9 "Natural de Ponta Delgada, na ilha de S. Miguel, nascido no ano de 1839". Ele cursou estudos no Lyceu Nacional, se dedicou ao ensino particular e não podendo prosseguir ao ensino superior, entrou no ramo comercial, primeiramente, como guarda livros. (SILVA, 1867, p.275).

tre a nova tipografia e o proprietário António Pereira da Silva (*A Esperança*, 1865, p. 65).

Somente no segundo ano de publicação de *A Esperança* que Francisco Pereira da Silva, devido a possíveis enfermidades (A Esperança, 1866, p. 193), passou o cargo para A. P. do Amaral e G. G. Coelho, escritores residentes do Porto, colaboradores de *A Esperança* e com obras impressas pela *Tipografia José Pereira da Silva* (SILVA, 1867, p. 407).

Com Antônio Peixoto do Amaral e G. Gomes Coelho à frente de *A Esperança*, o periódico ganhou um novo endereço de assinatura, embora a localização tipográfica continuasse a mesma. A redação e o novo local de assinatura passaram a ser na Rua da Fonte, na região de Masarellos, mais próximo ao Rio Douro, local de saída e de chegada de pessoas, de mercadorias e de ideias (*A Esperança*, 1866, p. 232).

Percebe-se que, tal como *O Jornal das Senhoras*, os dirigentes de *A Esperança* identificaram que os locais de produção de seu periódico não eram somente mais cômodos, como também centrais, espalhados ao redor de um dos marcos da cidade: a Sé do Porto. Suas assinaturas fixavam-se na Rua do Laranjal, na Rua de Santa Thereza, no Largo de S. Domingos e na Rua da Fonte. Isto é, nas proximidades do Rio Douro e em ruas que faziam “uma mancha geográfica” na área oriental da cidade de aproximadamente cinquenta tipografias (PEREIRA, 1988, p. 102-103).

Localizadas em áreas caracterizadas por sua grande concentração tipográfica e de chegada de mercadorias e de objetos, as localizações das vendas e de assinaturas eram, portanto, estratégicas e se assemelham às táticas adotadas pelo *Jornal das Senhoras*, ao buscar se fixar nas principais ruas do centro do Rio de Janeiro, local de circulação de pessoas letradas, de tipografias, de um público interessado no comércio e nas novidades que chegavam à região portuária.

Outra característica – também apresentada pelo *Jornal das Senhoras* – foi o fato dos entusiastas de *A Esperança* durante os dois anos de publicação, manter o valor de venda do impresso, o que contribuiu para manter certa estabilidade e comodidade de assinatura e angariar outras, já que o impresso, desde sua inauguração, se caracterizava como uma publicação "barata" (*A Esperança*, 1865, p. 2). Quem quisesse assinar *A Esperança* assim conseguiria por 300 réis, para assinaturas no Porto, e por 360 réis para as províncias dentro de um trimestre. Seus editores também visaram ao outro lado do Atlântico, disponibilizando assinaturas para o Brasil por 2.200 réis ao ano (*A Esperança*, 1865, p. 1-2). Tais dados revelam táticas de venda que buscavam um maior público leitor.

No século XIX, ao lado dos referenciais culturais e editoriais franceses, os vínculos entre o mundo dos impressos de Brasil e de Portugal eram notáveis e se estreitavam ao longo desse século, seja em relação ao mercado editorial (LISBOA; MELO, 2018), seja no número crescente de revistas e de jornais que apresentaram interseção entre brasileiros e portugueses tanto em sua produção quanto em seu público-alvo (LUCA, 2018). A língua em comum auxiliava o processo e *A Esperança* utilizou-se dessa estratégia, pois possibilitava a ampliação de um público leitor para além de seu local de impressão.

A estabilidade do preço também foi um chamariz de público e, assim como *O Jornal das Senhoras*, esse impresso portuense não deixou de enfatizar o benefício de assiná-lo, com diferentes anúncios que saíam em suas próprias páginas, como se observa abaixo:

> EXPEDIENTE
> Prevenimos os nossos ilustres assinantes, que com o número 48 termina o primeiro volume d'este semanário; depois de concluído, entraremos na árdua tarefa do segundo; e, procuraremos empregar todos os esforços para que continue a ter o mesmo acolhimento que até então tem tido [...]
> Os preços da assinatura é o mesmo.
> Para o Porto, por ano, 1$200 – semestre 600 reis – trimestre 300 réis – mês 120 réis – Para a província acresce o importe das estampilhas; e além d'isso só se considera assinantes o que mandar satisfazer em vales do correio o importe da sua assinatura adiantada, ao editor, Typographia de Pereira & Filho, Praça de Santa Theresa, n. 63 – Porto (*A Esperança*, 1865, p. 368).

Observa-se que o anúncio acima serve de exemplo de uma suposta estratégia para angariar assinantes trimestrais ou para mais meses, pois, se mensal o periódico custava 120 réis, quer dizer que três meses seriam 360 réis. Porém, como se observa no anúncio, se a assinatura fosse trimestral, seus assinantes pagariam 300 réis, fazendo uma economia de 60 réis, metade do valor mensal do jornal. Logo, na assinatura semestral, era como se a assinante ganhasse um mês gratuito. É claro que essa estratégia também era usada por outros periódicos, mas, nesse anúncio, podemos perceber como esse jornal também estava atento às práticas da época para adquirir maiores interessadas pelo periódico.

Embora com estratégias e com preços estáveis, os desafios de publicação eram variáveis e precisavam se adaptar às diferentes circunstâncias de produção. Na 4ª edição de *A Esperança*, por exemplo, é possível observar a falta de papel ocasionada por problemas de seu desembarque.

> Pedimos desculpas aos nossos assinantes pela retardação d'este número, a qual foi devida à falta de papel igual aquela em que foram impressos os primeiros números – pois que este se acha a bordo do vapor Lusitania, que não tem podido descarregar em consequência da grande corrente que leva o Douro – motivo que lançamos mão d'este, que apenas difere do formato.
> Igualmente pedimos o favor de nos mandar avisar quando deixe-lhes de ser entregue algum número (*A Esperança*, 1865, p. 32).

O Rio Douro era uma das principais vias de acesso à mercadoria da cidade do Porto. Era de lá que vinha o papel que tradicionalmente *A Esperança* era impresso e, portanto, era de lá que vinham as notícias de possíveis falta de papel que levavam António Pereira da Silva a atrasar e até fazer substituição desse tipo de matéria-prima. Esses infortúnios eram complicados, principalmente, por ser uma publicação que precisava sair no prazo correto de sua periodicidade. A esse respeito, afirma Tania Regina de Luca: se "o atraso de um carregamento de um livro era tolerável e não implicava grandes prejuízos, o mesmo não acontecia com os periódicos para os quais a pontualidade sempre foi essencial" (LUCA, 2018, p. 9).

Ao longo de boa parte de suas publicações, *A Esperança* apresentou dificuldades não apenas por eventuais faltas de papel, mas também em termos de renovação de suas assinaturas. Inclusive, alguns anúncios denunciavam o interesse, por parte do corpo editorial do jornal, em chamar atenção dos leitores tanto para as assinaturas atrasadas, que não foram renovadas, quanto para as edições que, por algum motivo, deixaram de ser compradas, como se observa abaixo:

> AOS SNRS. ASSINANTES
> Na redação d'este jornal compram-se as coleções dos jornais da *Esperança*, que tem saído até o presente mês, ou então os números 3, 5, 8, 12, 25, 26, 29 e 30, separadamente, pelo preço da assinatura (*A Esperança*, 1865, p. 284 [grifo do original]).
>
> EXPEDIENTE
>
> A redação d'este jornal, extremamente penhorada pela proteção que os seus assinantes prestaram a sua empresa, tem também a atenção de os prevenir de que, visto ter acabado o semestre com o número 24, todos os snrs. que aceitarem o número seguinte serão tidos na conta d'assinantes.
>
> Aproveita esta ocasião para rogar o obséquio a alguns snrs. assinantes do Porto e da província de mandarem satisfazer o importe das suas assinaturas ao proprietário d'este jornal Antônio Pereira da Silva, Praça de Santa Tereza, n. 63 (*A Esperança*, 1865, p. 200).

> EXPEDIENTE
> Pedimos aos snrs. assinantes das províncias que não têm pago por inteiro as suas assinaturas de ano, as mande satisfazer por toda a presente semana, para não sofrerem interrupções nas suas remessas (*A Esperança,* 1865, p. 312).
>
> EXPEDIENTE
> Pedimos aos nossos ilustres assinantes da província, o favor d'enviar a esta redação o importe das suas assinaturas equivalentes ao presente trimestre, em conformidade ao programa, em que diz ser feita a remessa adiantada ao editor Antonio Prereira da Silva, Praça de Santa Teresa n. 63 – Porto (*A Esperança*, 1866, p. 72).
>
> COLEÇÕES À VENDA
> N'esta redação acham-se desde já à venda sete coleções do primeiro ano d'este jornal, bem encadernadas, que se vendem pelo preço de 1$500 réis cada uma. Também se enviam para a província a quem mandar em vales do correio o importe de 1$600 reis adiantados, ao editor Antônio Pereira da Silva, Praça de Santa Tereza n. 63 – Porto (*A Esperança*, 1866, p. 112).

Os anúncios mais frequentes buscavam estimular as renovações das assinaturas, os títulos que ficaram encalhados e os preços de aquisição do jornal. Estratégias que, sem dúvidas, auxiliavam a manter as vendas ou a amenizar a falta de renovação delas e, portanto, prevenir os prejuízos fornecidos pelas edições antigas que não foram adquiridas.

Além disso, existiam anúncios que evidenciavam uma estreita parceria entre o dono da empresa *A Esperança* e a *Tipografia José Pereira da Silva & Filho*. Não à toa, dentro do periódico *A Esperança*, o número de informes sobre o próprio periódico e sobre a tipografia que o abrigava era muito próximo. Isto é, do total de 54 anúncios ou informes presentes nos dois anos de publicação, 30 eram sobre *A Esperança* e 34 sobre a *Tipografia José Pereira da Silva & Filho* e as suas atividades.

Ao longo do período de publicação, registra-se, inclusive, uma diminuição do número de anúncios que se referia ao próprio jornal *A Esperança*, nos fazendo perceber como a parceria com a tipografia estava, possivelmente, apresentando uma boa quantidade de vendas, sendo destinado, portanto, um maior espaço para enfatizar tal parceria. Em 1865, num total de 30 registros, 19 eram relacionados ao periódico *A Esperança* e 18 referentes a outras atividades da *Tipografia José Pereira da Silva & Filho*. No ano seguinte, num total de 24 anúncios ou informes, os registros sobre o periódico caem para 11 e a atividade referente à tipografia passa a apresentar 16 registros.

O vínculo com a tipografia também contava com desconto para os assinantes de *A Esperança*, nos proporcionando compreender uma importante tática de venda que atrelava a assinatura do periódico com outros impressos da *Tipografia José Pereira da Silva*, como se observa nos preços do anúncio abaixo:

> PUBLICAÇÕES LITERÁRIAS
> MARIA ISABEL
> Este excelente romance vai brevemente entrar no prelo, sendo impresso em tipo novo e excelente papel; Está calculado que terá aproximadamente 300 páginas de leitura.

> PREÇOS
> Para os assinantes da Esperança.. 260
> Os não assinantes..........................320
> (*A Esperança*, 1865, p. 160)

Tendo a maioria de suas páginas compostas por romances, principalmente por romances-folhetins o conteúdo da revista apresentou poucas alterações ao longo dos dois anos de publicação. Antônio Peixoto do Amaral e G. Gomes Coelho, seus últimos dirigentes, não alteraram a estrutura geral deixada por Antônio Pereira da Silva. Embora os textos de moda tenham sido reduzidos, colocados em subdivisões e publicados juntamente com outros textos, sob o título "Mosaico", eles foram impressos até a última edição, pois tanto o romance-folhetim quanto a moda eram estratégias que auxiliavam no cultivo de leitoras. Ao tratar das revistas de moda, Ana Cláudia Suriani da Silva afirma que a:

> [...] moda, pela sua natureza sazonal, e o folhetim eram bastante adequados para a publicação em fascículos. Assim, não é de surpreender que muitos editores com tino comercial combinavam esses dois polos culturais em um único veículo (SILVA, 2018, p. 383).

A Esperança foi um periódico que durou 2 anos. Não se sabe as razões para o seu fim, mas os tradicionais anúncios de renovação de assinatura parecem demostrar que, a todo o momento, durante os dois anos de publicação, essa revista apresentou dificuldade em permanecer com certo número de assinantes em dia. Afinal, na última página do último número de publicação, enfatiza-se a promessa de seu terceiro ano sob o título *A Esperança: Semanário de*

Literatura e Recreio e não *Semanário de Recreio Literário dedicado às Damas*, como assim o era (*A Esperança*, 1866, p. 260). Isto é, o periódico passava a ser, caso seu terceiro número fosse a público – o que não ocorreu – um periódico para o grande público e não somente para as damas, público leitor ainda muito reduzido na época e que, portanto, apresentavam seus desafios de conquista e de manutenção para as vendas.

Distinções e Interseções presente-passado

Dos séculos XIX ao XXI, não apenas o número de letrados aumentou, mas também a velocidade das informações, o modo de escrita dos originais, a correção, a impressão, o recebimento dos textos e o maior acesso das mulheres ao mundo dos impressos, dentre outras questões que se relacionam à historicidade de cada contexto.

No século XXI, com a ajuda de um computador, à medida que um texto é digitado, pode-se lê-lo e corrigi-lo, sem gastar tinta nem papel. Pode-se, ainda, enviar um texto para um editor que esteja do outro lado do mundo com apenas um clique, em alguns segundos, sem precisar de grandes viagens e riscos de atrasos que perpassavam o cotidiano do século XIX com alguma frequência.

Se, antes, os riscos mais comuns eram pela falta de papel e o atraso nas embarcações, hoje, são a falta de internet e de eletricidade. Enquanto, antes, o equipamento necessário era o tipo móvel, hoje, é um computador/notebook. No XIX, funcionários de uma tipografia se responsabilizavam por agilizar o longo e árduo processo de organizar as letras móveis, por depositar tinta e papel no prelo.

Já hoje, as editoras são capazes de cortar, de diagramar e de produzir cópias idênticas, impressas em sequências de segundos por impressoras de alta precisão, com a quase total ausência de problemas de manchas de tintas e de letras borradas, comuns em séculos precedentes. As distribuições para as livrarias e para as bibliotecas também ficaram mais rápidas e sem muitas preocupações com as grandes distâncias (BELO, 2013).

Na imprensa feminina, as transformações urbanísticas, técnicas e educacionais, também possibilitaram o desenvolvimento de maiores tiragens desses periódicos, sustentadas, principalmente, pela publicidade. Isto é, não apenas pelo número de assinantes e de investimentos de seus proprietários e de proprietárias como, em geral, foi *O Jornal das Senhoras* e *A Esperança*. Ademais, o mercado do entretenimento cresceu e as artes gráficas contemporâneas se desenvolveram de modo demasiadamente rápido. Diferentemente do XIX, que a imagem era um ícone de distinção de apenas alguns jornais, hoje, os impressos passaram a apresentar belas ilustrações e até frequentes fotografias. Inclusive, as imagens acompanham boa parte das publicações femininas atuais, ao lado de textos que, mais do que informar, divertem suas leitoras (LIMA, 2007).

O frequente uso dos pseudônimos ou dos anonimatos, comuns nas publicações femininas do século XIX, também mudou em termos de frequência e de formas de uso. Os anonimatos são menos frequentes e não são mais utilizados para se evitar uma total exposição das mulheres no meio público, seja por timidez ou por medo de serem criticadas pela qualidade e pelo conteúdo de seus escritos. Hoje, o anonimato ganha outros significados, sobretudo, protegendo – em meios às reportagens – mulheres vítimas de agressão e de outros casos em que se necessita do sigilo por vontade da própria vítima ou por protocolos judiciais.

As diferenças dos modos de produção dos impressos do XIX e dos dias de hoje são, de fato, distintas. Porém, ainda assim, existem táticas de venda e de produção dos jornais do XIX que apresentam certos pontos em comum às publicações atuais. A preocupação com o espaço físico de publicação e de comércio das revistas, a valorização do anúncio, a buscar por um público específico, o contato com as demandas desse público, os textos de entretenimento, a imagem, a moda, assim como a maior internacionalização dos impressos (principalmente quando esses apresentam uma mesma língua) eram fatores de destaque nas táticas de venda e de produção tanto do *Jornal das Senhoras* quanto em *A Esperança,* e são observados na contemporaneidade com alguma frequência.

Se, antes, as tipografias buscavam permanecer em um lugar de grande circulação e de fácil acesso do público leitor, hoje, as grandes editoras também buscam possuir endereços próximos aos centros comerciais e, o lado disso, se preocupam em manter bons endereços digitais, de fácil acesso e cujo "layout" dos jornais digitais permitem com que o leitor-consumidor navegue de modo intuitivo.

Da mesma maneira, se, no XIX, nas páginas do *Jornal das Senhoras,* anunciava-se a loja de sapato de *Viana e C.* e, em A *Esperança,* buscava-se anunciar sua própria tipografia e as obras que eram publicadas nela, pode-se dizer que os anúncios externos continuam em meio às publicações atuais. Os anúncios dos dias de hoje servem para angariar o consumo e o patrocínio das publicações. Trata-se de uma lógica de mercado que apresentou raízes nos periódicos Oitocentistas e que, na atualidade, mostra-se uma das principais formas de manutenção e de venda dessas publicações.

O Jornal das Senhoras e *A Esperança* buscavam evitar perdas de assinantes numa época em que poucas pessoas liam e as leitoras eram uma novidade e um público a ser conquistado. Tratava-se de um período em que a imprensa era o principal meio de propagação de ideias, costumes, gostos, condutas e entretenimento. Na atualidade, embora outros meios de comunicação passem a disputar mercado com a imprensa, táticas para aumentar as vendas por meios de publicações voltadas a públicos específicos continuam nos acompanhando. Se as mulheres eram o público em expansão no XIX, nos dias de hoje, existe uma tendência de se instigar leitores dos textos em suportes digitais. Assim, não à toa, ao realizar assinaturas digitais, os preços tendem a ser menores que os que são impressos não somente pelo custo de produção ser menor, mas porque é um público que está em expansão e mostra interesse pelos benefícios do texto digital, como o fato de ser fácil de carregar, não consumir muito espaço, etc.

No presente e no passado, a preocupação com o gosto, com as opiniões e com as demandas do público leitor é um fator de permanência. No passado, *O Jornal das Senhoras* e *A Esperança* recebiam textos em cartas que podiam, dependendo de seu conteúdo, ser publicados nas páginas desses periódicos. Essa prática, certamente, auxiliava a compreender o que o público apreciava como importante e bom de ser consumido. Em nosso tempo presente, as enquetes, as caixas para comentários e as "hashtags" auxiliam os entusiastas das publicações a saberem o raio de propagação, o engajamento de suas obras, assim como o que o público avalia como bom nas publicações.

No século XIX, os romances-folhetins eram uma maneira de divertir, de disseminar gostos e condutas para suas leitoras. Na atualidade, seu enredo continua sendo "fácil de seguir" e seu maior público ainda são as mulheres (FARIA; PERICÃO, 2008, p. 647). Nos dias atuais, esses romances ganham continuações publicadas, muitas vezes, em trilogias e, posteriormente, podem virar séries e filmes, numa mesma lógica de instigar a atenção e a curiosidade daqueles que os acompanham, por seus diferentes capítulos exibidos pouco a pouco.

No século XIX, surgiu a possibilidade de propagação da imagem e, desde então, temos tornado as publicações cada vez mais imagéticas, desenvolvendo não só o gosto e o apelo pela imagem, mas também suas formas de reprodução. Assim, as imagens das revistas, já utilizadas como litografias no XIX, na atualidade, se aglomeram em capas, subcapas, edições pós-edições, principalmente, aquelas que se utilizam da moda e volta-se para o público feminino. O anúncio, por sua vez, como diz um famoso ditado popular, "se tornou a alma do negócio". São formas de conseguir públicos específicos ou segmentados, de modo mais prático e mais chamativo. Enfim, o entreter e a busca por certa internacionalização das publicações também já eram táticas observadas no XIX e que continuaram nos acompanhando – seja devido ao mundo globalizado em que vivemos, seja devido ao mercado do entretenimento ter se firmado como um dos principais movimentadores da economia mundial atual.

Considerações Finais

Ao relacionarmos as experiências em torno dos desafios de produzir e de vender periódicos do passado Oitocentista às práticas contemporâneas do século XXI, foi possível perceber quais ações tiveram importância e quais foram mantidas em nossos dias.

Nas publicações do XIX, além dos conteúdos voltados para um público específico e em expansão, como o das mulheres leitoras, outras táticas de venda auxiliavam a manter as publicações. *O Jornal das Senhoras*, por exemplo, apresentou não somente em seu título um ideal de se dirigir às senhoras, mas procurou inserir estampas ou imagens de moda, receber cartas de redatoras – e, assim, estimular o contato com o público leitor, com seus gostos e com seus interesses. Além disso, foi vendido em locais de grande fluxo de mulheres, não aumentou os preços de aquisição do impresso, esteve atento às demandas e às inovações de seu tempo e, ainda, apresentou uma postura em que o termo "escrito por mulheres" poderia ser um diferencial de venda que era propagado em anúncios da época.

A Esperança, por sua vez, apresentou táticas de produção e de comercialização bastante semelhantes às do *Jornal das Senhoras*. Esse periódico também se localizava numa área central e de elevada concentração tipográfica.

Sua localização demostrava tanto a busca pela comodidade de estar próximo ao Rio Douro, local de onde vinha seu papel, quanto pela busca de um público leitor que circulava pelo comércio da cidade – como nas ruas da Feira, das Flores, na Praça de S. Lázaro, entre outras. Ao lado disso, o periódico utilizava-se de estratégias de venda que se relacionavam aos anúncios, à publicação de algumas cartas de leitores, à inserção da colaboração da escrita feminina como um diferencial do jornal, à parceria entre a tipografia e a assinatura do periódico e à manutenção de um mesmo preço até o fim de suas publicações, gerando, certamente, um chamariz nas vendas, já que diferentes anúncios revelavam a vantagem de seu bom preço.

Na atualidade, o interesse em escrever para um público específico continua em vigor. Além disso, se, no XIX, o romance folhetim, os textos de moda e outros eram um diferencial para atrair as mulheres leitoras, hoje, as imagens de moda e os conteúdos que são divulgados de modo sequenciais permanecem nas táticas adotadas por publicações físicas e digitais. A busca por criar vínculos de proximidade com um público específico também continua em pauta. Porém, não mais por meios das cartas, mas a partir das guias para comentários dos leitores, das enquetes, das "hashtags" e de outros atributos que buscam dar engajamento e expansão às publicações. Se, no passado, existia uma preocupação com os lugares de publicação e a venda dos periódicos, nos dias de hoje, tal fator ainda se mostra bastante significativo, pois a localização desses impressos e seus locais de aquisição permitem que o consumidor conheça, assine ou renove as assinaturas com mais frequência. Por último, vale destacar que os anúncios e as formas de distinção das publicações por meio do que conhecemos hoje como publicidade continua sendo uma importante tática de manutenção e de venda das produções. Se, no passado, periódicos como *O Jornal das Senhoras* e *A Esperança* se mantinham, em geral, pela venda de suas edições e pelos investimentos de seus próprios donos e donas, nos dias de hoje, a publicidade auxilia não somente na divulgação para as vendas locais, mas também internacionais, se beneficiando, cada vez mais, do mundo globalizado e digitalmente conectado em que vivemos.

Portanto, se, na contemporaneidade, os desafios da impressão passam a ser outros – falta de internet, de eletricidade, a maior concorrência entre as empresas, a expansão de outros públicos de mercado, etc. – algumas estratégias de produção e de venda das publicações de interesse feminino da atualidade, no entanto, permanecem com a mesma lógica dos Oitocentos. Isto é, a lógica de semeadura de leitores por meio das temáticas endereçadas a um público específico, o contato com as demandas desse público, dos anúncios em meios de grande visibilidade, da sedução da imagem, do entretenimento e a partir da maior globalização das publicações. Enfim, todas essas táticas possibilitam vislumbrarmos que, no mundo público dos impressos, existem diversos elementos de mudança, de transformação e sobretudo, de permanência. Se táticas de produção e de venda das publicações Oitocentistas são utilizadas até os dias de hoje, elas devem ser compreendidas não somente como úteis para as práticas cotidianas, mas também de importância histórica, um elo de continuidade entre o passado e o presente.

Fontes

Almanak Administrativo, Mercantil e Industrial do Rio de Janeiro. Rio de Janeiro, 1844-1885 n. 7, 1850: 362-428. Disponível em: http://memoria.bn.br/DocReader/DocReader.aspx?bib=313394x&pesq=%22Desmarais%22&pasta=ano%20185. Acessado em jan. de 2021.

A Esperança: Semanário Literário dedicado às Damas. Porto, 1865-1866, 1865: 3. Disponível em: http://hemerotecadigital.cm-lisboa.pt/. Acessado em jan. de 2021.

A Esperança: Semanário Literário dedicado às Damas. Porto, 1865-1866, 1865: 113. Disponível em: http://hemerotecadigital.cm-lisboa.pt/. Acessado em jan. de 2021.

A Esperança: Semanário Literário dedicado às Damas. Porto, 1865-1866, 1865: 40. Disponível em: http://hemerotecadigital.cm-lisboa.pt/. Acessado em jan. de 2021.

A Esperança: Semanário Literário dedicado às Damas. Porto, 1865-1866, 1865: 64. Disponível em: http://hemerotecadigital.cm-lisboa.pt/. Acessado em jan. de 2021.

A Esperança: Semanário Literário dedicado às Damas. Porto, 1865-1866, 1865: 65. Disponível em: http://hemerotecadigital.cm-lisboa.pt/. Acessado em jan. de 2021.

A Esperança: Semanário Literário dedicado às Damas. Porto, 1865-1866, 1866, p. 193. Disponível em: http://hemerotecadigital.cm-lisboa.pt/. Acessado em jan. de 2021.

A Esperança: Semanário Literário dedicado às Damas. Porto, 1865-1866, 1866: 232. Disponível em: http://hemerotecadigital.cm-lisboa.pt/. Acessado em jan. de 2021.

A Esperança: Semanário Literário dedicado às Damas. Porto, 1865-1866, 1865: 1-2. Disponível em: http://hemerotecadigital.cm-lisboa.pt/. Acessado em jan. de 2021.

A Esperança: Semanário Literário dedicado às Damas. Porto, 1865-1866, 1865: 368. Disponível em: http://hemerotecadigital.cm-lisboa.pt/. Acessado em jan. de 2021.

A Esperança: Semanário Literário dedicado às Damas. Porto, 1865-1866, 1865: 32. Disponível em: http://hemerotecadigital.cm-lisboa.pt/. Acessado em jan. de 2021.

A Esperança: Semanário Literário dedicado às Damas. Porto, 1865-1866, 1865: 284. Disponível em: http://hemerotecadigital.cm-lisboa.pt/. Acessado em jan. de 2021.

A Esperança: Semanário Literário dedicado às Damas. Porto, 1865-1866, 1865: 200. Disponível em: http://hemerotecadigital.cm-lisboa.pt/. Acessado em jan. de 2021.

A Esperança: Semanário Literário dedicado às Damas. Porto, 1865-1866, 1865: 312. Disponível em: http://hemerotecadigital.cm-lisboa.pt/. Acessado em jan. de 2021.

A Esperança: Semanário Literário dedicado às Damas. Porto, 1865-1866, 1866: 72. Disponível em: http://hemerotecadigital.cm-lisboa.pt/. Acessado em jan. de 2021.

A Esperança: Semanário Literário dedicado às Damas. Porto, 1865-1866, 1866: 112. Disponível em: http://hemerotecadigital.cm-lisboa.pt/. Acessado em jan. de 2021.

A Esperança: Semanário Literário dedicado às Damas. Porto, 1865-1866, 1865: 160. Disponível em: http://hemerotecadigital.cm-lisboa.pt/. Acessado em jan. de 2021.

A Esperança: Semanário Literário dedicado às Damas. Porto, 1865-1866, 1866: 260. Disponível em: http://hemerotecadigital.cm-lisboa.pt/. Acessado em jan. de 2021.

Jornal do Commercio. Rio de Janeiro. 1827-3013, n. 11, 11 jan. 1852: 3. Disponível em: http://memoria.bn.br/DocReader/DocReader.aspx?bib=364568_04&Pag-

Fis=2989&Pesq=%22O%20Jornal%20das%20Senhoras%22. Acessado em jan. de 2021.

Jornal do Commercio. Rio de Janeiro. 1827-3013, n.32, 01, fev. 1852: 3. Disponível em: http://memoria.bn.br/DocReader/DocReader.aspx?bib=364568_04&PagFis=2989&Pesq=%22O%20Jornal%20das%20Senhoras%22. Acessado em jan. de 2021.

Jornal do Commercio. Rio de Janeiro. 1827-3013, n.130, 11 maio 1852: 3. Disponível em: http://memoria.bn.br/DocReader/DocReader.aspx?bib=364568_04&PagFis=2989&Pesq=%22O%20Jornal%20das%20Senhoras%22. Acessado em jan. de 2021.

Jornal do Commercio. Rio de Janeiro. 1827-3013, n. 191, 12, jul. 1852: 4. Disponível em: http://memoria.bn.br/DocReader/DocReader.aspx?bib=364568_04&PagFis=2989&Pesq=%22O%20Jornal%20das%20Senhoras%22. Acessado em jan. de 2021.

Jornal do Commercio. Rio de Janeiro. 1827-3013, n.113, 24 abril 1853: 3 Disponível em: http://memoria.bn.br/DocReader/DocReader.aspx?bib=364568_04&PagFis=2989&Pesq=%22O%20Jornal%20das%20Senhoras%22. Acessado em jan. de 2021.

Jornal do Commercio. Rio de Janeiro. 1827-3013, n. 230, 20 ago. 1854: 3. Disponível em: http://memoria.bn.br/DocReader/DocReader.aspx?bib=364568_04&PagFis=2989&Pesq=%22O%20Jornal%20das%20Senhoras%22. Acessado em jan. de 2021.

Jornal do Commercio. Rio de Janeiro. 1827-3013, n. 351, 21 dez. 1852: 3. Disponível em: http://memoria.bn.br/DocReader/DocReader.aspx?bib=364568_04&Pag-

Fis=2989&Pesq=%22O%20Jornal%20das%20Senhoras%22. Acessado em jan. de 2021.

O Correio Mercantil, e Instrutivo, Político, Universal. Rio de Janeiro. 1848-1868, n. 1, 01 jan. 1856: 3. Disponível em: http://memoria.bn.br/DocReader/docreader.aspx?bib=217280&pasta=ano%20185&pesq=%22O%20Recreio%20das%20Senhoras%20Brasileiras%22. Acessado em jan. de 2021.

O Correio Mercantil, e Instrutivo, Político, Universal. Rio de Janeiro. 1848-1868, n. 1, 01 jan. 1856: 3. Disponível em: http://memoria.bn.br/DocReader/docreader.aspx?bib=217280&pasta=ano%20185&pesq=%22O%20Recreio%20das%20Senhoras%20Brasileiras%22. Acessado em jan. de 2021.

O Jornal das Senhoras, Rio de Janeiro, 1852-1855. Disponível em: http://memoria.bn.br/DocReader/DocReader.aspx?bib=700096&Pesq=n%c3%a3o%20recuou&pagfis=1. Acessado em jan. 2021.

O Jornal das Senhoras, Rio de Janeiro, 1852-1855, n.1, 01, jan. 1852: 1. Disponível em: http://memoria.bn.br/DocReader/DocReader.aspx?bib=700096&Pesq=n%c3%a3o%20recuou&pagfis=1. Acessado em jan. 2021.

O Jornal das Senhoras, Rio de Janeiro, 1852-1855, n. 15, 11 abril, 1852: 3. Disponível em: http://memoria.bn.br/DocReader/DocReader.aspx?bib=700096&Pesq=n%c3%a3o%20recuou&pagfis=1. Acessado em jan. 2021.

O Jornal das Senhoras, Rio de Janeiro, 1852-1855, n.2, 11 jan. 1852: 2. Disponível em: http://memoria.bn.br/DocReader/DocReader.aspx?bib=700096&Pesq=n%c3%a3o%20recuou&pagfis=1. Acessado em jan. 2021.

O Jornal das Senhoras, Rio de Janeiro, 1852-1855, n. 28, 11 jul. 1852: 1. Disponível em: http://memoria.bn.br/DocReader/DocReader.aspx?bib=700096&Pesq=n%c3%a3o%20recuou&pagfis=1. Acessado em jan. 2021.

O Jornal das Senhoras, Rio de Janeiro, 1852-1855, 7 mar. 1862, n. 10: 2. Disponível em: http://memoria.bn.br/DocReader/DocReader.aspx?bib=700096&Pesq=n%c3%a3o%20recuou&pagfis=1. Acessado em jan. 2021.

O Jornal das Senhoras, Rio de Janeiro, 1852-1855, n. 26, 7 mar. 1852: 10. Disponível em: http://memoria.bn.br/DocReader/DocReader.aspx?bib=700096&Pesq=n%c3%a3o%20recuou&pagfis=1. Acessado em jan. 2021.

O Jornal das Senhoras, Rio de Janeiro, 1852-1855, n. 26, 7 mar. 1852: 10. Disponível em: http://memoria.bn.br/DocReader/DocReader.aspx?bib=700096&Pesq=n%c3%a3o%20recuou&pagfis=1. Acessado em jan. 2021.

O Jornal das Senhoras, Rio de Janeiro, 1852-1855, n. 30, 25 jul. 1852: 2. Disponível em: http://memoria.bn.br/DocReader/DocReader.aspx?bib=700096&Pesq=n%c3%a3o%20recuou&pagfis=1. Acessado em jan. 2021.

O Jornal das Senhoras, Rio de Janeiro, 1852-1855, n. 4, 25 jan. 1852: 1-2. Disponível em: http://memoria.bn.br/DocReader/DocReader.aspx?bib=700096&Pesq=n%c3%a3o%20recuou&pagfis=1. Acessado em jan. 2021.

O Jornal das Senhoras, Rio de Janeiro, 1852-1855, n. 16, 1852, 18 abril: 8-9. Disponível em: http://memoria.bn.br/DocReader/DocReader.aspx?bib=700096&Pesq=n%c3%a3o%20recuou&pagfis=1. Acessado em jan. 2021.

O Jornal das Senhoras, Rio de Janeiro, 1852-1855, n. 52, 30 dez. 1855: 1. Disponível em: http://memoria.bn.br/

DocReader/DocReader.aspx?bib=700096&Pesq=n%-c3%a30%20recuou&pagfis=1. Acessado em jan. 2021.

Referências bibliográficas

BARBOSA, Everton Vieira. *Páginas de sociabilidade feminina*: Sensibilidade musical no Rio de Janeiro Oitocentista. 2016. 181 f. Dissertação (Mestrado Acadêmico em História) – Faculdade de Ciências e Letras, Universidade Estadual Paulista "Júlio de Mesquita Filho", Assis, 2016.

_______. A Escrita Feminina Periodista no Brasil em Meados do Século XIX. São Leopoldo: *XII Encontro Estadual de História ANPUH/RS*, 2014.

_______. Em buscas de (in)formação: estratégias editoriais femininas na corte (1852-1855). In: BESSONE, Tânia; RIBEIRO, Gladys Sabina (et. al.) (Orgs). *Imprensa, livros e política nos oitocentos*. São Paulo: Alameda. 2018.

BELO, André. *História & Livro e Leitura*. Belo Horizonte: Autêntica, 2013.

BUITONI, Dulcília Schoeder. *Imprensa Feminina*. São Paulo: Editora Ática AS, 1989.

DE LUCA, Tânia Regina. *A Ilustração* [1884-1892] – Circulação de textos e imagens entre Paris, Lisboa e Rio de Janeiro. São Paulo: Editora Unesp, 2018.

DUARTE, Constância Lima. *A Imprensa feminina e feminista no Brasi : Século XIX. Dicionário Ilustrado.* 1ª ed. Belo Horizonte: Autêntica, 2016.

EL FAR, Alessandra. Páginas de Sensação. Literatura popular e pornográfica no Rio de Janeiro (1870-1924). São Paulo: Companhia da Letras, 2004.

FARIA, Maria Isabel Ribeiro de; PERICÃO, Maria da Graça. *Dicionário do Livro*: Da Escrita ao Livro Eletrônico. São Paulo: Editora da Universidade de São Paulo, 2008.

FERREIRA, Tania Maria Bessone da Cruz. As leitoras no Rio de Janeiro do século XIX: a difusão da leitura. *Revista Gênero*, v. 5, n. 2, 2005. Disponível em: http://periodicos.uff.br/revistagenero/article/view/31141. Acessado em jun. de 2021.

KARASCH, Mary. *A vida dos Escravos no Rio de Janeiro* (1808-1850). São Paulo: Companhia das Letras, 2000.

LEAL, Maria Ivone. *Um século de Periódicos Femininos* – Arrolamento de periódicos entre 1807 e 1826. Lisboa: Edição da Comissão para a Igualdade e para os Direitos das Mulheres, Ministéio do Emprego e da Segurança Social, 1992.

LIMA. Sandra Lúcia Lopes. Imprensa feminina, revista feminina: A imprensa feminina no Brasil. *Projeto História*, São Paulo, n.35, p. 221-240, dez. 2007.

LISBOA, João Luís; MELO, Daniel. Traços da edição em Lisboa na virada do século XX para o XX. In: GRANJA, Lúcia; LUCA, Tânia Regina de. *Suportes e mediadores*: a circulação transatlântica dos impressos (1789-1914). Campinas, SP: Editora da Unicamp, 2018.

LOBO, Luiza. "Juana Manso: uma Exilada em três Pátrias". *Revista Gênero*: Niterói, v. 9, n. 2, 1. sem, 2009.

LOPES; Ana Maria Costa. *Imagens da mulher na imprensa feminina de oitocentos* – percursos de modernidade. Lisboa: Quimera, 2005.

MARTINS, Ana Luiza; LUCA, Tania Regina de. *Imprensa e Cidade*. São Paulo: Editora UNESP, 2006.

NEVES, Lúcia Maria Bastos P & FERREIRA, Tania Maria Bessone da C. Livreiros, impressores e autores: organização de redes mercantis e circulação de ideias entre a Europa e a América (1799-1831). In: GRANJA, Lúcia e LUCA, Tania de (Org.). *Suportes e mediadores – A circulação transatlântica dos impressos* (1789-1914). São Paulo: Editora Unicamp, 2018.

OLIVEIRA, Cláudia de. Mulheres de estampa: o folhetim e a representação do feminino no Segundo Reinado. In: KNAUSS, Paulo [et.al] (orgs). *Revistas Ilustradas: Modos de ler e ver no Segundo Reinado*. Rio de Janeiro: Mauad X/FAPERJ, 2011.

PEREIRA, Maria da Conceição Meireles. Jornais, editores e Tipografias do Porto (1866-1898), Porto: *Universidade do Porto. Faculdade de Letras*, 1988, p. 102-103. Disponível em: https://repositorio-aberto.up.pt/handle/10216/8870. Acessado em dez. 2020.

SILVA, Ana Cláudia Suriani da. O texto e a imagem nas revistas brasileiras com conteúdo de moda. In: GRANJA, Lúcia; LUCA, Tânia Regina de. *Suportes e mediadores*: a circulação transatlântica dos impressos (1789-1914). Campinas, SP: Editora da Unicamp, 2018.

SILVA, Inocêncio Francisco da. *Dicionário Bibliográfico Português VIII*. Lisboa: Imprensa Nacional, 1867.

VIANNA, Hélio. *Contribuição à História da Imprensa*. Rio de Janeiro: Imprensa Nacional, 1946.

A pena e os seus trânsitos: os mundos do trabalho de mulheres intelectuais no século XIX (Rio de Janeiro)

Cristiane Ribeiro[1]

Introdução

> *"O dilema da mulher jornalista é ainda mais complexo do que o da simples mulher de letras."*
> THÉRENTY, 2019, p. 27[2]

Estudar as mulheres intelectuais ou de letras no século XIX é uma tarefa desafiadora. Não pelo fato de elas não existirem, pelo contrário, foram várias as com propensões para a vida da escrita, muitas das quais tiveram uma existência com condições adequadas a esse cultivo. Escritoras e jornalistas que colaboraram com artigos, com poesias, com crônicas, com críticas e com romances em

1 Doutoranda em História Social pela Universidade Estadual de Campinas (UNICAMP). Integrante do Núcleo de Estudos da Edição, Literatura e Imprensa (NEELIM/ UNICAMP) Pesquisadora Associada do Núcleo de História Social da Política (NEHSP/UFJF), na linha de pesquisa "Mulheres e a escrita da História". Bolsista do Conselho Nacional de Desenvolvimento Científico e Tecnológico (CNPq). E-mail para contato: crisdepaularibeiro@hotmail.com

2 [tradução nossa] "Car le dilemme de la femme journaliste est encore plus complexe que celui de la simple femme de lettres".

jornais diários, bem como outras que se aventuraram nos seus próprios negócios com a empresa jornalística e com a publicação de obras. A principal dificuldade apresentada, nesse sentido, é a multiplicidade de atuações que localizamos em suas trajetórias, muitas para além da pena, o que tem relação com a falta de profissionalização e não aceitação dessas mulheres frente as diversas instituições de classe existentes.

Assim como Marie-Eve Thérenty, ao analisar mulheres jornalistas no século XIX francês, e afirmar sobre a complexidade da profissão, constatamos o mesmo no Brasil, já que estas não restringiram suas atividades apenas à escrita, embora muitas almejassem isso, engajando-se em outros trabalhos como na edição e na redação de jornais, na tradução, no universo musical, na dramaturgia e no magistério. A realidade vivenciada por essas mulheres em busca de uma carreira profissional, ao longo do XIX, carrega inúmeras particularidades, devido, sobretudo, à heterogeneidade do grupo, que abarcava desde as aristocráticas com formação distinta em âmbito internacional até outras imersas em classes mais modestas e instruídas pelo autodidatismo.

Pesquisas apontam que, em vários países, o número de mulheres jornalistas cresceu de modo acentuado no decorrer do século XX. Um estudo de 1928, por exemplo, realizado pela International Rabour Office, constatou que as mulheres jornalistas representavam 2,5 % na Alemanha, 2% na França, 4,5% na Austrália, 7,7% na Grã-Bretanha e 17% nos EUA. Já em 1984, a OIT listou 21% na França, 31% na Alemanha, 30% no Reino Unido e 35% nos

EUA (EVENO, 2003). No Brasil, por sua vez, dados coletados em São Paulo indicam que, em 1939, havia apenas 2,8% de jornalistas com registro profissional; em 1950, o número aumentou para 7%; em 1970, para 10%; em 1980, já se tinha 40,2% até chegar 1995, quando o número subiu para 69,8%, caminhando rumo a uma feminização da profissão (*Apud*, OLIVEIRA; ASSIS).

O censo de 2010 também indicou que as mulheres representavam 58% dos jornalistas entre 20 a 29 anos e 64% entre os estudantes em formação universitária, um crescimento acentuado desde o XIX, ocasião que ainda muito pouco se falava sobre a profissão aberta as mulheres. As pesquisas indicam que houve uma feminização na profissão, contudo, o fato de hoje termos uma inserção majoritária de mulheres no jornalismo resulta em problemas que as atingem também de modo proporcionalmente maior, uma desigualdade de gênero que se estruturou historicamente para hierarquizar e para diferenciar homens e mulheres na vida em sociedade, hierarquias e marcadores sociais que impactaram (e impactam) de modo significativo na dinâmica do universo do trabalho (HIRATA; KERGOAT, 2008, p. 263).

Um estudo iniciado em 2017, por exemplo, realizado pela Associação Brasileira de Jornalismo Investigativo (Abraji), junto a Gênero e Número, buscou perscrutar os principais desafios enfrentados pelas mulheres no exercício da profissão jornalística, quase um século e meio depois dos acontecimentos que serão narrados ao longo deste texto. As entrevistadas, jornalistas de quatro grandes centros: São Paulo, Rio de Janeiro, Brasília e Porto Alegre, relataram diversos obstáculos enfrentados no dia a dia das redações, muitos dos quais relacionados a assédio sexual e psicológico. Segundo os resultados coletados, o gênero prejudica as relações de diálogo, produz formas específicas de estresse e tem efeito negativo sobre as chances de ascensão profissional e econômica, no qual muitas ainda recebem menores salários do que os homens. O estudo também mostrou que o trabalho na reportagem, por sua vez, tende a refletir as dinâmicas de desigualdade no interior das redações, uma vez que os critérios de noticiabilidade, o enquadramento e os informantes selecionados para a produção das notícias refletem as preferências da gerência, um cargo que tem sido majoritariamente masculino.[3]

As recentes condições profissionais das mulheres brasileiras no jornalismo e nas associações de classe, as suas constantes reivindicações pela equidade de gênero e a contrariedade com o assédio sexual são reflexos de uma luta árdua, que tem suas raízes em meados do século XIX. Naquele momento, as mulheres lutavam pelo direito à educação e, mesmo aquelas que se destacaram, "fizeram-no a um custo enorme e com muita dificuldade" (LERNER, 2019, p. 274). Para Christine Plante (2003), o sucesso em um gênero considerado universal, o que significa dizer masculino, é para a mulher muito difícil, já em um gênero considerado feminino, aquele mais íntimo e frívolo, é um sucesso desvalorizado. As intelectuais e jornalistas oitocentistas, então, utilizaram estratégias de escrita a partir de experiências

3 Para saber mais, ver em: https://www.mulheresnojornalismo.org.br/. Acesso em 22 fev. 2021.

subjetivas e sociais, o que significa que sabiam das problemáticas quanto à aceitação e ao sucesso de determinados temas veiculados a seus nomes na imprensa.

Com o intento de buscar as raízes desse problema histórico, torna-se necessário rememorar mais de um século e meio passados, em meados do século XIX. Naquela circunstância, algumas mulheres, majoritariamente brancas, fato que repercute hoje também na pouca participação de mulheres negras no jornalismo, se destacaram ao utilizarem da imprensa para exporem suas insatisfações com as desigualdades entre homens e mulheres. Uma iniciativa que, inicialmente, almejava o caráter reivindicatório de suas vozes, aos poucos, foi se transformando em espaço profissional que vai ser cada vez mais procurado por outras mulheres com o passar dos anos, as quais buscaram se adequar às formas de jornalismo hegemonicamente estabelecidas.

Exemplos emblemáticos tratam de Anna Rosa Termacsics dos Santos, uma mulher solteira e autora da obra *Tratado Sobre a emancipação política da mulher e direito de votar*, publicada em 1868, e de alguns artigos no *Diário de Notícias*, em 1870. Para além de suas predileções com a pena, a senhora Termacsics necessitou expandir seus labores para as atividades com o giz, lecionando aulas e transitando por diferentes colégios e por casas cariocas em busca de subsídios financeiros, já que foi uma mulher solteira que residiu em pequenos sobrados. Diante de todos os impasses de sua condição, ela ainda precisou lidar com as desigualdades estruturantes nas relações de gênero, que tornavam sua mobilidade urbana e profissional ainda mais difícil.

Em um mundo oposto, temos Amélia Carolina da Silva Couto, jornalista-gerente do *Echo das Damas*, um periódico carioca que alcançou grande circulação em diversas províncias do Império, circulando entre os anos de 1879 a 1888, com breves interrupções. Ao contrário de Anna Rosa Termacsics, Amélia não foi solteira e casou-se, em finais de 1879, com José Araújo Couto, um redator de jornais, escritor de quando e quando, e profissional do ponto[4] nos teatros cariocas. A jornalista empreendeu negócios com o periodismo de uma forma distinta de suas companheiras de ofício que haviam lançado seus jornais anteriormente, negociando com pessoas importantes a divulgação, o que fez com que realizasse muitas viagens. Similarmente e com o mesmo objetivo, ela direcionou um grande foco para as propagandas, estratégia precisa para que conseguisse arcar com todas as despesas.

Apesar dessas duas mulheres, ao que as fontes mostram, terem disposto de atuações completamente diferentes uma da outra, e possivelmente nunca terem se encontrado, devido à grande diferença de idade entre ambas, suas trajetórias permitem vislumbrarmos as estratégias que foram utilizadas por mulheres de letras para se fazerem atuantes em um universo de trabalho intelectual por meio dos impressos. Enquanto Anna Rosa Termacsics dos Santos trabalhou de professora em várias áreas (música, línguas e primeiras letras), Amélia Carolina da Silva Couto optou por empreender um negócio diferente com o perio-

4 O ponto no século XIX era um profissional responsável por assoprar, em voz baixa, as falas que deviam ser repetidas, em voz alta, pelos atores e atrizes que se apresentavam nos teatros brasileiros.

dismo, isso tudo com o apoio do marido, ampliando suas relações e buscando nas propagandas formas de aumentar a circulação e de obter uma maior durabilidade no trabalho jornalístico, o que não foi comum para outras mulheres que já haviam se aventurado nesse universo.

Desde o surgimento do *Jornal das Senhoras*, em 1852, mulheres vinham ocupando um espaço significativo na imprensa e, a partir de então, tornavam-se as proprietárias de seus próprios jornais. Joana Paula Manso de Noronha, Violante Atabalipa Ximenes de Bivar e Vellasco e Gervasia Nunezia Pires dos Santos Neves foram as precursoras nesse empreendimento, seguidas por Júlia de Albuquerque Sandy Aguiar com o *Bello Sexo,* em 1862; novamente com a senhora Violante Atabalipa, em 1873, quando lançou *O Domingo* e, por fim, Francisca Senhorinha da Mota Diniz com o *Sexo Feminino,* também em 1873. Todas elas enfrentaram problemas financeiros para a manutenção de suas folhas, uma vez que estas eram custeadas com as assinaturas e por uma iniciativa individual dessas próprias mulheres por acreditarem no propósito de seus periódicos, que traziam, principalmente, a discussão sobre a emancipação e os direitos femininos em voga naquele momento.

Anna Rosa e Amélia Carolina foram mulheres que tiveram os mesmos objetivos de suas companheiras nas lides dos impressos, ambas também advogaram aos direitos das mulheres em um significado amplo, que propiciasse a igualdade irrestrita entre os sexos desde o universo educacional até o do trabalho. Anna, em específico, aventurou-se também pela defesa do direito a participação política, requerendo o direito ao voto e a elegibilidade, o que para muitas, ainda era uma pauta futurista, tornando-se ambas personagens significativas na gênese da profissionalização das mulheres nas letras, bem como na inserção das discussões sobre direitos em meados do século XIX brasileiro.

Outrossim, alguns indicadores são pontos importantes para compreender a concepção sobre o que é ou era o/a intelectual, que também era jornalista, daquele momento. Segundo Edward Said (1994), o intelectual é responsável por manter posições críticas diante dos acontecimentos de sua época, bem como promover discussões e reflexões a fim de desmontar consensos e *o status quo*, o que essas mulheres fizeram tão bem. Do mesmo modo, Ângela de Castro Gomes e Patrícia Santos Hansen (2016) apontam para a importância desses sujeitos no que diz respeito à conformação de identidades culturais e nacionais, funcionando como mediadores culturais. A possibilidade de estabelecer uma relação com tais apontamento à luz dos estudos de gênero enriquece, e muito, os estudos históricos, uma vez que constatamos muitas mulheres como atuantes nas discussões e nas reflexões no espaço público de seu tempo, mesmo perante as inúmeras querelas. Ainda que pelas margens, o que dificultava o reconhecimento profissional delas por seus pares, essas mulheres alcançaram certa projeção no universo da imprensa e de suas publicações como intelectuais e jornalistas de seu tempo.

Objetivamos, assim, discutir as possibilidades de trabalho feminino no universo da impressão e de seus trânsitos em meados do século XIX no Brasil, uma vez que isso requer "a necessidade de uma cuidadosa operação exegética para decifrar e decodificar os seus termos" (CHALHOUB;

NEVES; PEREIRA, 2005, p. 13) nas fontes a serem analisadas. Almejamos perceber quais foram as estratégias e as negociações empreendidas por essas mulheres para conseguirem adentrar no espaço intelectual e as principais formas de permanência, quando houvesse, numa perspectiva dos estudos de gênero (TILLY, 1994; PERROT, 2005; HIRATA; KERGOAT, 2007; OLIVERA, 2008), uma vez que historicamente as letras têm sido um ofício de homens brancos. Contudo, muitas experiências femininas denotam uma desconstrução a tudo isso, já que é possível reconhecer, em suas práticas cotidianas, que elas vinham fazendo das letras e do jornalismo também um ofício de mulheres, apesar das condições simbólicas e materiais de gênero terem dificultado o acesso e a permanência de muitas.

Corroboramos também que, para a análise, o conceito "mulher" deve ser pensado, de maneira múltipla, no plural, "mulheres", entendendo que essas diversas sujeitas e suas atuações foram fundamentais para a assimilação dos acontecimentos passados e para a sociedade na qual estavam inseridas. Trajetórias como de Anna Rosa Termacsics e de Amélia Couto, por exemplo, retratam, nesse sentido, as múltiplas individualidades femininas que protagonizaram a escrita jornalística no século XIX e que possibilitam pensar a gênese do feminismo e a atuação por meio da pena, ou seja, a escrita foi a principal ferramenta na luta por direitos.

Para exemplificar esse aspecto relacional, basta nos atentarmos, rapidamente, ao exercício da mesma profissão pelos homens do Oitocentos. É importante salientarmos que, durante a segunda metade do século XIX e o início do XX, os embates travados por intelectuais brasileiros na imprensa e no parlamento demonstram como, para aqueles homens de letras, viver de suas penas era uma tarefa difícil (GODOI, 2017). Consequentemente, muitos intelectuais e muitos jornalistas de renome, como Machado de Assis, José de Alencar e Gonçalves Dias, à título de exemplo, foram impelidos ao funcionalismo público. No caso das mulheres, na medida em que lhes era negado o acesso a determinados postos na burocracia, o ofício na educação ou na tradução apareceu como a primeira oportunidade de conseguir os recursos financeiros que possibilitassem a dedicação de parte de seu cotidiano à escrita, como trata o caso de Anna Rosa Termacsics.

Para as mulheres, as dificuldades colocadas foram muito maiores. Primeiro, porque estas não foram consideradas aptas intelectualmente, sendo, inclusive, excluídas de participarem do processo de criação da Associação Brasileira de Letras (ABL) em 1897. E um caso bastante conhecido trata-se da candidatura frustrada de Júlia Lopes de Almeida, uma escritora e jornalista de reconhecido sucesso naquele momento, que participou de maneira ativa na fundação da agremiação presidida por Machado, porém seu ingresso foi vetado, assumindo o posto seu marido Filinto de Almeida (FANINI, 2009). Segundo, devido à "tarefa divina" estar voltada para o âmbito do lar, mulher mãe e esposa, nada mais. Portanto, as mulheres de letras que se propuseram a viver das penas, seja como escritoras ou como jornalistas, enfrentaram muitas outras dificuldades. Ao escrever, muitas acreditavam na sua contribuição para a resolução de problemas cotidianos, o que foi se transformando, com o passar das décadas, em busca de uma profissão também aberta ao sexo feminino.

A luta das jornalistas do Oitocentos possibilita refletir sobre os resquícios em nossa sociedade do século XXI, que perdura desigualdades atenuantes entre homens e mulheres no exercício da profissão jornalística, que, apesar de serem maioria nas redações, ainda sofrem com desigualdade salarial, inserção igualitária nas associações de classe, assédios psicológicos e sexuais, dentre inúmeras outras. Compreender a evolução da profissão, a partir dos dois exemplos que serão abordados, possibilita lançar a investigação sobre a progressão do acesso das mulheres, as suas principais reivindicações, as mudanças e as conquistas ao longo das décadas e dos séculos, bem como prescrutar o surgimento do discurso feminista dentro de uma construção hegemônica branca que excluiu mulheres negras das reivindicações, sobretudo no contexto delimitado.

Anna Rosa Termacsics dos Santos: da pena às salas de aulas

De descendência húngara, como seu próprio sobrenome já indica, Anna Rosa Termacsics dos Santos chegou ao Brasil com o pai quando tinha aproximadamente sete anos de idade e aqui permaneceu até os seus últimos dias em vida. Nascida em uma família de posses e com letramento, pôde dedicar-se, desde pequena, aos estudos e aos aprendizados intelectuais, o que não era comum a maioria das mulheres, que ou não recebiam instrução, ou as que recebiam eram ensinadas apenas gramática para leitura e para escrita e, vez ou outra, aritmética básica. Anna Rosa, em contrapartida, teve uma educação em um âmbito transnacional singular com distintas matérias ilustradas, lendo todo tipo de cânones, desde Rousseau e Locke até Stuart Mill e Marques de Condorcet, como demonstram suas produções.

Com o passar dos anos, sua família, em especial o pai, um agricultor e comerciante de vinhas que fez carreira na região próxima a Viena, passou por instabilidades financeiras cada vez maiores, isso devido a uma perda de um processo de fortuna quando ainda residia na Europa, o que acreditamos que também foi um dos motivos que levou tal família a transportar-se para o Brasil na década de 1820. Devido a isso, Anna Rosa Termacsics dos Santos necessitou trabalhar, desde os 15 anos, quando Antônio Termacsics criou um estabelecimento para a instrução de meninas em São Paulo, em que suas três filhas, Teresa, Amélia e Anna Rosa, foram as professoras responsáveis pelo estabelecimento, que oferecia aulas desde as primeiras letras até os aprendizados de costura, corte, línguas, música, boas maneiras e culinária.

A experiência com a docência pelas mulheres da família Termacsics começou cedo, contudo não sabemos se, em 1836, foi o primeiro contato. Provavelmente não, mas esse marco é fundamental para indicar a carreira de Anna Rosa, que começou a circular nesse universo ainda em São Paulo. Já adulta, agora no Rio de Janeiro, ela tornou-se uma professora renomada de música (piano e canto) que anunciava anualmente seus serviços no almanaque *Laemmert* e na imprensa periódica, lócus que assumiu papel central em toda sua trajetória, sendo a responsável por divulgar seu ofício e, como veremos, suas ideias. O campo profissional da música foi aquele em que ela mais se destacou, sobretudo pelo fato de ter sido considerada uma das melhores alunas de um maestro afamado da capela imperial austríaca no início do século.

Outro universo de trabalho que ela também adentrou foi no ensino de línguas. Não sabemos especificamente quais ela era apta, mas, a partir dos indícios deixados acerca de sua erudição letrada, podemos arriscar a dizer que inglês e francês certamente, uma vez que essas línguas se estabeleceram como um dos principais domínios linguísticos do século XIX. O francês, em especial, constituiu-se como espaço de trabalho para muitas senhoras brasileiras e estrangeiras que transitaram por diversas casas e por colégios da Corte, já que esse serviço vinha sendo cada vez mais buscado por famílias que intentavam educarem suas filhas de acordo com os moldes civilizatórios europeus (MARTINS, 2009).

Os anúncios de seus serviços foram uma constante na imprensa periódica, o que indica a necessidade de sempre estar lecionando suas aulas para obter a devida remuneração. As aulas poderiam ser ofertadas na casa das alunas como na sua própria, que possuía um espaço adequado para que essas pudessem ser realizadas, como constatamos em um dos seus endereços de morada: “Aluga-se uma espaçosa sala e alcova, para escritório, das 10 até as 4 horas, ou para reuniões literárias, na Rua sete de setembro, n.223/1ºandar, próximo à praça da Constituição” (*Jornal do Commercio*, 1869, Ed. 124, p. 4). Em outras vezes, seu campo de atuação extrapolava o universo do magistério, abarcando também o serviço de governança nas casas de homens solteiros e/ou viúvos que buscavam mulheres que se dispusessem a manter a organização de suas casas, já que essa ocupação doméstica era vista (e ainda permanece) como unicamente feminina.

O desgaste físico propiciado por esses tipos de serviços que ela desempenhou foi destacado pelos próprios jornais da época, onde constatamos uma situação que exemplifica bastante os impasses cotidianos enfrentados por muitas mulheres em seus trabalhos, observemos: "Siga essa bela mulher. Como ela anda rapidamente, ela olha seu relógio inquieta, ela está atrasada, desde de manhã ela já deu quatro lições de canto, e tem ainda três mais para dar. É um trabalho cansativo" (*Courrier du Bresel*, 1855, Ed.48, p. 7).[5] A sua trajetória em meados do XIX, no Brasil, retrata bastante as estratégias de muitas mulheres intelectuais do período, que buscaram na docência o sustento econômico, para aquelas de classes médias, ou a valorização enquanto uma profissional para outras, ou até mesmo as duas situações.

A professora Termacsics foi uma intelectual que disseminava conhecimento letrado, assim como experienciava um contato de leitura e de trocas que interferiam muito em suas produções. A estratégia que utilizou no decorrer de toda sua vida foi dar aulas, com as quais ela acumulou mais de 50 anos de experiência profissional. Isso possibilitou, em certa medida, que seus textos circulassem na esfera pública da Corte e que o *Tratado da emancipação*

---

5 [Tradução nossa] "Suivez cette belle femme. Comme elle marche rapidement. Elle regarde à sa montre avec inquietud, elle est en retard, elle déja donné depuis ce matin quatre leçons de chant, elle en a encore trois à donner. C'est un métier bien fatigant".

política da mulher e direito de votar, por exemplo, fosse caracterizado como um "célebre livro" e ela como uma "célebre autora", como escreveu o *Diário de Notícias* em 1870, o que foi fundamental para a valorização dessas mulheres aquela época.

Anna foi uma mulher com grandes habilitações literárias, uma mulher erudita atenta às discussões intelectuais de sua época, o que exigia tempo e dedicação, que era quase nulo para outras mulheres pobres e negras (RIBEIRO, 2019). Em 1868, quando estava na casa dos 57 anos, ela publicou uma obra que trouxe críticas e reivindicações contundentes referentes ao contexto em questão. Do mesmo modo, também publicou outros textos, todos eles com conteúdo de questionamento e de contestação à desigualdade existente entre os sexos em meados do XIX no Brasil, uma época que pode ser pensada como a gênese do feminismo (DUARTE, 2019). Óbvio que cuidados são necessários para a aplicação desse conceito no período proposto. Mediante as vozes múltiplas de mulheres que se fizeram atuantes e utilizaram-se dos impressos como tribuna para contestar a opressão a que estiveram submetidas, defendemos a necessidade de uma definição mais disciplinada desse termo que historicize a distinção entre a tomada de consciência das mulheres por seus direitos e o movimento organizado em específico, e as publicações de Anna se encaixam bastante no primeiro apontamento.

No ano de 1868, mais especificamente entre fevereiro e março, a sociedade brasileira foi surpreendida com alguns anúncios sobre uma obra que estava sendo vendida em diversas livrarias e trazia ideias bastante transgressoras para aquele momento. Ideias estas, inclusive, que se relacionam à tomada de consciência por mulheres instruídas e à busca por seus direitos, historicamente negados, em meados do XIX, no Brasil. Na ocasião, Anna Rosa Termacsics dos Santos publicou um livrinho de bolso de 128 páginas que teve como principal objetivo advogar aos direitos das mulheres em um sentido amplo: educacional, legal, universo do trabalho, isonomia no matrimônio e na política.

Dentre as inúmeras reivindicações colocadas em seu *Tratado*, merece atenção aquela relacionada à desigualdade de gênero presente no universo do trabalho. A obra traz muito das vivências da própria autora, que enfrentou impasses cotidianos para o exercício de seu trabalho intelectual, já que poucas foram suas horas livres, transitando por diversas ruas para lecionar aulas particulares e, assim, subsistir com suas despesas. A desigualdade estrutural colocada pregava que as mulheres eram inferiores intelectualmente aos homens, e que a elas cabiam apenas os cuidados domésticos como esposas e mães, isso, é claro, em um modelo burguês de família patriarcal. As produções com a pena foram consideradas apanágio dos homens e, diante disso, Anna Rosa questionou:

> Deve ela [a mulher] ser sempre criada, e nunca senhora de si? E por que não se daria ela a mais ocupações iguais às do homem? Por que as senhoras não farão leituras públicas como nos Estados Unidos e na Alemanha, de obras traduzidas do grego, e adquirindo assim uma existência independente? Por que não se aplicarão à medicina, ao estudo das leis para poder defender a inocência, ao estudo da agricultura e a escrever jornais, diários, semanais? [acréscimo nosso] (A.R.T.S., 1868, p. 39).

A partir dos apontamentos de 1868, é possível assimilarmos bastante as condições reais experienciadas por mulheres como a autora, que, apesar de muitas terem produzido e publicados seus textos, as disposições de coerção e de controle existentes fizeram com que elas não fossem levadas a sério, muito menos recebessem remuneração por esse tipo de trabalho, sendo vistas apenas na chave do amadorismo. Na imprensa, por exemplo, até aquele momento, não havia circulado um jornal diário e político com editoras mulheres; os que haviam surgido foram de cunho literário/recreativo, saíram pouquíssimas edições por mês e tiveram vida efêmera, o que se relaciona ao financiamento necessário para que a circulação permanecesse, e que essas mulheres não conseguiram o suficiente. Anna Rosa também questionou a falta de meios para que as mulheres pudessem acessar escolas e cursos profissionais, como a medicina, a advocacia e o jornalismo, abertos unicamente para o acesso masculino.

Para contrapor os argumentos que iam contra a cultura intelectual do sexo feminino, a autora utilizou vários exemplos históricos de mulheres que fizeram grandes transformações com suas penas, apontando o aumento exponencial de obras escritas por mulheres em diversas partes do globo. Nomes como Harriet B. Stowe, Madame de Stael, Georg Sand, Isabel Ullrich, Nísia Floresta, Elizabeth Barret Browning, Lucrécia Bórgia, Vitória Collona e Suzana Drassowich foram mobilizados para embasar sua argumentação, todos de mulheres escritoras de diversas localidades e de contextos históricos específicos. Além disso, Anna Rosa também conseguiu adentrar e publicar artigos em um jornal diário. Em 1870, dois anos após o tratado ter sido divulgado, o *Diário de Notícias* publicou, em algumas edições consecutivas, o descontentamento da autora no que tange à condição feminina daquele momento, cada qual com um tema específico, fazendo com que suas ideias circulassem ainda mais, já que o respectivo periódico tinha tiragem diária de 7000 exemplares.

Todos os seus textos localizados até o momento carregam as suas próprias experiências. Primeiro, o fato de ter sido solteira, condição que repercute bastante em suas reivindicações, principalmente, no que trata sobre os mundos do trabalho. Segundo suas palavras: "As celibatárias que são hoje em grande número [...] por escrúpulo de circunstâncias que consideram que todas as leis são a favor do homem" (A.R.T.S., 1868, p. 29). Novamente, agora, em 1870, ela escreveu que "casando a mulher cai na escravidão, não o fazendo é estigmatizada, e a sociedade encarrega-se de lhe dar uma morte moral. Só depois que se igualarem seus direitos com o homem o amor há de trazer rosas para ambos" (*Diário de Notícias*, 1870, Ed.58, p. 2). Ambas as transcrições elucidam questões críticas referentes à legislação matrimonial burguesa existente no período, em que as mulheres casadas caíam numa dependência ainda maior, não podendo tomar quaisquer decisões sobre seus próprios patrimônios, por exemplo, que passavam a ser controlados por seus maridos.

A sua condição civil como solteira, ao mesmo tempo que colocou muitos empecilhos em sua vida, haja vista que necessitou trabalhar, e muito, para manter suas despesas e suas predileções com a pena, também pode ter sido uma forma de libertação legal de sua existência, possibilitando que vivesse de forma não tutelada e independente. Segundo o Código do Comércio, lei n. 556, de 25 de junho de 1850 (BRASIL, 1850), mulheres solteiras emancipadas ou viúvas tinham maiores possibilidades de controle sobre seus bens; já as casadas, precisavam de autorização de seus maridos para, praticamente, qualquer decisão. A trajetória de Anna também reflete as incoerências históricas da luta das mulheres por direitos, haja vista que esta foi construída na base de experiências específicas sem pensar a totalidade do grupo, como, por exemplo, a condição das mulheres negras, pobres, indígenas, analfabetas e imigrantes. Essas mulheres transitavam aos montes em uma condição de opressão ainda maior, e demorou bastante para que fossem incluídas nas pautas feministas.

O engajamento da senhora Termacsics, todavia, não foi em vão, tornando-se uma referência para muitas de suas sucessoras feministas. Nesse sentido, um caso interessante aconteceu, em finais de 1891, na província do Rio Grande do Sul, ocasião que a jornalista e educadora Julieta de Melo Monteiro, para defender a igualdade intelectual entre os sexos, utilizou-se do exemplo de uma "ilustrada pena" que publicou, em 1868, o *Tratado sobre a emancipação política da mulher e direito de votar*. Segundo Julieta: "A história de todos os tempos mostra-nos uns cem números de exemplos da capacidade intelectual da mulher, exemplos que se repetiriam diariamente se fossem outros os elementos de que [elas] dispõem" [acréscimo nosso] (*Corymbo*, 1891, Ed.61, p. 1). Mais uma vez, percebemos a similaridade dessas mulheres no quesito formação intelectual e privilégios quanto a suas condições.

Como uma jornalista que foi, Julieta de Melo vinha argumentando em defesa de seu trabalho, que teve fortes vínculos com a discussão da emancipação e dos direitos femininos, ainda mais reivindicados naquele final do século, e que tinha raízes na luta de suas antecessoras. Segundo Norma Telles, "no século XIX, a maioria das escritoras lutavam sozinhas e o isolamento era sentido como enfermidade, alienação e loucura. Por isso, a maioria delas procurava um apoio e um modelo numa antecessora, dando origem a um 'sororato' destacado pelas críticas feministas" (TELLES, 1992, p. 55), em que muitas intelectuais utilizavam exemplos passados para legitimar ainda mais a causa reivindicada.

A trajetória da sul-rio-grandense dá ainda mais luz às questões que aqui nos interessam. Primeiro, por comprovar a complexidade da profissionalização dessas mulheres, que atuaram em diversos espaços e enfrentaram inúmeros percalços para imprimir seus negócios. Julieta foi professora, escritora e também jornalista, ao lado de sua irmã Revocata Heloísa de Melo. Além disso, o fato da autora se apropriar do texto de Anna Rosa Termacsics dos Santos, publicado 23 anos antes da edição de seu jornal, demonstra a circularidade das ideias emancipacionistas dessas mulheres em uma rede ampla, em que muitas criaram identidades e anseios comuns. À vista disso, Francisco Alves e Isabel Lousada (2020) propuseram uma análise importante que busca pensar o papel dessas mulheres como intelectuais na sociedade em que estiveram inseridas, intervindo nas discussões públicas a partir de suas folhas, utilizando-se da expressão "intelectuais-jornalistas", que é de grande relevância para ser aplicada no contexto do século XIX, uma vez que esse universo das letras era permeado pela complexidade de atuação destas, que não tinham as portas da profissionalização abertas.

A vida de Anna Rosa fornece material de análise histórico suficiente que possibilita pensar diversas questões. Todavia, aqui escolhemos pensar na perspectiva do trabalho intelectual, que era uma via de atuação para muitas mulheres. O fato de ela ter sido solteira e de uma classe média para o contexto talvez tenha sido um dos motivos que impossibilitou a escrita de muitas obras e de muitas colaborações jornalísticas no decorrer de sua vida, que, para serem produzidas, necessitavam de tempo, de dinheiro e de um espaço só seu, como apontou Virgínia Woolf (2014), em 1928. Ela não recebeu remuneração exclusiva pelas suas produções, possivelmente apenas com a venda do *Tratado*, que foi anunciado pelo valor aproximado entre 1$000 e 3$000 réis o exemplar. O não reconhecimento de seus textos e do seu nome à época, bem como postumamente ao seu falecimento, que ocorreu em 1886, é um fator diretamente relacionado às condições materiais e simbólicas de gênero a que mulheres foram submetidas no longínquo século XIX, as quais ainda permanecem resquícios.

Amélia Carolina da Silva Couto: o tino empresarial no universo da impressão e as suas negociações intelectuais – décadas 1870 e 1880

Pouco ainda se sabe sobre a trajetória de Amélia Carolina da Silva Couto. Sabemos, porém, do seu empreendimento com o *Echo das Damas*, um periódico que saiu a público em 18 de abril de 1879 e que se propôs a discutir e a reivindicar a emancipação feminina em meados do século XIX no Brasil por uma jovem mulher. A primeira edição trouxe que "defender os interesses da mulher é a ideia com que se apresenta a redação do jornal Echo das Damas na grande tribuna da imprensa" (*Echo das Damas*,1879. Ed.1, p. 1); de forma semelhante à Anna Rosa, Amélia Carolina escrevia em defesa do direito de mulheres bem específicas, ou seja, que se assemelhassem as suas características como intelectuais e aptas ao exercício do que estava sendo reivindicado. O seu surgimento não desponta como algo isolado, mas sim imerso nos debates da época, tanto em nível nacional ou internacional, sobre emancipação e sobre direitos. Ele aparece como o sexto jornal feito por e direcionado para mulheres de que temos conhecimento, quais sejam os seus antecedentes: *O Jornal das Senhoras* (1852), *Bello Sexo* (1862), *O Sexo Feminino* (1873), *O Domingo* (1873) e o *Jornal das Damas* (1874).

O *Echo das Damas* poderia ser assinado na Corte, incialmente, pelo valor anual de 6$000 réis, e semestral de 4$000 réis, já nas províncias o preço anual era de 8$000 réis, e semestral de 5$000 réis, com solicitação feita no escritório localizado na Rua d'Ajuda, n.75, endereço da Tipografia Industrial, a que havia ficado responsável pelo trabalho de edição e de impressão do jornal logo de seu lançamento. O logradouro esteve situado no centro da cidade, aproximadamente três quadras da Rua do Ouvidor, uma região que abrangia os principais comércios daquele contexto, sejam eles de sociabilidades femininas ou não, mas que ocasionava que pessoas diversas ali circulassem.

Alguns anos depois, especificamente em 1888, os valores alteraram, assim como seu projeto gráfico, passando a cobrar 10$000 réis e 12$0000 réis pela assinatura anual no Rio de Janeiro e nas províncias respectivamente, sendo impresso agora pela tipografia Rua de São José, n.99, também nas imediações centrais da cidade. A mudança no preço reflete no novo formato, que alterou de três para quatro colunas, além de diminuir as letras em uma adequação aos jornais da grande imprensa. A jornalista também almejava uma tiragem diária, e vinha anunciando isso nas edições do ano de 1888, porém seu objetivo não se materializou.

O valor das assinaturas do *Echo das Damas*, comparado com *O Paiz*, um jornal carioca com tiragem diária de aproximadamente 14 mil exemplares, pode ser considerado elevado, já que *O Paiz* cobrava 12$000 réis anualmente. O mesmo com a *Gazeta de Notícias*, também diário, com impressão de 24 mil exemplares, cujo valor anual era de 10$000 réis. Todavia, em relação aos outros jornais redigidos por mulheres que surgiram no contexto da década de 1870, tais quais *O Domingo* (1873), de Violante Atabalipa Ximenes, *O Sexo Feminino* (1873), de Francisca Senhorinha da Motta Diniz, e o *Jornal das Damas* (1874), de Carlota Corte Real, o preço era bastante correlato, uma vez que todos foram vendidos com valores bem semelhantes, que variaram entre 8$000 e 10$000 réis a assinatura anual.

Os pontos de distribuição e de venda da folha de Amélia foram arquitetados no escritório de jornais em diversas províncias, e alguns do que ofereceram permuta podem ser destacados: *O Artista (SC), O Despertador (SC), Jornal do Commércio (SC), A Federação (RS), O Commercial (PR),*

Dezenove de Dezembro (PR), Gazeta Paranaense (PR), A Atualidade (MG), O Pharol (MG), O Baependyano (MG), Correio Uberabense (MG), O Domingo (MG), Correio de Barbacena (MG), A Democracia (SP), A Alvorada (SP), Jornal da Tarde (SP), Correio Paulistano (SP), O Espírito Santense (ES), Correio Oficial de Goiaz (GO), O Iniciador (MT), O Liberal (RN), O Estudo (PE), A Constituição (PA), O Monte Alegrense (PA). A ampla variedade de periódicos e de regiões indicam que, diferentemente de Anna Rosa, Amélia conseguiu se consolidar como uma jornalista em diversos espaços, haja vista que todos noticiaram e teceram elogios ao seu negócio com o periodismo.

O título escolhido pela jornalista retoma a ideia de fazer com que as vozes de mulheres ecoassem no espaço público, fazendo jus as suas reivindicações. Ao contrário de Anna Rosa, as aspirações das mulheres que estiveram ao lado de Amélia Carolina na redação e na colaboração de seu jornal não tinham inclinações políticas. Segundo ela: "[...] queremos a mulher ilustrada sob o ponto de vista humanitário e nunca debaixo da pressão e dos erros dos partidos militantes" (*Echo das Damas*, 1879, Ed.1, p. 1). Dentre os principais nomes de literatas que colaboraram nas páginas deste jornal, figuram Maria Amélia Vaz de Carvalho, Ernestina Varella, Adelina Lopes Vieira, Anália Franco, Guilhermina da Costa e Silva, Emília Augusto Penedo, Narcisa Amália, Guiomar Torrezão, Ignez Sabino, entre outras.

Como é possível perceber, as folhas do *Echo das Damas* contaram com a colaboração das mais distintas penas de senhoras intelectuais daquele período, muitas das quais colaboraram em diversos outros jornais. Amélia Carolina da

Silva Couto, assim, fortaleceu uma rede intelectual em suas páginas, em que constatamos inúmeras trocas entre suas companheiras para além de suas produções, mas também com o trabalho na educação, como trata o caso da visita de Amélia ao colégio sob direção de sua amiga Anália Franco, na cidade de Taubaté. Na circunstância, a jornalista escreveu:

> Além de outros estabelecimentos a que já tenho aludido, visitei o colégio dirigido pela professora D. Anália Franco, nossa muito distinta colaboradora; e, apesar do pouco tempo de que data a sua direção, pude ver o grande adiantamento, que a força de vontade desta senhora tem conseguido. [...] Dou os parabéns a D. Anália Franco, com tudo, porque sou ciente de que só aos seus esforços tem, ainda assim, conseguido chamar ao seu colégio número de alunas muito superior ao que se poderia imaginar. (E*cho das Damas*,1888, Ed.54, p. 2)

O apontamento de Amélia indica uma solidariedade entre os trabalhos exercidos por essas mulheres, em especial a atuação no magistério, que foi a principal saída para muitas das intelectuais que não conseguiam subsistir apenas da escrita, como trata o caso também de Anna Rosa Termacsics dos Santos. As dificuldades enfrentadas por mulheres jornalistas para se manterem à frente de seus periódicos foram muitas. Para além das questões relativas ao gênero, o lento processo de modernização das tipografias brasileiras, os altos custos com a impressão e a predominância da composição manual tornava o trabalho do tipógrafo das pequenas gráficas difícil e demorado, complicando a periodicidade desses jornais.

Em um nível global, também foram muitas mulheres que labutaram à frente de seus jornais. Nos Estados Unidos, tendo como exemplo, Ann Royal é frequentemente estudada como a pioneira no jornalismo americano, lançando, em 1831, o *Paul Pry* e viajando em busca de notícias com a pena na mão até os 85 anos de idade, sofrendo inúmeras dificuldades relacionadas ao gênero. Além dela, outros nomes como Jennie June, pioneira na equipe de um jornal diário em Nova York; Jane Grey Swisshem, responsável por cobrir a Guerra Civil, editora de jornais e professora no *Butler Seminary*; e Sara Jane Lippincot, colaboradora do *New York Times* (BILLINGS, 1968), são exemplos significativos que propiciam pensar ainda mais o trânsito constante dessas mulheres dos jornais às salas de aula.

Na França, da mesma maneira, muitas exerceram o trabalho jornalístico, inclusive, um caso interessante aconteceu neste país em 1850, quando 29 pessoas foram acusadas de atividades socialistas, dentre as quais três eram mulheres e uma delas, Jeanne Deroin, que, ao ser questionada sobre sua profissão, respondeu: "Sou jornalista!", fato inusitado para o momento e que denota a importância para essas mulheres de terem o jornalismo reconhecido como profissão (PRIMI, 2009). Do mesmo modo, desde George Sand, com o seu jornal político *La Cause du Peuple*, de abril de 1848, as francesas transgrediram de diversas maneiras na imprensa, até mesmo mais que na literatura. Mulheres como Léodile Champseix, Paule Minck e Julie Daubé foram intelectuais fundamentais que intervieram no espaço público de sua época, utilizando inúmeras estratégias para fazer eco as suas vozes no debate político.

O *Echo das Damas* nasceu imerso às inúmeras transformações sociais que vinham acontecendo no mundo e na imprensa, que, nesse contexto das décadas de 1870 e 1880, passava por um processo de modernização de suas folhas, principalmente relacionado à busca por profissionalização das mulheres no ofício de jornalista. A sua redatora principal, Amélia Carolina da Silva Couto, e outras colaboradoras diversas buscaram legitimidade nesse espaço e empreenderam, igualmente aos exemplos colocados, inúmeras estratégias para serem lidas e aceitas.

Amélia Carolina casou-se com José Araújo Couto, um homem pertencente às letras e ao universo da impressão de seu tempo. Não acreditamos que ele tenha sido idealizador de toda a proposta da jornalista, muito menos que obteve maior notabilidade que ela a seu tempo, pelo contrário, as fontes indicam a invisibilidade do literato frente ao destaque de Amélia, que era uma mulher bastante conhecida e com renome em diversas províncias do Império. Um caso que pode exemplificar essa constatação é a publicação de felicitações pelo aniversário do senhor Couto localizada na imprensa: "cumprimentamos o Couto, conhecido ponto dos nossos teatros, esposo da Exma. Sr. Amélia Couto, ex proprietária e redatora do Echo das Damas, pelo seu aniversário" (*O Tempo*, 1892, Ed.411, p. 3). É notória a informação adicional pelo autor do texto, que fez questão de dar ênfase ao nome de sua esposa e de seus negócios com o jornal anos antes, uma vez que a publicação é de 1892 e o *Echo das Damas* teve fim em meados de 1888, após alguns anos na labuta para tentar manter sua circulação.

Os negócios encabeçados por mulheres jornalistas passaram por várias dificuldades, pois mantinham-se sem financiamentos e com poucos anúncios ou serviços do tipo. O objetivo inicial e prioritário dessas folhas era o de denunciar a condição de opressão daquelas mulheres intelectuais. Todavia, Amélia Couto diferenciou-se um pouco de suas outras companheiras de ofício, Joana Paula Manso, Violante Atabalipa, Gervazia Nunezia, Júlia Sandy de Aguiar e Francisca Senhorinha da Motta Diniz, dedicando grande espaço à publicidade em suas folhas, possivelmente devido ao momento em que ela inicia seus trabalhos, mais de duas décadas depois do *Jornal das Senhoras*, por exemplo, ocasião em que a imprensa vinha passando por renovação, tanto em seu maquinário quanto nas formas editoriais de impressão, adequando-se mais a um formato noticioso. A própria configuração editorial se distinguia, sendo dividido em três/quatro colunas, e não mais duas como os seus antecedentes. Segundo Bárbara Souto:

> [...] devido à escassez de recursos, para colocar as ideias em circulação, era necessário muito além de um(a) redator(a) responsável, era preciso ter acesso a materiais básicos como papel e verbas para o pagamento de funcionários(as) da imprensa. Também era fundamental arquitetar os pontos de distribuição dos impressos (SOUTO, 2019, p. 80).

Nessa lógica, Amélia foi particularmente perspicaz, mantendo uma rede intelectual com sujeitos masculinos pertencentes ao universo da impressão de diversas províncias. Para isso, realizou viagens, principalmente no decorrer da década de 1880, com o objetivo de arquitetar a distribuição de seu jornal e de manter relações próximas com diversas redações, que noticiaram o potencial da folha e de Amélia como redatora principal. As negociações travadas a partir de suas viagens chamaram nossa atenção, uma em específico, relacionada a sua estadia no sul do país durante alguns meses do ano de 1887, no qual visitou cidades nas províncias do Paraná, do Rio Grande do Sul e de Santa Catarina, e cujas fontes indicam que o seu esposo, José Araújo Couto, acompanhou todo o trajeto. O curioso nisso tudo é que as notícias que foram publicadas relacionadas a sua estadia, que trazem uma extensa relação e intimidade intelectual, não cederam espaço para o marido, que, por sua vez, não foi lembrado em nenhum momento para além de sua aparição na saída e na entrada dos portos.

A primeira estadia de Amélia foi na cidade de Paranaguá, na província do Paraná, ocasião em que visitou a redação do jornal *Commercial*, que noticiou essa ocorrência:

> Anteontem tivemos em nosso escritório a amável visita da Exma. Sra. D. Amélia Carolina da Silva Couto, *incansável e inteligente proprietária e redatora* do *Echo das Damas*, que anda angariando subscritores para seu jornal. Esta ilustre senhora chegou a esta cidade vindo de São Paulo no paquete de 27 e ontem seguiu para Curitiba, onde julga obter algumas assinantes. Desta província seguirá para a do Rio Grande do Sul, onde vai demorar-se por algum tempo. Acompanha S. Exa. Em seu passeio o jovem agente do mesmo jornal, cavalheiro de trato ameno. Gratos pela visita que nos fez D. Amelinha e seu empregado almejamos-lhes felicidades muitas em sua excursão. [grifo nosso] (*Commercial*, 1887, Ed.49, p. 2).

As informações presentes possibilitam algumas conclusões. Primeiro, e que dialoga com o indicador de notoriedade, é quando a redação caracteriza Amélia como "incansável e inteligente proprietária e redatora", que evidencia esse compartilhamento e essa circulação entre os pares sulistas de suas folhas. Os elogios postos em jornais de grande circulação foram fundamentais para o mantimento desses jornais menores, como trata o caso, e que, como aparece descrito, estavam em buscas de subscrições. Outo ponto importante é relacionado ao diálogo fomentado no momento da visita, em que foi possível, por exemplo, informar qual o trajeto faria após a saída de Paranaguá, que seria seguido por Curitiba e, depois, pela província do Rio Grande do Sul. Por fim, a intimidade que a redação pareceu ter com a jornalista carioca ao chama-la de "Amelinha".

As outras visitações de Amélia, na cidade de Curitiba e nas províncias de Porto Alegre e de Santa Catarina, também mereceram menção nos jornais dessas localidades, que descreveram a honra em receber tão ilustre senhora.[6] O propósito era o mesmo: aumentar a circulação e venda da folha. Outras cidades pelo país também recepcionaram Amélia Couto, que visitou redações de jornais como *O Leque*, em São Paulo; *O Vassourense*, em Vassouras; *O Mercantil*, em Petrópolis, *O Pharol,* em Juiz de Fora, além daquelas situadas no próprio Rio de Janeiro, então Corte do Império.

6 Em Curitiba mereceu menção nos jornais *Gazeta Paranaense* e *Dezenove de Dezembro*; em Porto Alegre no *A Federação* e em Desterro no *Jornal do Commércio*, para citar alguns exemplos.

Fato instigante também é que as páginas *do Echo das Damas* dedicaram um grande espaço para as propagandas, o que pode ser visto como uma forma de arrecadar dinheiro com os anúncios, que circulariam de norte a sul do país, além das subscrições que estava recebendo de diversos lugares. A última página do jornal, em específico, ficou destinada a anunciar prestação de serviços como armazéns de tecidos, lojas de roupas, chapéus, cabelos, instrumentos musicais, armarinhos, modistas, estabelecimento para fotografia, jornais parceiros, almanaques, médicos, parteiras, dentistas, colégios particulares, pensões, medicamentos e muitos outros. Algumas dessas publicações ocupavam espaços maiores na folha, o que certamente tem a ver com o valor pago para a publicidade, que tinha mais destaque no jornal, como podemos observar abaixo. Porém, o periódico trouxe a informação de que "os anúncios dos senhores assinantes serão inseridos gratuitamente", uma outra possível estratégia para permanecer com a fidelidade de muitas(os) assinantes, que seguiam periodicamente com as assinaturas.

Imagem 1: Jornal *Echo das Damas* (1888)

Casa Postal

Vidago

Mme. Capitani

ELIXIR

Casa Lavault

MARCENARIA

ALCOOL

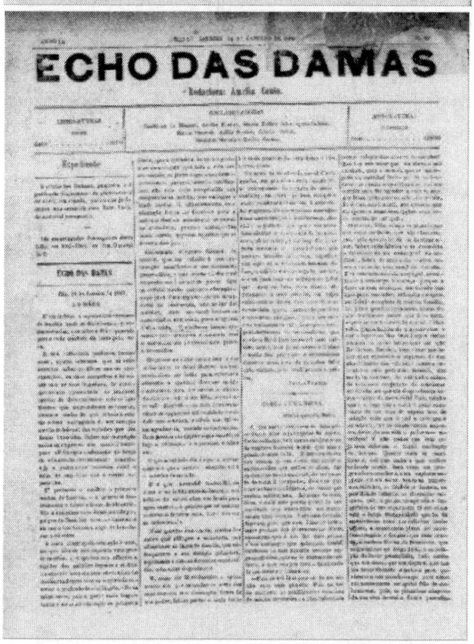

ECHO DAS DAMAS

Fonte: *Echo das Damas*. Rio de Janeiro. 14 jan. 1888, Ed.50, p. 1 e 2.

O tino empresarial assumido pela jornalista, a partir de finais da década de 1870 e de 1880, é um fato que a diferencia na imprensa feita por mulheres no século XIX, que surge em meados da década de 1850 com o objetivo principal de fomentar o debate sobre emancipação feminina. Esses jornais tinham cunho instrutivo e recreativo, e o formato não dedicava espaço para as propagandas, o que acabou sendo uma dificuldade para a permanência e circulação dos mesmos, que, na maioria, mantinham-se sem a finalidade do lucro. O *Bello Sexo* (1862), de redação de Júlia Sandy de Albuquerque Aguiar, por exemplo, informou em suas páginas que as arrecadações teriam o propósito de serem revertidas para a Sociedade Amante da Instrução. As edições preservadas, apesar de serem poucas, permitem confirmarmos isso. Como observamos na figura a seguir, as páginas não deram nenhum destaque para as propagandas.

Figura 2: Jornal *Bello Sexo* (1862)

ANNUNCIOS.

BELLO SEXO

AVISO.

BELLO SEXO

Periodico Religioso, de Instrucção e Recreio, Noticioso e Critico moderado

Vol. 1 — Quinta-feira 21 de Agosto de 1862 — N. 1

O BELLO SEXO

Fonte: *Bello Sexo*. Rio de Janeiro. 21 ago. 1862, Ed.1, p. 1 e 4.

A trajetória de Amélia Carolina da Silva Couto à frente do jornal *Echo das Damas* exemplifica bem os impasses e as distintas formas de trabalho intelectual encabeçadas por mulheres jornalistas durante o século XIX no Brasil. Apesar de terem objetivos similares relacionados à divulgação da pauta da emancipação das mulheres, as suas atuações nos jornais foram heterogêneas, cada qual trazendo uma especificidade no que tange ao tipo de trabalho materializado em suas folhas, seja com destaque maior para publicações sobre modas, filantropia, literatura, notícias, poesias, propagandas e até o cargo na gerência e como redatora. Outras vezes, mulheres como Anna Rosa Termacsics dos Santos, por assumirem um tom mais crítico e mais acusatório sobre a opressão a que as mulheres como ela estavam submetidas, não tiveram as mesmas oportunidades na circulação de suas ideias, publicando, dessa maneira, obras e algumas poucas colaborações jornalísticas.

Outro ponto importante nas escolhas de Amélia é relacionado ao contexto em que o seu jornal apareceu no espaço público: finais do século XIX, momento em que as folhas vinham modernizando-se, tanto na sua produção como no formato material. Além disso, é muito difícil imaginarmos que as jornalistas desse momento não buscassem formas de lucro com o trabalho profissional materializado nas páginas de seus periódicos, que, para isso, deveriam se adequar a um modelo mais publicitário e mais propagandístico. O *Echo das Damas* circulou até 26 de agosto de 1888 e, em julho de 1889, Amélia e o marido partiram sentido Hamburgo, na Alemanha. Eles retornaram no ano seguinte, momento que Amélia estava muito enferma, chegando até mesmo a ficar internada na Santa

Casa de Misericórdia em São Paulo (*Correio Paulistano*, 1890, Ed.10026, p. 1) e vindo a se recuperar, já que encontramos indícios de sua retomada para a Corte em meados dos anos 1890.

Considerações finais

As duas mulheres intelectuais brevemente abordadas neste trabalho, Anna Rosa Termacsics dos Santos e Amélia Carolina da Silva Couto, provavelmente não se conheceram devido sobretudo à diferença geracional entre ambas. Anna Rosa faleceu no ano de 1886, aos 65 anos, vítima de problemas pulmonares. Amélia Carolina da Silva Couto, por sua vez, apesar de não termos, até o momento, dados que comprovem seu falecimento, as informações indicam que, quando lançou seu jornal, em 1879, ela ainda era uma jovem mulher que se casou no ano seguinte, em 1880. Não encontramos nenhum indício de colaboração de ambas em espaços comuns, porém não excluímos a possibilidade de que possam ter lido os textos uma da outra.

Pensar mulheres com trajetórias tão particulares no que se refere à contestação da opressão de gênero no XIX, transgredindo, cada qual a sua maneira, a condição de domesticidade do sexo feminino pode levar à ideia de excepcionalidade. Entretanto, tal expressão agrupa tudo que ultrapassa, que incomoda e que não se assemelha ao normal, corroborando a ideia sobre anormalidade feminina, além de colocar as mulheres como exceções às normas do sexo dentro da profissão. De acordo com Christine Planté (1988), uma mulher excepcional é vista, na maior parte das vezes, como um homem em um corpo de mulher. Quando uma mulher escreve obras e jornais, ela é vista como uma mulher autora, um homem é simplesmente um autor, o que é comum, já que a regra que regia os discursos normativos da época não era formulada para e nem por mulheres.

A escolha por trabalhar com Anna e com Amélia se deu, além de contrapor a excepcionalidade de suas vidas, problematizar a complexidade nos mundos dos trabalhos no quesito gênero, relacionado ao universo intelectual da escrita dessas mulheres durante o século XIX. Não conseguimos, neste momento, levantar os valores que essas mulheres receberam com suas produções, já que o sustento econômico apenas por meio da escrita foi uma utopia distante no contexto, e permaneceu, nas próximas décadas, adentrando até 1950 (KIRKPATRICK, 2020). Além disso, também é importante ressaltar que ambas estiveram imersas em um grupo seleto de mulheres brancas que são reflexos daquela sociedade escravocrata e racista de meados do XIX, logo, não se preocuparam com a condição das mulheres negras e pobres que viviam em condições precárias de opressão, fato que ainda repercute bastante no movimento feminista ocidental, que "tende a se concentrar exclusivamente no gênero e não proporciona uma base sólida sobre a qual construir a teoria feminista" (HOOKS, 2015, p. 207).

Um caminho comum para mulheres com aspirações pelas letras no Oitocentos foi a docência, e o reconhecimento de suas trajetórias foi algo que elas próprias estabeleceram como evidência profissional, uma vez que o trabalho que vinham desempenhando comprovava conhecimentos ilustrados que, muitas vezes, as diferenciavam para inserção em outros espaços. Anna Rosa Termacsics dos Santos trabalhou como professora durante toda a vida e transitou em diferentes domínios. Como escritora, temos acesso a apenas uma obra publicada em sua autoria e alguns artigos na imprensa periódica, o que não exclui a possibilidade de outros que não sobreviveram ao tempo. Talvez a necessidade do sustento econômico tenha impossibilitado sua dedicação exclusiva, ou em maior tempo, para com a escrita.

Diferente de Anna, não encontramos atuação de Amélia Carolina na docência com as fontes que temos disponíveis. Como os dados indicam que ainda jovem se debruçou no empreendimento jornalístico, possivelmente essa ocupação teria sido sua principal dedicação profissional. O seu ávido trabalho foi apontado por seus pares, que, como vimos nos anúncios, sempre escreveram sobre a sua inteligência e sobre capacidade frente à redação do *Echo das Damas*. Na década de 1890, por sua vez, quando Amélia Carolina residia em São Paulo, ela informou "oferecer seus fracos préstimos na Santa Casa de Misericórdia" (*Gazeta de Notícias*, 1892, Ed.171, p. 3), não sabemos, no entanto, qual trabalho estava exercendo na instituição.

De modos diversos, as duas trajetórias permitem conjecturarmos a complexidade do universo de trabalho para mulheres intelectuais e jornalistas durante o século XIX, uma classe que, por muito tempo, foi negligenciada pelas pesquisas historiográficas no campo do trabalho, provavelmente pelas dificuldades de profissionalização e de organização em associações de classe. Apesar de hoje as mulheres terem conquistado o direito à profissionalização jornalística e intelectual, sendo, inclusive, maioria em cursos universitários, o patriarcado ainda interfere significativamente em seus sucessos profissionais. Para além da desigualdade de gênero, ainda perdura a racial, uma vez que o número de mulheres pretas e pardas no exercício da profissão é bastante inferior às brancas, resquícios também advindos do século XIX e do racismo estruturado com a escravidão. Os marcadores sociais são fundamentais para nossas análises sobre dado processo histórico, ainda mais em temas sobre acesso a profissões e sobre o feminismo.

Se, no século XIX, sob a interferência liberal, as mulheres intelectuais reivindicavam o direito à inserção nesses espaços, hoje, elas reclamam do assédio sexual, e também psicológico, que sofrem cotidianamente nas redações, das práticas racistas na hora da contratação, que ainda é uma constante, ao lado de um machismo exacerbado que as considera inferiores e incapazes para determinada cobertura jornalística, como futebol e política. A maternidade também permanece um dilema na vida de muitas, motivo que dificulta na hora da admissão, sobretudo por conta de a rotina de trabalho ser repleta de pressões quanto a prazos, à imprevisibilidade de horários, de escalas, e às exigências de turno aos finais de semana.

Segundo Michelle de Oliveira e Francisco Assis, "desde que [as mulheres] se inseriram na profissão de jornalistas, elas foram se colocando em meio a lutas de toda ordem, no sentido de se afirmarem como aptas ao exercício de uma atividade por muito pertencente ao grupo de profissões masculinas." [acréscimo nosso] (OLIVEIRA; ASSIS, 2018, p. 154). As duas trajetórias aqui abordadas comprovam isso, mulheres que vivenciaram um contexto que as relegavam à condição de domesticidade, tornando custosas suas ascensões profissionais. A luta iniciada no Oitocentos desponta como a busca pelo direito à instrução, seguido pela valorização profissional e pela inserção no universo do trabalho, e a imprensa teve papel substancial em todo esse processo.

Fontes

Bello Sexo. Rio de Janeiro. Agosto e setembro. Ano 1862. Disponível em: http://memoria.bn.br/DocReader/docreader.aspx?bib=736902&pesq=&pagfis=1

BRASIL. Lei n° 556, de 25 de junho de 1850. Disponível em: http://www.planalto.gov.br/ccivil_03/leis/lim/lim556.htm

Commercial. Paranaguá. Ed.49. Ano 1887. Disponível em: http://memoria.bn.br/DocReader/docreader.aspx?bib=814288&pesq=&pagfis=195

Correio Paulistano. São Paulo. Ed. 10026. Ano 1890. Disponível em: http://memoria.bn.br/DocReader/DocReader.aspx?bib=090972_05&pagfis=73

Courrier du Brésil. Rio de Janeiro, Ed..50. Ano 1855. Disponível em: http://memoria.bn.br/DocReader/docreader.aspx?bib=709719&pesq=&pagfis=57

Corymbo. Rio Grande do Sul. Ed.61. Ano 1891. Disponível na Biblioteca riograndense, consulta *in loco*.

Diário de Notícias. Rio de Janeiro. Ed.58. Ano 1870. Disponível em: http://memoria.bn.br/DocReader/docreader.aspx?bib=369357&pasta=ano%20187&pesq=&pagfis=225

Echo das Damas. Rio de Janeiro. Anos 1879, 1880, 1888. Disponível em: http://memoria.bn.br/DocReader/DocReader.aspx?bib=248207&pagfis=1

Gazeta de Notícias. Rio de Janeiro. Ed.171. Ano 1892. Disponível em: http://memoria.bn.br/DocReader/DocReader.aspx?bib=103730_03&pagfis=5979

Jornal do Commercio. Rio de Janeiro. Ed. 124. Ano 1869. Disponível em: http://memoria.bn.br/DocReader/DocReader.aspx?bib=364568_05&pagfis=15437

O Tempo. Rio de Janeiro. Ed.411. Ano 1892. Disponível em: http://memoria.bn.br/DocReader/docreader.aspx?bib=218731&pesq=&pagfis=1269

Referências bibliográficas

ALVES, Francisco das Neves; LOUSADA, Isabel. A luta pela emancipação feminina através da imprensa: dois breves estudos de caso. *Revista cadernos literários*, v.27, n.1. 2020, p.20-28.

A.R.T.S. *Tratado sobre a emancipação política da mulher e direito de votar*. Rio de Janeiro: Tipografia Paula Brito, 1868.

BILLINGS, Elden E. Early Women Journalists of Washington. *Historical Society of Washington, D.C.* Vol. 66/68, 1968, p.84-97.

CHALHOUB, Sidney; NEVES, Margarida; PEREIRA, Leonardo Affonso de Miranda (orgs). *História em cousas miúdas: capítulos de História Social da crônica no Brasil*. Campinas: Ed. UNICAMP, 2005.

DUARTE, Constância L. Feminismo: uma história a ser contada. In: (org) HOLANDA, Heloísa Buarque. *Pensamento Feminista brasileiro: formação e contexto*. Rio de Janeiro: Bazar do Tempo, 2019.

EVENO, Patrick. Les médias sont-ils sexués? Éléments pour une gender history des médias français. *Le temps des médias*, n.1, 2003, p.162-163.

FANINI, Michele Asmar. *Fardos e fardões: mulheres na Academia Brasileira de Letras (1897-2003)*. Tese (Doutorado em Sociologia). São Paulo: USP, 2009.

GODOI, Rodrigo Camargo. José de Alencar e os embates em torno da propriedade literária no Rio de Janeiro (1856-1875). *Revista Estudos Históricos*, Rio de Janeiro, v.30, n.62, 2017, p.573-596.

GOMES, Ângela de Castro; HANSEN, Patrícia Santos. *Intelectuais mediadores: práticas culturais e ação política*. Civilização Brasileira: Rio de Janeiro, 2016.

HIRATA, Helena; KERGOAT, Danièle. Divisão sexual do trabalho profissional e doméstico: Brasil, França e Japão. In: COSTA, Albertina de Oliveira *et al.* (Org.). *Mercado de trabalho e gênero: comparações internacionais*. Rio de Janeiro: FGV, 2008. p. 264-278.

HOOKS, Bell. Mulheres negras: moldando a teoria feminista. *Revista Brasileira de Ciência Política*, nº16. Brasília, janeiro - abril de 2015, pp. 193-210.

KERGOAT, Danièle. Dinâmica e consubstancialidade das relações sociais. *Novos Estudos Cebrap 86*, Março 2010, p.93-103.

KIRKPATRICK, Kate. *Simone de Beauvoir: uma vida*. Trad. de Sandra Martha Dolinsky. São Paulo: Planeta do Brasil, 2020.

LERNER, Gerda. Placing Women in History: Definitions and Challenges. *Feminist Studies, Autumn*, 1975, Vol. 3, Nº. 1/2 (Autumn, 1975), pp. 5-14.

LERNER, Gerda. *A criação do patriarcado: história da opressão das mulheres pelos homens*. São Paulo: Editora Cultrix, 2019.

MARTINS, Ana Luiza. Presença imigrante francesa no Brasil: entre visões do paraíso e mercados de trabalho. In:

LUCA, Tânia Regina; VIDAL, Laurent (orgs.) *Franceses no Brasil séculos XIX – XX*. São Paulo: Editora UNESP, 2009, p.27-42.

OLIVEIRA, Michelle Roxo de; ASSIS, Francisco. Mulheres jornalistas, movimento sindical e ações afirmativas de gênero. In: SANTOS, Marli; TEMER, Ana Carolina Rocha Pessôa (orgs) *Mulheres no jornalismo: práticas profissionais e emancipação social*. São Paulo: Editora Cásper Líbero, 2018, p.153-180.

PERROT, Michelle. *As mulheres ou os silêncios da história*. Florianópolis: Edusc, 2005.

PLANTÉ, Christine. Femmes exceptionnalles: des exception pour quelle règle. *Les Cahiers du GRIF*, n°37-38, 1988, p.90-111.

PLANTÉ, Christine. La place des femmes dans l'histoire littéraire: annexe, ou point départ d'une relecture critique? *Revue d'histoire littéraire de la France*. v.103, 2003, p.655-668.

PRIMI, Alice. La "porte entrebâillée du journalisme", une brèche vers la cité? Femmes, presse et citoyenneté em France, 1830-1870. *Le temps des Media*. N.12, 2009, p.28-40.

______. Les consoeurs de George Sand: divers usages de l apresse par des femmes politiquement engagées (1848-1870). In: (org) THÉRENTY, Marie-Eve. *George Sand journaliste*. L'Université de Saint-Étienne, 2011, p.267-277.

RIBEIRO, Cristiane de Paula. *"A vida caseira é sepultura dos talentos": gênero e participação política nos escritos de Anna Rosa Termacsics dos Santos (1850-1886)*. Dissertação (Mestrado em História), Juiz de Fora: UFJF, 2019.

SAID, Edward W. *Representations of the intellectual*: the 1993 Reith lectures. New York: Pantheon Books, 1994.

SOUTO, Bárbara Figueiredo. *Mulheres e ideias impressas: projetos feministas de emancipação em periódicos do*

Rio de Janeiro e Buenos Aires (1852-1855). Tese (Doutorado em História). Belo Horizonte: UFMG, 2019.

TELLES, Norma. Autor+a. In: JOBIM, José Luís [org.]. *Palavras da Crítica: Tendências e Conceitos no Estudo da Literatura*. Rio de Janeiro: Imago, 1992, p.45-63.

THERENTY, Marie-Eve. *Femmes de presse, femmes de lettres*: de Delphine de Girardin à Florence Aubenas. Paris: CNRS ÉDITIONS, 2019.

TILLY, Louise. Gênero, história das mulheres e história social. Campinas: *Cadernos Pagu*,1994, p.29-62.

WOOLF, Virgínia. *Um teto todo seu*. São Paulo: Tordesilhas, 2014.

Parte III
Sons que tecem sociabilidades e festas que bordam memórias

O movimento das companhias líricas entre o Teatro São Luís (MA), o Teatro Santa Isabel (PE) e o Teatro São João (BA) entre 1852 e 1877

João Costa Gouveia Neto[1]

Introdução

Historicizar a São Luís do século XIX é um relembrar constante de memórias do passado, a partir de um contexto tão distante do atual, ao mesmo tempo, imprescindível, para se entender a forma como as práticas de homens e de mulheres têm sido construídas e reconstruídas ao longo dos últimos 120 anos. Nas circunstâncias de escrita deste capítulo, algumas comparações no campo da saúde pública, por exemplo, são possíveis, pois o dito século passou por diversos momentos de enfermidades causados por doenças contagiosas. Escrevo este texto relembrando, através das notícias dos jornais e de leis publicadas na província do Maranhão, sobre a importância da vacinação e de que todos sejam alcançados por essa política pública, como o estabelecido pela Lei N.º 363, de 24 de julho de 1854, como segue:

1 Professor Assistente III do Curso de Música da Universidade Estadual do Maranhão (UEMA). Pesquisador da Fundação de Amparo à Pesquisa e ao Desenvolvimento Científico e Tecnológico do Maranhão (FAPEMA). Doutorando, na linha de pesquisa Educação, Cultura e Sociedade pelo Programa de Pós-Graduação em Educação da Universidade Federal do Pará (UFPA). E-mail: rairicneto@yahoo.com.br.

Imagem 1: Lei N. 363 – 24 de julho de 1854

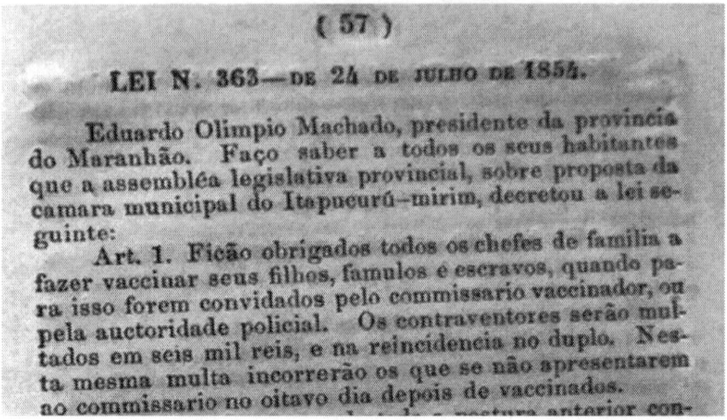
(57)

LEI N. 363—DE 24 DE JULHO DE 1854.

Eduardo Olimpio Machado, presidente da provincia
do Maranhão. Faço saber a todos os seus habitantes
que a assembléa legislativa provincial, sobre proposta da
camara municipal do Itapucurú-mirim, decretou a lei se-
guinte:
Art. 1. Ficão obrigados todos os chefes de familia a
fazer vaccinar seus filhos, famulos e escravos, quando pa-
ra isso forem convidados pelo commissario vaccinador, ou
pela auctoridade policial. Os contraventores serão mul-
tados em seis mil reis, e na reincidencia no duplo. Nes-
ta mesma multa incorrerão os que se não apresentarem
ao commissario no oitavo dia depois de vaccinados.

Fonte: *Coleções de Leis e Decretos da Província do Maranhão* 1854.

É notório que, no corpo dessa lei, há a indicação de um dos estigmas do século XIX que era a vigência da escravização de milhares de homens e de mulheres africanos no Brasil. Apesar de não haver nenhuma perspectiva que soe bem em relação à escravização, é importante ressaltar que a lei indica a obrigatoriedade da vacinação inclusive para os escravizados. Mesmo com todas as diferenças entre o contexto do século XIX e do XXI, é possível indicar que as práticas humanas ainda possuem similitudes que reforçam a falta de humanidade em muitos seres humanos. Desse modo, não se trata da reprodução de uma situação de pandemia, mas de salientar que, mesmo após 166 anos, o conhecimento construído pela humanidade ainda não foi suficiente para uma aprendizagem que gera mudanças reais na forma como os seres humanos lidam, por exemplo, com os ordenamentos científicos esboçados no século XIX e potencializados no século XXI com a atual pandemia da covid-19.

É nesse contexto de instabilidade que este texto é escrito a partir do que Dosse (2012, p. 6) destaca ao afirmar que "a história do presente está na intersecção do presente e da longa duração. Esta coloca o problema de se saber como o presente é construído no tempo". Nesse sentido, tanto atualmente quanto no século XIX, as pessoas vivenciavam adversidades, tais como as relatadas que alteravam suas rotinas cotidianas e, em outras circunstâncias, impediam que pudessem se divertir juntas tal como agora.

Nesse sentido, este texto se enquadra na longa duração, à dimensão mais lenta (HARTOG, 2013, p. 168), pois ultrapassa a dimensão do calendário que situa as notícias dos jornais que embasam, no primeiro momento de análise, os itinerários das companhias líricas, até chegar ao presente, sendo que, sobre esse tempo, no qual é possível visualizar as regularidades, também:

> é preciso levar em conta essas múltiplas temporalidades e efeitos induzidos pelas defasagens que elas entretêm umas com as outras: existe contemporâneo e não contemporâneo em todos os níveis, em cada apartamento, mesmo em cada um de seus ocupantes ou, melhor, uma simultaneidade dos dois [...] (HARTOG, 2013, p. 169).

Assim, o autor utiliza a ideia de regime de historicidade relacionada à forma como a história foi construída a partir do tempo, articulada entre passado, presente e futuro, em que a ordem do tempo não é a mesma. Não se trata de perder de vista as especificidades de cada situação dentro do tempo na qual aconteceu, mas perceber os seus desdobramentos ao longo da caminhada pelo tempo, relacionando o movimento operístico do século XIX e sua presença, sua difusão, sua experiência e sua expectativa atreladas às construções simbólicas do passado no tempo (HARTOG, 2013).

Na temporalidade do calendário em que este estudo se insere, a capital maranhense não era diferente das demais cidades do império brasileiro no que diz respeito aos aspectos políticos e econômicos, com questões atreladas à exploração do trabalho pelo braço escravagista, com implicações sociais, culturais e religiosas que organizaram a vida de homens e de mulheres que desejavam se divertir. São Luís, apesar de possuir o epíteto de única capital brasileira fundada por franceses, é uma cidade eminentemente portuguesa (CORREIA, 2006) que não possui, em suas origens, ascendência francesa para além das missas ditas em 1612, conforme aponta Lacroix (2002). Nesse sentido, caminhar pelas ruas do centro histórico de São Luís ratifica histórica e materialmente a colonização portuguesa (CORREIA, 2006) que sobrepõe completamente as inclinações de ascendência francesa para além dos marcos históricos. No que concerne ao modelo de vivência francês, este será difundido em São Luís, como no restante do Brasil, durante o Oitocentos, da mesma forma que os demais modismos europeus incluindo, nesse bojo, os divertimentos elegantes, dentre os quais os espetáculos líricos (LACROIX, 2002; MENEZES, 2008; GOUVEIA NETO, 2010).

É a partir da difusão desse modelo europeu pelo império brasileiro que a melodia deste capítulo é construída, tendo como referência os roteiros feitos pelas companhias líricas dirigidas pelo empresário Vicente Pontes de Oliveira, pelo Maestro Julles Poppe e por José Maria Ramonda, entre as cidades de São Luís (MA), Recife (PE) e Salvador (BA). Sobre a estada dos referidos empresários líricos na capital maranhense, serão os anúncios indicados nos jornais *Diário do Maranhão (1855 – 1911), Jornal para Todos (1877 – 1879), O Paiz (1863 – 18??), Semanário Maranhense (1867 – 1868),* e nos jornais *A Flecha (1879 – 1880), O Globo (1852 -1855, volta a circular em 1857 -1859)* e *O Progresso (1847 – 1857 reaparece em 1861),* que deram as figuras musicais sobre os espetáculos dados no teatro e em outras situações que completam os compassos desta melodia.

Já sobre a presença de Vicente de Oliveira, do Maestro Poppe e de Ramonda, em Salvador e em Recife, dois trabalhos foram imprescindíveis para que as comparações que serão construídas neste texto fossem realizadas: o estudo de Maria Helena Franca Neves, intitulado *De La Traviata ao maxixe:* variações estéticas da prática do Teatro São João (NEVES, 2000), e o de José Amaro Santos da Silva, cujo título é *Música e ópera no Santa Isabel:* subsídio para a história e o ensino da música no Recife (SILVA, 2006). Esses dois trabalhos, além de apresentarem em suas páginas os personagens que fizeram parte da cena cultural do Teatro São Luís, também contribuíram para o amadurecimento das ideias sobre o teatro, os artistas e os músicos na São Luís entre 1852 e 1877. Desse modo, as ações dos personagens deste texto se desenvolveram no Teatro São Luís, da capital maranhense, no Teatro Santa Isabel, da capital pernambucana, e no Teatro São João, da capital baiana, conforme imagens a seguir.

Imagem 2: Teatro São Luís[2]

Imagem 3: Teatro Santa Isabel

2 Fonte: Álbum do Maranhão de 1908, de Gaudêncio Cunha.

Imagem 4: Teatro São João

Dos três teatros citados, somente o São João não existe mais devido a um incêndio ocorrido em 1923 (NEVES, 2000, p. 206). O Teatro São Luís foi renomeado como Teatro Arthur Azevedo na década de 1920 e o Santa Isabel preservou seu nome de batismo até o presente. A relação estabelecida neste texto entre os três teatros se deu não só por conta de os jornais ludovicenses citarem essas casas de espetáculo como o local de onde as companhias de Oliveira, de Poppe e de Ramonda vinham ou para onde iriam após deixarem a capital maranhense, como também pela existência dos estudos realizados por Neves (2000) e por Silva (2006) abordando os teatros citados. Silva (2006, p. 142) aponta que havia uma rota desde Montevidéu ao Rio de Janeiro, Salvador, Recife, São Luís e Belém, mas ainda sem certezas dos porquês dessa escolha. A presença do Rio de Janeiro nessa rota, talvez, seja a mais fácil de explicar por ser a sede da corte imperial e possuir um movimento artístico estabelecido pela criação de várias instituições de fomento da cultura (MARIZ, 1983). Já as demais cidades do nordeste e do norte do Brasil, estão em crescimento econômico na segunda metade do século XIX e possuíam teatros de grande porte para a época.

Nesse sentido, as histórias construídas pelos personagens principais desta cena, nos teatros acima, são contadas a partir dos anúncios e das matérias publicadas nos jornais ludovicenses pesquisados por mim, e nos soteropolitanos e recifenses pesquisados, respectivamente, por Neves (2000) e por Silva (2006). Dessa maneira, os jornais são fontes privilegiadas para o estudo do século XIX, visto que, para além das discussões já tratadas sobre seu uso como fonte histórica (LUCA, 2008), indicam os cheios, as cores e os sons que constituíam a São Luís Oitocentista.

A partir das histórias desses teatros, construídas ao longo dos séculos XIX, XX e XXI, também indicarei questões atuais relacionadas à continuidade ou não do movimento lírico em São Luís e em Recife, pois o de Salvador não existe mais, tendo como referências as páginas oficiais desses teatros na internet.

O Teatro São Luís: um prisma de cores e de sons

A construção de teatros era uma determinação do governo português para todas as terras sob seu domínio como indica o alvará seguinte:

> Por alvará de 17 de julho de 1771 aconselhou o governo da metrópole "o estabelecimento dos teatros públicos bem regulados, pois que deles resultava a todas as nações grande esplendor e utilidade, visto serem a escola, onde os povos aprendem as máxi-

> mas sãs da política, da moral, do amor da pátria, do valor, do zelo e da fidelidade, com que devem ser aos soberanos" (MARQUES, 1970, p. 595).

Conforme consta no alvará, a indicação para a construção de teatros não servia somente para o divertimento, mas podia ser considerada como uma escola para aprendizagem e para domesticação da sociedade. Em relação à música, não seria diferente, pois "a representação da música é um espetáculo total. [...] Nada, nela, é inocente. Cada elemento preenche uma função social e simbólica precisa, destinada a convencer da racionalidade e da necessidade de organização do mundo" (ATTALI, 1977, *apud* FREIRE, 2013, p. 53).

O teatro da capital maranhense, batizado com o nome de Teatro União em homenagem à união do Brasil à Portugal, foi inaugurado na segunda década do século XIX, isto é, em 1817, mas terá seu apogeu, no que diz respeito à frequência de companhias líricas e de artistas apresentando-se em concertos solo durante os dois últimos quartéis do referido século, quando passa a pertencer à província do Maranhão e é rebatizado de Teatro São Luís, como anuncia o jornal *O Progresso*, de 20 de março de 1852, na p.3:

> Chegou finalmente o dia 14 de março, tão ansiosamente suspirado pelos amadores das Belas-Artes, que em torno do edifício do teatro estacavam, sempre que passavam pela Rua do Sol, maldizendo do íntimo da alma a lentidão da obra, a demora da chegada dos artistas mandados contratar em Portugal, e por fim, a tardança do tempo em trazer-nos o dia 14 [...]. Chegou finalmente esse tão desejado dia! E o nosso teatro, mais pomposo e mais belo depois de crismado com o nome de São Luiz, abriu de par em

> par as suas portas, no meio do geral aplauso de uma população sôfrega de o ver ressurgir do pó a que o tinham desumanamente atirado. O concurso foi o mais numeroso e o mais lúcido que se tem visto; os camarotes, as plateias, as varandas e as torrinhas estavam apinhadas; a satisfação era geral. [...].

Nessa temporada de reabertura do Teatro, a música voltou a soar no São Luís por meio da companhia lírica de Antônio Luís Miró, que fora ensaiador de canto e primeiro pianista no Teatro São Carlos de Lisboa, vindo dar nova vida à capital da província do Maranhão, a partir de "uma boa companhia dramática e aí deu espetáculos até o ano seguinte [...]" (MARQUES, 1970: 596). A notícia também indica a presença de um público heterogêneo no teatro, mesmo com todas as hierarquizações sociais refletidas na disposição dos presentes dentro do prédio.

Teatro reaberto em 1852, São Luís voltou a ver e a ouvir as belas melodias à moda italiana de Donizetti e de Verdi, pois, como os membros das elites ludovicenses,[3] queriam vivenciar na província uma vida aos moldes europeus, os espetáculos líricos também seguiriam essa determinação das elites letradas. Essa presença da música italiana nos espetáculos líricos dados no Teatro São Luís pode ser percebida através dos anúncios onde constam o repertório que seria apresentado, incluindo o nome das óperas e do compositor.

Assim, no jornal *O Globo* dos anos de 1852 e 1853, devido à efervescência causada pela reabertura do Teatro São

3 Gentílico relativo a quem nasce em São Luís, capital do Maranhão.

Luís, em praticamente todas as edições, há notícias relacionadas a esse acontecimento. Nem sempre eram anúncios de espetáculos propriamente ditos, mas alguma informação sobre venda de bilhetes, a transferência do dia do espetáculo por causa das chuvas ou da doença de algum ator, como, por exemplo, o anunciado que "por justos motivos não haverá recita no TEATRO DE S. LUIZ no dia 25 do corrente mês – Maranhão 22 de julho de 1852", anunciado no jornal *O Globo*, n. 58, de 23 de julho de 1852, p. 4 (grifo do original). E é o referido jornal agora, no n. 26, de 3 de abril de 1852, p.4, que anunciava o espetáculo, com o seguinte repertório:

> TEATRO NACIONAL DE SÃO LUÍS
> HOJE 3 DE ABRIL
> (TERCEIRA RECITA DE ASSINATURA)
> A PRIMEIRA REPRESENTAÇÃO DA COMEDIA EM 1 ATO;
> Uma Fidalga da corte de Napoleão
> A comédia em um ato,
> As Pequenas Misérias Da Vida Humana
> A Opera Cômica,
> O BEIJO
> O Sr. Lisboa cantará (em caráter) a ária da Ópera de Donizzetti
> ROBERTO DEVEREUX
> Ordem do Espetáculo
> 1º uma Fidalga – 2º Ária – 3º o Beijo – 4º Pequenas Misérias
> Principiará as 8 horas

E, no jornal *Publicador Maranhense,* mais um anúncio de espetáculo no São Luís, ao longo do ano de 1852, foi publicado:

Imagem 5: Anúncios (Teatro Nacional de S. Luiz)

ANNUNCIOS.

THEATRO NACIONAL
DE
S. LUIZ,

DOMINGO 14 DE NOVEMBRO DE 1852.

(3.ª Serie, 6.ª Recita de assignatura.)

A primeira representação do Drama em 5 Actos:

O RAMO DE CARVALHO.

Em um dos intervallos dançará o Sr. Ribeiro o sólo

O POSTILHÃO

Fonte: *Publicador Maranhense*, ano XI, n. 1334, 12 nov. 1852, p. 3.

Esses anúncios são importantes como registro de que houve indicação de realização de espetáculo, assim como ratifica o desejo de usufruir das modas europeias também era refletido na programação do Teatro e, principalmente, para mostrar o tipo de música que os diletantes ludovicenses ouviam, e como esses espetáculos eram organizados.

Quando se pensa em espetáculos teatrais, sejam eles de cunho operístico, ou meramente musical, elege-se um repertório específico, como uma sinfonia, por exemplo, no caso de concerto sinfônico, ou uma ópera, no caso de espetáculo lírico-dramático. No entanto, nos anúncios encontrados nos jornais Oitocentistas de São Luís, isso só ocorreu em eventos particulares, nos quais um cantor, em benefício próprio, apresentava, por exemplo, peças de um determinado compositor. Geralmente, os espetáculos que eram oferecidos ao público maranhense eram bastante diversificados, como é possível verificar a partir dos anúncios citados anteriormente. Sobre essas programações ecléticas, escreve José Jansen:

> [...] Apresentava-se em uma só noite: o drama, a comédia séria ou brejeira, acompanhadas ou não de música e números de variedades; usava-se e abusava-se de recursos violentos, recorria-se aos grandes lances dramáticos que a cena comportasse como o punhal, "o veneno, o rapto de crianças, o falso testemunho, tudo em maquinações tenebrosas". Matava-se e gritava-se, deixando o espectador em excitação e, não raro, em lágrimas levando-os muitas vezes até a tomarem atitudes agressivas contra o vilão da peça, na pessoa do artista. [...] A música, no caso, era um elemento suavizante e, portanto, de certo modo, explicava a predileção pelos vários gêneros, conjuntamente (JANSEN, 1974, p. 53).

As pessoas iam ao teatro para se divertir, por isso não era interessante dele sair taciturno. Alegria e desejo de voltar ao teatro eram o que os empresários das companhias líricas queriam ver nos semblantes dos espectadores voltando para suas casas e espalhando pelas ruas as melodias das árias, pois isso lhes garantiria mais lucros, através do retorno desses homens e dessas mulheres ávidos para se distraírem e tecerem suas sociabilidades nas próximas récitas. Isso pode ser verificado pela nota que publicou o *Jornal para Todos*, ano 1, n. 31, de 22 novembro de 1877, p. 3: "Desde já pedimos ao Vicente que vá sempre adubando os seus espetáculos com algumas comédias chistosas, do seu variado repertório". Mario Cacciaglia (1986) também fala sobre essa estratégia usada pelos empresários do teatro em exibir sempre, ao final do espetáculo, um número cênico mais alegre após o desfecho trágico do drama apresentado:

> Para aliviar o ânimo dos espectadores emocionados e perturbados pelo drama, que era o prato principal da noite, servia-se como sobremesa uma farsa. No Brasil, essas farsas eram quase todas portuguesas e tinham curta duração, exatamente o tempo necessário para arrancar algumas risadas dos espectadores [...] (CACCIAGLIA, 1986, p. 47).

Tanto o drama quanto a comédia tinham a função de educar os homens e as mulheres que ao teatro compareciam nas noites de espetáculo. O primeiro organiza sua trama a partir de algum fato da realidade social, naquele momento, ainda bastante influenciada pelas tendências europeias, já o segundo, por sua vez, procura educar a partir do castigo do riso (FLORES, 1995), fazendo com que os espectadores visualizassem seus maus hábitos e, assim, pelo constrangimento, procurassem repará-los. Os espetáculos que constavam na programação do Teatro São Luís seguiam essa tendência irradiada, no Brasil, a partir dos palcos da corte imperial instalados do Rio de Janeiro, como veiculou o jornal *O Globo*, n. 75, de 21 setembro de 1852, p. 4:

> Quinta-feira 16 de setembro em benefício dos Professores da Orquestra.
> Representar-se-á o Drama trágico, e aparatoso em 6 quadros: O Amor de um padre ou A inquisição em Roma.

> Depois do Drama representar-se-á a jocosa farsa: Os irmãos das almas.
> N. B. No intervalo do 1º ao 2º quadro o Sr. Lisboa cantará pela primeira vez uma Aria da Ópera Gemma de Verdi – No intervalo do 3º ao 4º quadro o Sr. Sergio Augusto Marinho executará umas variações de Flauta sobre um motivo da Ópera Zanetta.
> – Os intervalos do Drama serão preenchidos com Sinfonias escolhidas.

A ópera era incontestavelmente predominante nos programas da maioria dos teatros do Brasil Imperial, mas, devido ao grande desprendimento físico e, principalmente, intelectual que os cantores, os músicos e os atores utilizavam nos meses de ensaio preparando o espetáculo, após os vários dias de récitas, esses artistas precisavam de tempo para descansar e, assim, iniciar novamente a rotina de estudo das partituras, dos textos e, finalmente, dos ensaios. Sobre essa questão, escreve Silio Boccanera Júnior:

> É que elas, as antigas Companhias, ou seus empresários, não sabiam dar o devido valor ao *time is money*, como as de hoje, que não param, não descansam um só noite, não conhecem domingos, nem dias santificados, e para não perderem tempo, investiram ainda, as *matinées* e as tais sessões teatrais, para maior gáudio da indústria e humilhação da Arte (BOCCANERA JÚNIOR, 2008, p. 151).

Apesar do posicionamento particular do autor sobre o assunto, o que importa para essa discussão é que as companhias líricas no século XIX tinham uma rotina de espetáculos menos fastidiosa do que acontece em alguns teatros na atualidade.

Voltando ao século XIX, nos dias que não havia espetáculo lírico, o público maranhense era presenteado com espetáculos de prestidigitação, circenses e de força, como o que anunciou *A Flecha*, n. 26, 16 dezembro de 1879, p.207:

> Tiroteio Conjugal
> Vão dar representações no S. Luiz dois esposos colossais, que muito prometem. Imaginem que ela é a mulher-fortaleza e ele o homem-canhão; acrescentem que se chamam quase Batalha e que são marido e mulher, e concluam d'isto que renhidos combates vamos presenciar. Contam que este moderno Hercules mata dois bois com um soco e que sua digna esposa depois suspende-os – os bois – com um braço [...].

Nesses eventos culturais, os comportamentos exemplares e comedidos ficavam ainda mais comprometidos, e os ludovicenses aproveitavam para extravasar suas alegrias e suas descontrações, visto que os espetáculos circenses e de prestidigitação já traziam consigo implicitamente a ideia de fazer os homens e as mulheres presentes no teatro rirem.

O que soava no São Luís se ouvia no Santa Isabel e no São João...

São Luís não estava isolada das demais províncias do Império, apesar da dificuldade do transporte entre as cidades naquele século XIX. Como as ideias circulam juntamente com as pessoas e as coisas, diferente do que acontece na atualidade, na qual as notícias chegam antes das pessoas através dos avanços tecnológicos advindos com a internet, no século XIX, mesmo com dificuldades, essa comunicação entre as províncias do nordeste imperial acontecia, dentro das possibilidades do tempo em questão.

Nesse sentido, as companhias líricas que deram espetáculos no Teatro São Luís, a partir da segunda metade do século XIX, não tinham como destino primeiro nem último o Maranhão. O translado dos artistas da Europa para o Brasil, era extremamente dispendioso, uma vez que esses profissionais passavam, às vezes, vários anos longe de seus torrões gentis. Estas não são conjecturas firmadas a partir de um dos artifícios utilizados pelo historiador, a "compreensão com imaginação" (CARR, 2006, p. 59). São assertivas indicadas por Jansen (1974), por Cacciaglia (1986) e por Freire (2013), assim como as fontes analisadas.

Dentre as províncias que mantinham contatos frequentes com a maranhense, a partir das indicações dos anúncios dos jornais pesquisados, estavam o Pará, o Amazonas, o Ceará, a Bahia e Pernambuco,[4] e serão os artistas estrangeiros os donos das companhias líricas atuantes pelas terras do nordeste no império brasileiro, que possibilitaram intercâmbios culturais entre as referidas províncias.

Como já indicado na introdução deste texto, além do Teatro São Luís, tenho como espaços de atuação de Vicente Pontes de Oliveira, do Maestro Jules Poppe e de José Maria Ramonda o Teatro São João e o Teatro Santa Isabel.

---

4 Seguindo o roteiro de outros artistas que deram espetáculo no Teatro São Luís, com o término da temporada de apresentações, ao se deslocarem daqui agradecendo ao público maranhense a acolhida e indicando a ida ao Pará e, depois, ao Amazonas, pode ser que os protagonistas desta cena também tenham feito o mesmo roteiro. Vale a pena a pesquisa nos arquivos das hemerotecas das capitais desses Estados.

Assim como o Teatro São Luís, o Teatro São João foi inaugurado em 13 de maio 1812, ainda no período colonial, com representação do drama *A escocesa* de autor desconhecido (CACCIAGLIA, 1986, p. 39). Segundo Cacciaglia (1986), a construção do Teatro São João iniciou em 1806, através de subscrições públicas, informações endossadas por Neves (2000) e por Boccanera Júnior (2008). Se tivesse resistido ao incêndio de 1923, seria o segundo teatro mais antigo do Brasil, posto ocupado pelo Teatro São Luís. Já o Teatro Santa Isabel foi inaugurado em 18 de maio de 1850. Diferente do Teatro São Luís, que está localizado em uma rua estreita do Centro de São Luís (MA), o Teatro Santa Isabel ocupa uma praça bela e arborizada na capital recifense juntamente a outros prédios onde funcionam órgãos públicos.

Dos personagens que estiveram presentes na cena teatral Oitocentista no eixo São Luís-Salvador-Recife, o primeiro deles chamava-se Vicente Pontes de Oliveira, empresário responsável pelos espetáculos líricos no Teatro São Luís, no ano de 1877, e, pelos indícios relatados nas fontes, possivelmente era o mesmo que dera espetáculos, anos antes, no Teatro São João, em Salvador, capital da província da Bahia, como afirma Neves:

> O ator e empresário dramático Vicente Pontes de Oliveira foi o financiador da rede de gás carbônico do S. João segundo cláusula de contrapartida do contrato de ocupação de pauta de 1º de fevereiro de 1864, até 30 de junho de 1866, que assinou com o Presidente da Província, Manuel Maria do Amaral, para apresentar sua companhia dramática no S. João (NEVES, 2000, p. 115).

Os jornais de São Luís anunciavam aos ludovicenses um espetáculo que se realizaria no Teatro São Luís, através da companhia do empresário Vicente, como noticiou o *Diário do Maranhão*, de 17 de junho de 1877, p. 4:

> Teatro S. Luiz
> Empresa ----- Vicente
> Primeira e única representação do muito conceituado drama em 5 atos, original francês de – ALEXANDRE DUMAS FILHO – A DAMA DAS CAMÉLIAS.
> Toma parte na representação toda a companhia, sendo os principais papéis desempenhados pelos artistas --- MANUELA LUCCI, EUGENIO E BAHIA.
> AVISO
> O drama --- ESTATUA DE CARNE, irá á scena no domingo 25 do corrente, aniversário do juramento da Constituição do Império, sendo este o penúltimo espetáculo da companhia para o qual recebem-se encomendas desde já.
> Começará ás 8 horas.

Mas não foi somente o empresário Vicente Pontes de Oliveira que esteve em São Luís e em outras províncias do império brasileiro. Segundo Neves (2000, p. 176), desde 1857, havia a intensão de Clemente Mugnai com apoio do presidente província da Bahia, João Lins Vieira de Sinimbu, de estender a conexão entre Itália-Bahia-Corte-Bahia-Recife, levando as companhias líricas aos teatros dessas províncias. Da corte, instalada na província do Rio de Janeiro, também partiram atrizes que passaram algum tempo fazendo a alegria dos maranhenses.

É incontestável a importância artística e cultural que exerceu o Rio de Janeiro durante todo o tempo em que a monarquia fora o poder supremo do Brasil, pois "a corte se opõe à província, arrogando-se o papel de informar os melhores hábitos de civilidade, tudo isso aliado à importação dos bens culturais reificados nos produtos ingleses e franceses" (SCHWARCZ, 1998, p. 111). E na corte imperial existiu, durante a segunda metade do século XIX, um café-cantante à moda parisiense, muito famoso em todo o Império por conta da alegria e dos atrativos do sexo feminino que se apresentavam no palco do referido teatrinho. Esse café era o famoso Alcazar Lyrique, fundado pelo francês Joseph Arnaud, e sobre tal estabelecimento escreve Tinhorão (1998), citando Joaquim Manuel de Macedo:

> Nesse Alacazar Lyrique – "teatro de trocadilhos obscenos, dos cancãs e das exibições de mulheres seminuas" [...] o programa da récita inaugural anunciava entre as atrações, além do "vaudeville en un acte, de Marc Michel et Labiche" intitulado "La Perle de la Cannebière", pelo menos duas cançonetas: "Adieux, M. Lamoureux", chansonette par Mlle. Adeline et "Le vieux braconier", chansonette par M. Amédee (TINHORÃO, 1998, p. 213).

Cacciaglia (1986) faz uma descrição do Alcazar mais distanciada e mais "isenta", em comparação à visão conservadora de Joaquim Manuel de Macedo. Escreve o primeiro: "O Alcazar tornou-se o ponto de encontro de artistas, políticos, homens de cultura, além de, naturalmente, lugar de perdição oficial do Rio de Janeiro[...]" (CACCIAGLIA, 1986, p. 84). Após o fechamento do Alcazar, algumas dessas mulheres francesas que conseguiram estabilidade financeira voltaram para Paris, outras ficaram no Rio de Janeiro e as demais se deslocaram para outras províncias do Brasil. É o jornal *A Flecha,* n. 1, de 5 de março de 1879, p. 6, que relata a chegada de uma atriz francesa na capital da província do Maranhão, para dar mais ânimo aos espetáculos dados no Teatro São Luís:

> De alguns pedaços destacados da companhia Vicente fez-se uma associação, que dá agora espetáculos no S. Luiz. Juntaram-lhe, para apimentar, uma francesa, com um contraveneno – Mr. Dufoux.
> A francesa, que muita gente conheceu no Rio quando se chamava Theodora, a, a, a, a, chama-se atualmente Mlle. Leonie, i, i, i, i, tem uma boa porção de brilhantes, quando fala abre a boca até as orelhas e vai sofrendo uma transformação nos cabelos que, com o clima, tem se feito amarelos. Saudades do Deiró, ó, ó, ó, ó ...
> No mais, é um exemplar, como quase todos os que para cá vem, das mulheres do Alcazar. A mesma voz gutural nas cançonetas e os mesmos meneios indecentes, que fazem a plateia aplaudir e os pais de família soltarem interjeições a inglesa.

Pelos palcos do São Luís, não passaram somente as artistas francesas não consideradas decentes. Por lá, se apresentaram companhias líricas organizadas e que estavam acostumadas aos ditames das músicas, das óperas e das operetas criadas por Offenbach,[5] encenadas e cantadas por franceses. O *Semanário Maranhense,* ano 1, n. 21,

5 Jacques Offenbach (1819-1880): Compositor francês nascido na Alemanha, autor de uma vasta produção de operetas.

de 19 de janeiro de 1868, p. 8, anunciou a chegada de uma companhia francesa: "Chegou o maestro Poppe. Temos na terça-feira a estreia da companhia francesa. Les Bavards e Les pantins de Viollete são as peças da estreia. Verdadeiros primores, essas duas operetas possuem lindos e originalíssimos pedaços de música. Sendo bem desempenhados devem agradar muitíssimo".

O maestro Jules Poppe, também anunciado como dono da companhia francesa que apresentou espetáculo no Teatro São Luís, já tinha dado récitas no Teatro Santa Isabel na província do Recife. Ao que parece, o maestro Poppe esteve mais tempo em Recife do que em São Luís, visto que, de acordo com Silva (2006), sua atuação fora marcante na Veneza Brasileira:

> e no mês de maio de 1867, chegou no Recife uma companhia francesa de Vaudeville conhecida por Bouffes Parisienses, trazida pelo Sr. José Amat, que era o novo empresário do Teatro Santa Isabel. Les Buffes Parisienses tinha no seu elenco seu diretor Jean Charles Noury, Madame Guillemet (soprano), Adelle Lenormand (soprano ligeiro), Mr. Julles Pope (maestro diretor da orquestra), Evarist Ferrand (baixo cantante), Emílio Pelveil (tenor), Noury (barítono), Emílio Claret (tenor), Ernest Tuet (barítono), Leclec (baixo), Mr. Pelva (tenor) (SILVA, 2006, p. 115).

Provavelmente, os artistas que davam espetáculos no Teatro Santa Isabel da capital da província de Pernambuco continuavam vindo também à província do Maranhão. A partir do trabalho de Silva (2006), é possível fazer essa assertiva. Além das dançarinas francesas citadas anteriormente, as senhoras Thierry e Carlota, também francesas, após se apresentarem em Recife, divertiram os maranhenses, como anunciou o *Semanário Maranhense*, ano 1, n. 30, de 22 de março de 1868, p. 8:

> Não há nenhuma novidade musical, por isso que a semana finda foi toda empregada em repetições de Orpheo. Direi apenas algumas palavras relativas as duas dançarinas, ultimamente chegadas do Sul: As Senhoras Thierry e Carlota estrearão ontem e receberão do público o mais lisonjeiro acolhimento.
> A Senhora Carlota, apesar dos verdores da mocidade, já tem uma reputação de boa artista dançou nos teatros da P _____ Saint-Martin e da Gaité, em Paris: nas de Hamburgo, Marselha e Argel, e finalmente colheu muitos louros no Alcazar do Rio de Janeiro.
> A Senhora Thierry tem tido uma carreira muito mais extensa e mais assinalada de triunfos. É dispensável a enumeração dos teatros onde tem aparecido, uma vez que se saiba já haver ela sido contratada, como primeira dançarina, no teatro Scala, em Milão.
> O dançado em que ambas estrearam foi bastante para revelar as preciosas qualidades de cada uma delas. Verdadeira sílfide nos volteios aéreos a Senhora Thierry executou passos dificílimos, com muita graça, grande firmeza e agilidade nos movimentos.
> A mocidade e beleza da Senhora Carlota supre o que falta para que ela possa competir com a companheira. Também filha do ar, arrancou calorosas ovações pela ligeireza dos passos, e doces meneios do corpo.
> Pietro de Castellamare

José Maria Ramonda ou Giuseppe Maria Ramonda é mais um dos personagens que faziam a rota São Luís – Recife na segunda metade do século XIX. Depois dos espetáculos dados no Teatro São Luís, o referido cantor e empresário lírico deu espetáculos em Recife com outros artistas do teatro lírico-dramático (SILVA, 2006, p. 110).

O intercâmbio estabelecido indiretamente entre o Teatro São Luís e o Teatro Santa Isabel, através dos cantores que se apresentavam nesses teatros, se deu durante quase todas as décadas a partir de 1850, quando o teatro do Recife é inaugurado, conforme já indicado. Além das companhias líricas que se revezavam nesses palcos, os artistas que as compunham também se apresentavam em concertos solo como o Barítono Orlandini, anunciado no jornal *O Paiz*, n. 17, de 10 de julho de 1863, p. 4:

> O Concerto do BARITONO ORLANDINI, cujo programa distribuído com os bilhetes d'entrada, marcava para o dia 11 do corrente, ficou transferido para domingo 12, a pedido de grande número de pessoas. Os bilhetes acham-se à venda na loja dos Srs. Duchemim & C^{a}".

Mas não eram somente os artistas de companhias líricas que davam concertos solo nos teatros de São Luís e de Recife. Dentre esses, os Irmãos Franco se apresentaram tanto no São Luís quanto no Santa Isabel, no mesmo ano de 1867, conforme indica o *Semanário Maranhense*:

Imagem 6: Notícia sobre chegada dos Irmãos Franco

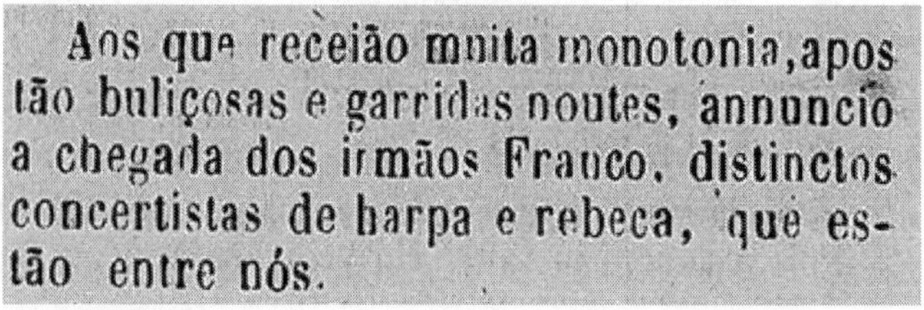

Aos que receião muita monotonia, apos tão buliçosas e garridas noutes, annuncio a chegada dos irmãos Franco, distinctos concertistas de harpa e rebeca, que estão entre nós.

Fonte: *Semanário Maranhense*, Ano 1, n. 8, 20 out. 1867, p. 8.

Já sobre os referidos músicos que atuavam nos dois teatros, escreve Silva (2006), a partir da experiência em Recife:

> Guiseppe Franco, violinista, e Agostinho Franco, harpista. Dupla de napolitanos que esteve no teatro Santa Isabel no dia 12 de setembro de 1867. Conhecidos como os irmãos Franco, essa dupla realizou um recital em meio a representações dramáticas, dedicado ao Corpo Acadêmico e Comercial do Recife. Após a apresentação, receberam dessa instituição uma medalha com inscrições em alto relevo, sobressaindo-lhes os valores (SILVA, 2006, p. 202).

Passados quase dois meses, o *Semanário Maranhense,* ano 1, n.10, de 3 de novembro de 1867, p.8, publicou notícia detalhada sobre a atuação dos irmãos Franco e a impressão que os homens e as mulheres da sociedade ludovicense presentes na apresentação tiveram dos artistas:

> Já o público formou o seu juízo acerca do mérito dos irmãos Franco, saindo entusiasmado do primeiro concerto dado por eles.
>
> Os distintos artistas não vivem da condescendência pública e nem ficam restando coisa alguma a grande fama que lhes rodeia os nomes.
>
> O violinista é de grande força e de muita execução. Recomenda-se tanto pela ligeireza e valentia da arcada, como pela expressão e sentimento com que faz vibrar as cordas rabeca. Variações dificílimas, sobre temas importantes, foram cabalmente executadas pelo jovem violinista, e satisfatoriamente acompanhadas pelo irmão harpista.
>
> O Canto da floresta, com que terminou o primeiro concerto, é uma composição magnífica, tão bem concebida como desempenhada.

> O público chamou a cena por diversas vezes os jovens artistas, e foi caloroso na manifestação do seu apreço. O segundo concerto, sem dúvida alguma, será mais concorrido, pois o espetáculo é digno da atenção pública.
> A companhia dramática do Sr. Vicente Pontes de Oliveira,[6] começa a segunda série de representações com o drama Clotilde conforme se acha anunciado. De agora em diante ficarão as noites mais divertidas do que estavam, em quanto se conservava fechado o nosso velho S. Luiz.
> PIETRO DE CASTELLAMARE

A partir das notícias apresentadas, fica claro que, tanto no Santa Isabel quanto no São Luís, a atuação dos Irmãos Franco agradou ao público estabelecendo, mesmo sem essa intenção, relações culturais e sonoras entre públicos das duas capitais provinciais, conforme aponta Silva (2006, p. 81). Outra questão importante indicada pelas pesquisas é o repertório de sucesso que não poderia faltar nos espetáculos dados pelas companhias líricas nos três teatros eram as óperas dos compositores italianos, tais como *Lucia de Lammermoor* de Gaetano Donizetti (1797-1848), *O Barbeiro de Sevilha* de Gioachino Rossini (1792-1868), *La traviata* e *Un Ballo in Maschera* de Guiseppe Verdi (1813 -1901), juntamente às operetas *Orpheu no inferno* e *La vie parisienne* de Jacques Offenbach (1819-1880).

6 Essa é a primeira vez que o empresário Vicente P. de Oliveira ocupa o Teatro São Luís com sua empresa lírica. Quando ele é citado nas páginas anteriores, as notícias referem-se à segunda vez que sua empresa dá récitas no teatro.

Apesar de os teatros São Luís e São João terem sido inaugurados na primeira década do século XIX, somente a partir de 1850, coincidindo com a inauguração do Teatro Santa Isabel, os espetáculos líricos foram incontestavelmente predominantes nos programas dos espetáculos dados nos teatros em todo o Brasil (CACCIAGLIA, 1986, p. 81).

Nesse sentido, comparecer aos espetáculos teatrais fazia parte dos bons hábitos cultivados pelas elites nas três cidades, dentre elas os presidentes das províncias que ocupavam o camarote principal, onde estava o retrato do imperador Pedro II, assim como pelos demais estratos sociais que, segundo as suas posses se posicionavam nos teatros São Luís, Santa Isabel e São João, seja com as famílias nos camarotes, seja nas plateias, frisas ou na torrinha para verem e para serem vistos. Todos podiam usufruir das vivências musicais proporcionadas pelas harmonias dos instrumentos e das vozes mesmo sendo de músicas cantadas em outros idiomas em cidades cuja maioria da população, assim como a do restante do Brasil, era analfabeta (GOUVEIA NETO, 2010; BOCCANERA JÚNIOR, 2008).

Nos anos seguintes, o músico Antônio Rayol, conhecido como o Tenor Maranhense, será um dos responsáveis pelas comunicações musicais entre o Maranhão e as províncias que fizeram parte dos roteiros dos artistas citados, conforme indicam Gouveia Neto (2010; 2012) e Gouveia Neto, Navarro e Castro (2019). Durante as pesquisas realizadas, não foi possível detectar com clareza quais as estratégias que levaram à organização dos eventos, bem como os agentes financiadores dos espetáculos dados por Antônio Rayol em outros teatros. As indicações das fontes dão a entender que esses contatos eram estabelecidos, a priori, por meio de amigos da cena musical das cidades citadas. Antônio Rayol e seus irmãos Leocádio e Alexandre, que também eram músicos e professores de música, têm sido alvo de pesquisas (CARVALHO SOBRINHO, 2004, GOUVEIA NETO, 2012) ao longo destes primeiros vinte anos do século XXI, possibilitando o conhecimento não somente das suas histórias de vida, mas principalmente das suas composições.

Até a Proclamação da República, em 1889, os teatros, com seus espetáculos ecléticos, mas sempre com alguma ária de ópera, foram perdendo espaço para o cinema, que começou a disputar a preferência do público das três capitais nordestinas. Adentrando o século XX, os espetáculos líricos entram em franca decadência em relação aos novos anseios da sociedade e dos artistas envolvidos com as mudanças vindas das vanguardas europeias (CACCIAGLIA, 1986, p. 99).

A segunda metade do século XIX foi o período de estudo mais aprofundado dos autores que contribuem para completar os compassos da linha melódica deste texto. Nesse sentido, as comparações sobre espetáculos líricos na atualidade nas três capitais demandam pesquisas que analisem o movimento artístico mais amplo e múltiplo existente e disponível de forma virtual ou presencial com transmissões de espetáculos de óperas nos cinemas. Algumas indicações que farei sobre o movimento lírico na atualidade estão relacionadas aos espaços dos três teatros deste estudo, mas especificamente aos Teatros São Luís, hoje Arthur Azevedo, e Santa Isabel, pois o Teatro São João não existe mais materialmente.

Desse modo, a partir das informações contidas nas páginas do Teatros citados e em sites relacionados às questões culturais dos dois estados, é possível inferir que o movimento lírico relacionado a essas casas de espetáculos é infinitamente menor em número de espetáculos se comparados aos anos deste estudo. Houve, tanto no Teatro Arthur Azevedo quanto no Teatro Santa Isabel, apresentações de óperas ao longo do século XX e no século XXI que tentam ratificar o lugar desses espaços também onde os espetáculos líricos acontecem, assim como no século XIX.

O Teatro Arthur Azevedo recebeu, em 1993, quando da sua reabertura, após fechamento para obras de reforma, a soprano espanhola Montserrat Caballé (1933 – 2018) no papel da *Tosca* de Giacomo Puccini (1858 – 1924). Nessa mesma década, agora em 1996, o Teatro sediou um programa denominado Tributo a Carlos Gomes, com apresentação da ópera *Fosca* de Carlos Gomes (1839 – 1896), com apresentação da soprano estadunidense Aprile Millo, conhecida e admirada pelas interpretações das óperas de Verdi, com participação dos cantores Eduardo Álvares, Ruth Staerck e Alpha de Oliveira, acompanhados pela Orquestra Sinfônica Ópera Brasil (HAAG, 1996).

Ainda no Maranhão, as melodias das árias das óperas mais famosas continuaram sendo ouvidas através da Mostra de Canto Lírico do Maranhão (Maracanto), realizada pela primeira vez, em 1997, pela Universidade Federal do Maranhão (UFMA). Em 2008, recebeu o nome de Festival Brasileiro de Canto Lírico do Maranhão (Maracanto). Em 2009,[7] volta a ter o nome Mostra de Canto Lírico do Maranhão e, em 2011, nomeado novamente de festival como em 2008. A mostra ou o festival teve 14 edições e, em 2006, 2007,[8] 2008,[9] 2009[10] e 2011, as apresentações aconteceram no Teatro Arthur Azevedo.

Durante as comemorações dos 199 anos do Teatro Arthur Azevedo, em 2016, houve a representação da ópera *Bastien e Bastienne* de Mozart (1756-1791), sob a regência do maestro Wendell Kettle. Apesar da importância de Mozart para a música ocidental, em termos de representatividade relacionada a uma possível continuidade do movimento operístico relacionado ao século XIX, não é possível inferir não somente para o Maranhão, assim como para Pernambuco, conforme aponta Silva (2006, p. 141), tratando da predominância de peças de compositores italianos em detrimento das de Richard Wagner (1813-1883) e do próprio Mozart. Já em 2019, agora no Teatro Santa Isabel, o maestro Ketlle organizou o Primeiro Festival de Ópera de Pernambuco, com apresentação das óperas *Leonor*, de Euclides Fonseca (1853-1929), considerada a primeira ópera

---

7 Cf. https://portais.ufma.br/PortalUfma/paginas/noticias/noticia.jsf?id=6289. Acesso em 26 fev. 2021

8 Cf.https://portais.ufma.br/PortalUfma/paginas/noticias/noticia.jsf?id=2513. Acesso em 26 fev. 2021.

9 Cf.https://portais.ufma.br/PortalUfma/paginas/noticias/noticia.jsf?id=4301. Acesso em 26 fev. 2021.

10 Cf.https://portais.ufma.br/PortalUfma/paginas/noticias/noticia.jsf?id=6440. Acesso em 26 fev. 2021.

pernambucana, *Pagliacci*, de Ruggiero Leoncavallo (1857-1919), e *Carmen*, de Georges Bizet (1838-1875).

O movimento operístico em Recife, ao longo do século XX e das primeiras décadas do XXI, contou com a participação de artistas que, com ou sem incentivo governamental, realizaram montagens de óperas famosas, contribuindo para que o movimento operístico continue em Pernambuco. Em 2004, surgiu a Companhia de Ópera do Recife (Core) com a apresentação da ópera *O elixir do amor,* de Donizetti. Apresentou também a ópera *Dom Giovanni,* de Mozart, em 2013, ambos no Teatro Santa Isabel. Antes desse grupo, entre 1967 e 1981, outros artistas organizaram o *Teatro de Ópera de Pernambuco,* que montou óperas como *La Traviata,* de Verdi (MEDEIROS, 2018).

Considerações finais

Relembrar o movimento artístico do Teatro São Luís entre 1852 e 1877, colocando-o em comparação com o que acontecia em duas outras províncias do Brasil imperial, foi importante para ratificar não apenas sobre o que se cantava aqui e também se ouvia em Recife e em Salvador, mas também como indicação da potencialidade dos jornais como fonte histórica como todas as demais criadas pela mão humana. As indicações das fontes e dos autores com os quais dialoguei convergem no entendimento de que, mesmo com as comunicações não tão rápidas como as atuais, os avanços tecnológicos vindos, por exemplo, com os navios a vapor, aceleraram as comunicações no referido período, "[...] trazendo povo, notícias, artistas e com eles as principais óperas que faziam sucesso na Itália ou em Paris. [...]" (NEVES, 2000, p. 191).

Este estudo também indica, por meio dos anúncios dos jornais, a importância que teve o Teatro São Luís como espaço de sociabilidade na capital maranhense e, mesmo em uma sociedade hierarquizada, estavam no teatro representantes de todos os estratos sociais ainda que em espaços determinados pelo poder econômico e pelas convenções sociais. O Teatro também potencializou a vinda dos artistas estrangeiros e a apresentação dos espetáculos operísticos devido à sua estrutura física adequada às necessidades dos repertórios apresentados.

Finalmente, a presença de artistas estrangeiros na capital maranhense, apresentando aos ludovicenses o repertório aos moldes europeus e que constavam nos programas dos Teatros de Recife e de Salvador, inseria São Luís nesse movimento nacional de atração pela ópera que não foi privilégio somente do Rio de Janeiro como sede do poder imperial. Evidente que as condições eram diferentes, mas, assim como os instrumentos musicais acústicos precisam ser afinados nos locais onde serão utilizados, as demais questões artísticas e musicais podem seguir o mesmo direcionamento sem perder a beleza do espetáculo. E, como escreveu José Joaquim M. Serra Sobrinho, sob o pseudônimo de Pietro Castellamare, no jornal *Semanário Maranhense*:

Imagem 7: Crônica Interna

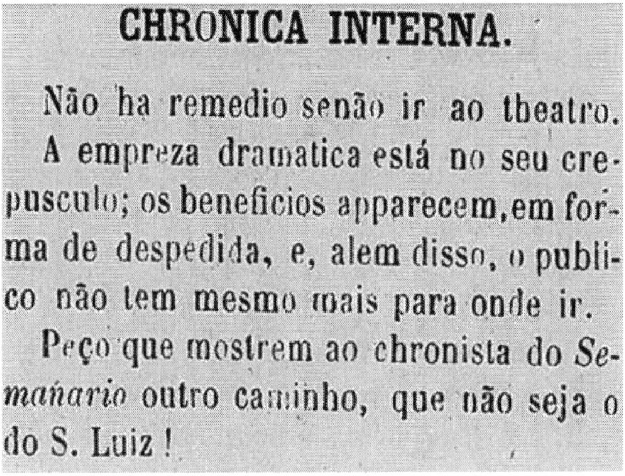

CHRONICA INTERNA.

Não ha remedio senão ir ao theatro. A empreza dramatica está no seu crepusculo; os beneficios apparecem, em forma de despedida, e, alem disso, o publico não tem mesmo mais para onde ir.

Peço que mostrem ao chronista do *Semañario* outro caminho, que não seja o do S. Luiz !

Fonte: *Semanário Maranhense*, São Luís, Ano 1, n. 16, 15 dez. 1867, p. 8.

Assim, é necessário voltar ao teatro. É necessário que a música volte a soar nos teatros.

Fontes

A Flecha. São Luís, n. 1, 5 mar. 1879, p. 6.

A Flecha. São Luís, 9ª série, n. 26, 16 dez. 1879, p.207.

Diário do Maranhão. São Luís, 17 jun. 1877.

HAAG, Carlos. Theatro Arthur Azevedo – pequena joia maranhense. *Viva Música*, out. 1996. Disponível em <https://vivamusica.com.br/wordpress/wp-content/uploads/2016/09/revista199610_numero21.pdf>. Acesso em 26 fev. 2021.

Jornal para Todos, São Luís, ano 1, n. 31, 22 nov. 1877.

O Globo, São Luís, n. 26, 3 abr. 1852.

O Globo. São Luís, n. 58, 23 jul. 1852.

O Globo. São Luís, n. 75, 21 set. 1852.

O Progresso. São Luís, 20 mar. 1852.

O País. São Luís, n. 17, 10 jul. 1863.

MEDEIROS, Daniel. Pernambuco e sua relação estreita com os espetáculos operísticos. *Folha de Pernambuco* [Online], 25 mar. 2018 – 16:44. Disponível em: <https://www.folhape.com.br/cultura/pernambuco-e-sua-relacao-estreita-com-os-espetaculos-operisticos/62945/>. Acesso em 26 fev. 2021.

Semanário Maranhense. São Luís, ano 1, n. 10, 3 nov. 1867.

Semanário Maranhense. São Luís, ano 1, n. 16, 15 dez. 1867: 8.

Semanário Maranhense. São Luís, ano 1, n. 21, 19 jan. 1868.

Semanário Maranhense. São Luís, ano 1, n. 30, 22 mar. 1868.

Coleções de Leis e Decretos da Província do Maranhão de 1854.

Referências bibliográficas

BOCCANERA JÚNIOR, Silio. *O teatro na Bahia:* da colônia a república 1800 – 1923. 2 ed. Salvador: EDUNEB/EDUFBA, 2008.

CACCIAGLIA, Mario. *Pequena história do teatro no Brasil:* quatro séculos de teatro no Brasil. Tradução Carla de Queiroz. São Paulo: Edusp, 1986.

CARR, Edward Hallet. *Que é história?* 9ª. ed. Rio de Janeiro: Paz e Terra, 2006.

CARVALHO SOBRINHO, João Berchmans de. A música no Maranhão Imperial: um estudo sobre o compositor Leocádio Rayol baseado em dois manuscritos do Inventário João Mohana. *Em Pauta*, v. 15, n. 25, jul./dez., p. 5-37, 2004. Disponível em <https://seer.ufrgs.br/EmPauta/article/view/8508/4934>. Acesso em 24 fev. 2021.

CORREIA, Maria da Glória Guimarães. *Nos fios da trama: quem é essa mulher?* Cotidiano e trabalho do operariado feminino em São Luís na virada do século XIX. São Luís: EDUFMA, 2006.

DOSSE, François. História do tempo presente e historiografia. *Tempo e Argumento*. Florianópolis, v.4, n. 1, p. 5-22, jan/jun. 2002. Disponível em <https://www.revistas.udesc.br/index.php/tempo/article/view/2175180304012012005>. Acesso em 05 jan. 2021.

FLORES, Moacyr. *O negro na dramaturgia brasileira:* 1838-1888. Porto Alegre: EDIPUCRS, 1995.

FREIRE, Vanda Bellard. *Rio de Janeiro, século XIX*: cidade da ópera. Rio de Janeiro: Garamond, 2013.

GOUVEIA NETO, João Costa. *Ao som de pianos, flautas e rabecas...* estudo das vivências musicais na São Luís da segunda metade do século XIX. 168f. (Dissertação) – Mestrado em História do Brasil, Universidade Federal do Piauí, Teresina, 2010.

GOUVEIA NETO, João Costa. A Importância do Jornal A Luta na construção da imagem musical de Antônio Rayol como O Tenor Maranhense na segunda metade do Século XIX em São Luís. *VI Simpósio Nacional de História Cultural Escritas da História:* Ver – Sentir – Narrar Universidade Federal do Piauí – UFPI, Teresina-PI, 2012, pp.1 -13. Disponível em < http://gthistoriacultural.com.br/VIsimposio/anais/Joao%20Costa%20Gouveia%20Neto.pdf>. Acesso em 07 jan. 2021.

GOUVEIA NETO, João Costa; NAVARRO, Alexandre Guida; CASTRO, Cesar Augusto. Espaços de ensino musical na São Luís da segunda metade do século XIX. *Revista Olhares*, v. 7, n. 3, p. 189 – 200, Guarulhos, nov. 2019. Disponível em < https://periodicos.unifesp.br/index.php/olhares/article/view/9632>. Acesso em 08 jan. 2021.

HARTOG, François. Experiência do tempo: da história universal à história global? *História, histórias,* Brasília v.1, n.1, p.164 – 179, 2013. Disponível em <https://periodicos.unb.

br/index.php/hh/article/view/10714>. Acesso em 26 fev. 2021.

JANSEN, José. *Teatro no Maranhão*. Rio de Janeiro: [s.n], 1974.

LACROIX, Maria de Lourdes Lauande. *A fundação francesa de São Luís e seus mitos*. 2.ed. São Luís: Lithograf, 2002.

LUCA, Tania Regina de. História dos, nos e por meio dos periódicos. In: PINSKY, Carla Bassanezi (Org.). *Fontes históricas*. 2ª ed., 1ª reimpressão. São Paulo: Contexto, 2008.

MARIZ, Vasco. *História da música no Brasil*. 2ª ed. Rio de Janeiro: Civilização Brasileira, 1983.

MARQUES, César Augusto. *Dicionário histórico-geográfico da província do Maranhão*. 3.ed. Rio de Janeiro: Cia Editora Fon-Fon e Seleta, 1970.

MENEZES, Lená Medeiros. A imigração nos anúncios de jornais do Rio de Janeiro: facetas parisienses do sonho civilizatório. In: LESSA, Mônica Leite; FONSECA, Silvia Carla Pereira de Brito. (Orgs.). *Entre a monarquia e a república:* imprensa, pensamento político e historiografia (1822 -1889). Rio de Janeiro: EdUERJ, 2008, p. 221 - 242.

NEVES, Maria Helena Franca. *De la traviata ao maxixe:* variações estéticas da prática do Teatro São João. Salvador: SCT/ FUNCEB/ EGBA, 2000.

SCHWARCZ, Lilia Moritz. *As barbas do imperador:* D. Pedro II, um monarca nos trópicos. São Paulo: Companhia das Letras, 1998.

SILVA, José Amaro Santos da. *Música e ópera no Santa Isabel:* subsídio para a história e o ensino da música no Recife. Recife: Ed. Universitária da UFPE, 2006.

TINHORÃO, José Ramos. *História social da música popular brasileira*. São Paulo: Editora 34, 1998.

São João de Pernambuco nas narrativas de memorialistas: tradição e costumes nos escritos de Mário Melo e Pereira da Costa

Lídia Rafaela Nascimentos dos Santos[1]
Victória Maria Vasconcelos Silva[2]
Heldyane Naege dos Santos Gonzaga[3]

A festa de São João está entre as mais populares e mais tradicionais de Pernambuco. Até hoje, é manifestação estruturante das relações políticas, sociais e culturais do Nordeste. Analisar a trajetória histórica das festas de São João, a partir das narrativas do início do século XX que buscam estabelecer uma imagem acerca da festa tradicional, é refletir sobre como variados elementos do nosso passado e do nosso presente estão interligados e podem ser observados por meio da análise das mudanças e das permanências de uma festividade.

As festas não apenas proporcionam o divertimento, sendo, muitas vezes, associadas a manifestações culturais e utilizadas como fontes de pesquisa para análise do

1 Doutora em História. Professora do curso de História da Universidade Católica de Pernambuco. lidiarafaela@gmail.com.

2 Graduanda do curso de História da Universidade Católica de Pernambuco. maryjnvasc@gmail.com.

3 Graduanda do curso de História da Universidade Católica de Pernambuco. heldyane@hotmail.com.

funcionamento social de um período específico. Produzidas em meio às atividades rotineiras, as festas englobam a história dos diferentes grupos sociais e das cidades, e envolvem as múltiplas dimensões da vida. No âmbito social e cultural, por exemplo, simbolizam as tradições, as crenças e as diferenças sociais. A festa é considerada não apenas espaço privilegiado para o divertimento, mas onde se reúnem pessoas de variados estratos sociais, além de serem utilizadas como fontes para refletir sobre o funcionamento coletivo de um período específico (SANTOS, 2011, p. 22).

Cada comemoração tem sua própria motivação, portanto, existem vários tipos de festejo. Como evidência Roger Chartier: "Sua aparente unicidade remete de fato, a múltiplas diferenças, (...) longe de permitir uma clara tipologia das cerimônias festivas, são elas próprias problemáticas, já que a festa é quase sempre um misto que visa conciliar os contrários" (CHARTIER, 2004, p. 24).

Neste texto, analisamos como as narrativas da primeira metade do século XX sobre as festas tradicionais contribuíram para a construção da realidade sobre a festa Oitocentista tradicional e como alguns desses elementos ainda são parte importante das festividades de São João dos dias atuais. Sob esse rótulo de tradição, muitas vezes, cristalizamos as formas de festejar atuais. Envolve crenças populares e religiosas de diferentes denominações, que movimentam a sociedade nordestina nas noites de junho. Pensar nas narrativas criadas sobre essa festa no fim do Oitocentos é uma forma de refletirmos sobre como a visão dessa tradição foi sendo construída, baseada em relatos fixados nas ideias e nas representações sobre as comemorações associadas ao seu tempo.

A festa junina foi negligenciada por muito tempo como um campo de estudo e de discussões por parte dos historiadores e, muitas vezes, teve grande parto se sua trajetória histórica cristalizada sobre um rótulo do que seria as festas tradicionais. Atualmente, apesar das especificidades regionais, a população de diferentes regiões brasileiras tem uma imagem parecida sobre os festejos do santo que envolvem os modos de se vestir, os cenários, as comidas típicas de milho, as músicas, as danças, entre outros elementos. O formato naturalizado sobre a festa tradicional é reforçado por instituições de poder, como as escolas, que contribuem para a continuidade dessa realidade.

Assim, foram analisados os escritos de dois grandes historiadores memorialistas: Mário Carneiro do Rego Melo (1884-1959) e Francisco Augusto Pereira da Costa (1851-1923). Ambos buscavam divulgar e defender as manifestações populares. Preocupavam-se, principalmente, quanto à valorização dos aspectos culturais definidos como resultado entre a união dos índios, dos negros e dos portugueses. Evidenciamos algumas características de práticas comemorativas que teriam "sobrevivido" às mudanças na sociedade, como no caso das festividades juninas, que remontam aos primórdios da colonização.

Parte do que podemos conhecer sobre o passado festivo brasileiro devemos às narrativas construídas pelos historiadores memorialistas do início do período republicano. Entendemos que a palavra impressa atua como uma força ativa na história e não como um simples registro do que aconteceu. As narrativas criadas por Mário Melo e por Pereira da Costa sobre a festa junina atuaram na construção de uma realidade sobre a festa do passado e na percepção do São João tradicional, como entendemos hoje.

Como explica Martha Abreu (2007), quando os historiadores memorialistas selecionavam em suas pesquisas as festas, eles se preocupavam com alguns aspectos culturais, como traços nacionais e iam estabelecendo hierarquias e as relações de poder (ABREU, 2007, p. 127). Dessa forma, partes do que conhecemos sobre as festividades vêm das narrativas construídas por esses memorialistas. A imagem das festas dos idos imperiais foi construída a partir do empenho nas pesquisas documentais, na observação dos conflitos culturais e dos diálogos entre esses intelectuais que buscavam definir as tradições culturais no Brasil (ABREU e DANTAS, 2016, p. 14).

As narrativas construídas por Mário Melo e por Pereira da Costa possibilitam uma reflexão sobre a memória construída sobre as festas tradicionais, sendo o conceito de memória, entendido como “um elemento essencial do que se costuma chamar identidade, individual ou coletiva, cuja busca é uma das atividades fundamentais dos indivíduos e das sociedades de hoje, na febre e na angústia” (LE GOFF, 1996, p. 476).

Tais narrativas construídas em meio a seus trabalhos para a construção de uma realidade sobre o passado pernambucano são de essencial importância para a problematização sobre como constituímos a realidade do passado e como usamos essa construção para entender o presente. É imperativo na historiografia atual que problematizam os discursos narrativos que envolvem o contexto de produção da fonte que é utilizada por diversos historiadores para falar das festas tradicionais. Afinal, é parte do fazer historiográfico conhecer as condições de elaboração de suas fontes.

Mário Melo teve uma intensa produção intelectual sobre a cultura popular e dedicou-se ao jornalismo, ao magistério e à história. Atuou em alguns jornais, instituições culturais e publicou diversos livros sobre a história e a cultura pernambucana. Tinha uma especial atenção pela cultura popular. Já Pereira da Costa, por sua vez, foi político, cronista, memorialista, pesquisador e sócio do IAHGP. Além disso, coletou importantes dados sobre a história de Pernambuco e sobre suas festas, desde o período colonial.

Breve biografia dos historiadores memorialistas

Mário Carneiro do Rego Melo

Figura 1 Mário Carneiro do Rego Melo

Fonte: Academia Pernambucana de Letras

Mário Carneiro do Rego Melo nasceu no dia 5 de fevereiro de 1884, no Recife. Foi deputado estadual e provincial em vários mandatos. Começou seu trabalho na imprensa com o jornal *O álbum*, do qual era proprietário. Colaborou nos jornais *Folha do povo*, *O país*, *Gazeta da tarde*, *Jornal Pequeno*, *Diário de Pernambuco* e *Jornal do Commercio*. Além do jornalismo, dedicou-se *à história*. Participou de várias instituições históricas-geográficas-culturais, como a Academia Pernambucana de Letras, o Instituto Histórico e Geográfico brasileiro (IHGB), a Comissão Nacional de Folclore, a Associação de Imprensa de Pernambuco e o IAHGP, foi sócio desse último por quase 40 anos e secretário perpétuo.

Foi um grande estudioso da história Pernambucana. Como reflexo de sua devoção às manifestações culturais populares e sua luta em vê-las preservadas, em seus textos, é perceptível a ânsia do autor em narrar o vivido e o tradicional como modelos a serem mantidos. Em suas seções, ele escrevia sobre diversos assuntos. Eram voltados à história do Brasil, à economia, ao português, ao futebol, aos patrimônios e aos monumentos públicos. Além disso, defendia, em seus escritos analisados, o tradicionalismo das festas.

Publicou vários livros e diversos artigos sobre a história e a cultura pernambucana. Mário Melo era considerado um historiador bastante influente e polêmico, pois as críticas sobre a descaracterização e a perda de tradições culturais estavam sempre presentes em seus artigos. Além disso, Mário Melo foi um dos memorialistas mais comprometidos em produzir e em divulgar narrativas republicanas da história de Pernambuco. Esse projeto tinha o objetivo de, a partir das mídias modernas – jornais, revistas e livros – tornar a história de Pernambuco acessível aos não iniciados. Bastante atento às notícias do presente, preocupava-se com as questões do povo de sua cidade.

Mário Melo passou a participar da elaboração de projetos cívico-educativos no início do século XX, sendo as mais importantes a organização das comemorações dos centenários da Revolução de 1817 e da Confederação do Equador. Na biblioteca do IAHGP, observa-se, além de muitas obras e de coleções de revistas do próprio instituto, um arquivo pessoal de alguns membros, entre eles o de Mário Melo contendo um acervo com 13 caixas – todas organizadas em pastas – idealizado por ele mesmo. Entre os documentos, podem ser encontrados manuscritos de seus livros, de correspondências, de diplomas e de recortes de jornais. Faleceu em 24 de maio de 1959.

Os escritos de Mário Melo foram construídos a partir de memórias vivenciadas em várias fases da sua vida. É possível identificar algumas das peculiaridades da escrita do autor, como as críticas sempre presentes em seus artigos sobre a descaracterização e a perda de tradições culturais. Sua obra evidenciava a defesa e a preservação dos costumes populares sem qualquer influência política, estrangeira e moderna. É perceptível a ânsia do autor em narrar o vivido. Em suas seções, ele escrevia sobre diversos assuntos voltados desde a história do Brasil, economia, português, futebol, patrimônios e monumentos públicos, além de defender em seus escritos analisados, o tradicionalismo das festas carnavalescas pernambucanas, que passavam por um momento de inclusão da escola de samba no Carnaval.

Como ressalta Augusto Neves (2016), Mário Melo destacava-se entre vários intelectuais que debateram nos periódicos pernambucanos de meados do século XX, deslegitimando a introdução dessa prática no carnaval pernambucano. Importante lembrar que Neves (2016) define o uso do termo intelectual como indivíduos chamados como tais na época em que escreviam, "sujeitos que escrevem nos jornais, ocupam cargos em instituições públicas importantes, produzem escritos, memórias, crônicas sobre o Recife, narram histórias sobre a cidade e o próprio Estado de Pernambuco" (NEVES, 2016, p. 266).

Figura 2 Recorte de Jornal integrante do Fundo Mário Melo, IAHGP

CRONICA DA CIDADE

SÃO JOÃO NO INTERIOR

Fonte: Foto das autoras

O artigo de Mário Melo presente na seção *Crônica da Cidade* do *Jornal do Commercio*, intitulado por *São João no interior, é o principal texto do autor usado na construção desse capítulo*. Traz relatos cujas fontes são as memórias vivenciadas pelo autor sobre a ornamentação junina no Sertão de Exu, os costumes do período, as comidas típicas, além de críticas ao costume cada vez mais raro da fogueira. Seus artigos eram direcionados à população recifense, cidade onde o Jornal circulava.

As superstições e as práticas que compõem a celebração aos santos juninos também estão presentes no texto. A superstição mencionada estava em torno do misticismo em relação às fogueiras. Para os sertanejos, o diabo dançaria a noite inteira nas casas que não as tinham em frente ao portão principal. Outra experiência relatada por Mário Melo são os batismos de fogueira – que consistiam na escolha do pradinho/madrinha pelo afilhado – que apesar de serem tratados como diversão do período junino, muitas vezes, era levado a sério como batismo religioso da Igreja.

Francisco Augusto Pereira da Costa

Figura 3 Ilustração de Pereira da Costa

Francisco Augusto PEREIRA da COSTA

Fonte: Índice onomásticos e de assuntos dos Anais Pernambucanos

Francisco Augusto Pereira da Costa nasceu em Recife, no dia 16 de dezembro de 1851. Foi um advogado, jornalista, historiador e político brasileiro. Veio de uma família pobre e começou a trabalhar em uma livraria na Rua do Imperador. Aos 20 anos, trabalhou como amanuense na repartição de Obras Públicas, em 1884, e foi secretário do Governo do Piauí. Em 1891, aos 40 anos, se formou em direito na Faculdade de Direito do Recife e, em 1901, foi eleito deputado estadual em Pernambuco. Foi fundador da Academia Pernambucana de Letras e membro de várias instituições brasileiras, como os Institutos Histórico e Geográfico de Alagoas, Ceará, Paraíba, Bahia e São Paulo. Pereira da Costa faleceu em Recife, no dia 21 de novembro de 1923, aos 72 anos.

O pesquisador pernambucano lançou quatro publicações no início do século XX: *Vocabulário Pernambucano, Anais Pernambucanos (10 volumes) e Dicionário Biográfico de Pernambucanos Célebres* lançados em versão digital pela Companhia Editora de Pernambuco, em 2004. A obra *Folklore Pernambucano* teve uma versão que foi publicada na Revista do Instituto Histórico e Geográfico Brasileiro, em 1907.

Para esse trabalho, a mais importante foi esta última, dividida em tópicos sobre superstições e sobre poesias populares. No *Folklore Pernambucano*, o autor faz uma breve explanação histórica como, por exemplo, ao falar das danças de nativos e de africanos, ele faz um breve comentário sobre os maus tratos sofrido nas mãos dos portugueses e que usavam da dança para aliviar os sofrimentos. Também é importante ressaltar que, nesses tópicos, ele não falava diretamente das festas, por vezes, citando-as rapidamente.

Pereira da Costa fez parte de um movimento dos historiadores memorialistas que tinha por objetivo resgatar as manifestações populares e religiosas do esquecimento no século XIX. No *Folklore Pernambucano,* estão presentes narrativas sobre celebrações que deixaram vestígios até hoje, principalmente as festas religiosas que enaltecem seus santos e a importância dos festejos para a construção da identidade nacional.

Figura 4 Capa do periódico Folklore Pernambucano

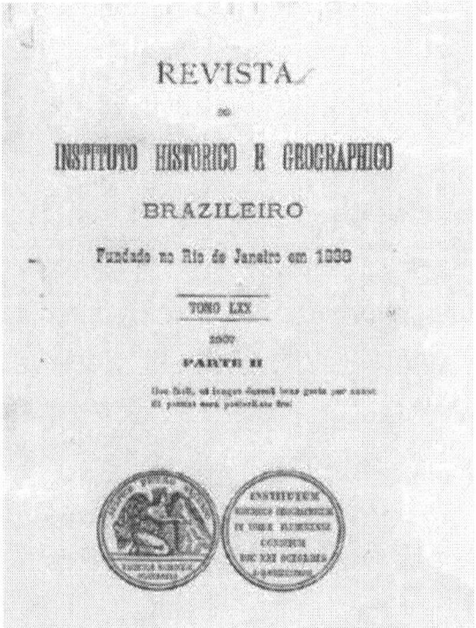

Fonte: Revista do Instituto Histórico e Geográfico Brasileiro, Tomo LXX, parte 2 do Folklore Pernambucano, nesta edição Pereira da Costa fazia os relatos sobre a preparação e os costumes do período junino.

Pereira da Costa foi um produtor do conhecimento histórico em relação ao folclore e à cultura brasileira. O trabalho do autor no *Folklore Pernambucano* foi desenvolvido por meio de buscas de documentos e de manifestações do folclore tanto no Brasil quanto fora do país. Na publicação de seu texto no periódico do IHGB, o memorialista buscou ressaltar o folclore como um elemento que faz parte da construção da identidade brasileira. Seus escritos contribuem para o conhecimento histórico da construção da identidade cultural e são usados como fonte da produção historiográfica e folclórica, seja do *Folklore Pernambucano* ou dos *Anais Pernambucano,* já que o autor contempla as diversas formas de manifestação das festas populares.

A narrativa dos memorialistas sobre a festa de São João

No *Folklore Pernambucano,* Pereira da Costa (1907) relata que o São João é um dos santos mais populares e um dos mais comemorados, onde todos participam da festa, desde a sua organização até a realização das ceias, deixando evidente que essas manifestações fazem parte da cultura brasileira. Enquanto isso, no artigo intitulado por *São João no Interior,* presente no Jornal do Comércio de 1954, Mário Melo relata sobre os ornamentos juninos que, dependendo da região, do sertão ou da zona da mata, tinham algumas características diferentes. O tradicionalismo do festejo junino é defendido pelo autor que tem uma abordagem crítica aos costumes que, na sua percepção, iam desaparecendo ou se adaptando às mudanças da sociedade.

O título do artigo de Mário Melo é significativo sobre a percepção da relação campo e cidade nas festas de São João. A ideia de São João no interior é uma parte importante da luta republicana para modificações nas festividades que acompanhavam o distanciamento crescente entre o campo e a cidade. As caracterizações tradicionais que temos sobre as festas, nos dias atuais, evidenciam essa separação com a figura do Matuto. Como analisa Mário Ribeiro dos Santos, nas primeiras décadas do século XX, a representação do matuto é associada a uma imagem contrária ao progresso, cristalizado pelo discurso do homem urbano como fora dos padrões da sociedade do novo século" (SANTOS, 2018b, p. 91).

No *Folklore Pernambucano*, Pereira da Costa (1907) relata que o São João é um dos santos mais populares e um dos mais comemorados, onde todos participam da festa, desde a sua organização até a realização das ceias, deixando evidente que essas manifestações fazem parte da cultura brasileira. Muitas pessoas, ainda hoje, possuem uma forte relação de tradição com o santo, onde são realizados os batismos, as superstições e as famosas fogueiras.

Ambos fazem uma retrospectiva histórica do que simbolizava e como essa festa era comemorada em terras brasileiras. Os festejos de São João estão entre a população brasileira desde os primórdios da colonização, na primeira metade do século XVI. Segundo Pereira da Costa, o São João ocupa o primeiro lugar entre os santos populares em Pernambuco. Os portugueses são considerados responsáveis por trazer para o Brasil o hábito de festejar os santos e, desde o período colonial, conquistou espaço significativo no calendário festivo brasileiro e, até hoje, mantém esse destaque nos costumes dos pernambucanos.

Pereira da Costa escreveu que a prática da festa foi feita em 1603 e, segundo o autor, nesse ano, os indígenas receberam bem os festejos dos portugueses, principalmente por causa das fogueiras e da capela. Até hoje, essa visão da comemoração ser presente desde o período colonial é recorrente nas poucas obras que tratam da história e da origem da festa no Brasil, ainda que pouquíssimos estudos tenham problematizado essas fontes para além do citado pelos memorialistas.

Os Santos de junhos eram muito populares desde os tempos coloniais e foram muito festejados no Recife Oitocentista. Na sociedade colonial, ele não é festejado apenas pelos colonizadores que chegam, mas pelos índios e pelos negros que também se envolveram bastante nas comemorações dos santos de junho. Os africanos que vieram para essa sociedade como escravizados souberam celebrar o santo católico, sem deixar de celebrar junto os seus orixás. Xangô, até hoje, é conhecido por sua associação a São João. Nos festejos para São João, uma enorme variedade de práticas congrega-se nas comemorações. Temos uma festa que é celebrada de forma diferente pelos diferentes grupos que compõe a sociedade colonial, fazendo dessa festa uma das maiores em nosso território.

Segundo Pereira da Costa, no início do século XIX, a confraria de São João Batista, composta pelos membros do regimento da artilharia (SANTOS, 2018, p. p204). No *Folklore Pernambucano*, Pereira da Costa (1907) relata que, durante o governo de D. João de Souza (1681-1685), o governador de Pernambuco mandou o almoxarife da Provedoria da Fazenda Real fazer uma fogueira em frente ao Palácio do Governo e outra em frente a casa do capitão-mor João do Rego Barros, provedor da mesma fazenda que despendeu 8$000 réis. Posteriormente, os outros governadores exigiram que o almoxarife continuasse com aquela prática, no entanto não houve verba suficiente, já que fizeram as fogueiras a suas custas, recorrendo ao rei, pedindo-lhe que cedesse a verba dos cofres da fazenda real. O Imperador então assinou a Carta Régia de 10 de março de 1694, dando uma solução conciliadora, em que, se os governadores quisessem, poderiam acender as fogueiras.

Sua origem deve-se a uma visita da Virgem Maria a Santa Isabel – ambas esperavam um filho – para combinarem de acender uma fogueira assim que um dos meninos nascerem. E, assim, Isabel o fez, o que explica o surgimento da tradição e do costume geral das constantes fogueiras que são acesas na véspera do dia para celebrar o nascimento do santo. O nome de São João Batista, de origem hebraica, quer dizer "o que batiza cheio de graça" e, como seu dia é santificado, tem, portanto, uma grande festa eclesiástica (COSTA, 1907).

Na coluna *Crônica da Cidade*, do *Jornal do Commercio*, no artigo intitulado *São João no interior*, a tradição que deu origem aos costumes da fogueira é relatada, de forma semelhante por Mário Melo:

> Diz a tradição que as primas, Isabel e Maria esperavam meninos e combinaram que uma avisaria a outra, por meio duma fogueira em ponto elevado defronte da casa. São João, como o anjo anunciara, nasceu antes de Jesus e Zacarias, marido de Santa Isabel, mandou acender a fogueira conforme o combinado. (MELO, 1954, s/p)

Pereira da Costa ressalta que, no início do século XX, as fogueiras começavam a sumir das ruas do Recife, sendo que, em um período não tão distante, era raro não ver uma rua com fogueiras nas noites de São João. Ele ainda afirmava que, apesar da grande popularidade que gozavam nos idos coloniais e imperiais, pouco a pouco, iam se reduzindo. No *Folklore Pernambucano,* ele atribui essa mudança a uma postura municipal decretada em 1860, em que se proibia o costume de acender fogueiras na cidade nas noites de Santo Antônio, São João e São Pedro sob pena de 20$000 réis de multa.

Apesar dos relatos, sabemos que, até hoje, as fogueiras são um dos grandes símbolos das noites festivas de junho, e marcam as festas do interior e de vários Bairros do Recife. As justificativas para o combate às fogueiras já foram encaradas de formas muito diferentes nas temporalidades e nos lugares. Jorge Crespo, ao analisar as transformações da festa em Portugal, concluiu que, se houve um relativo sucesso em regulamentar outros hábitos festivos, as propostas para mudança nas festas de junho não tiveram sucesso, uma vez que a Igreja não conseguiu controlar as fogueiras de São João (CRESPO, 1989, p. 94).

As posturas municipais no século XIX buscavam normatizar o cotidiano da cidade e, muitas vezes, eram desrespeitadas pela população. Mesmo após as posturas, as fogueiras continuaram fortes nas noites de junho. Em 04 de junho de 2020, o discurso das autoridades contra as fogueiras foi novamente reavivado no âmbito da luta contra o Coronavírus. O Gabinete de Acompanhamento da Pandemia do ministério público justiçava a recomendação sobre três argumentos principais:

> A tradição junina de acender fogueiras e queimar fogos de artifício, naturalmente, provoca três problemas que irão dificultar o combate à Covid-19, quais sejam: a) aglomerações, comprometendo a eficácia do isolamento social como medida de contenção da pandemia; b) produção de muita fumaça que irá elevar os riscos de problemas respiratórios e agravar os pacientes que estão contaminados; c) Acidentes como queimaduras que pode agravar a superlotação da rede hospitalar. A medida, provavelmente, não será bem recepcionada, mas tenho consciência que em tempos de defesa da vida e saúde dos Pernambucanos, precisamos ter coragem para tomar atitudes extremamente impopulares, mas essenciais para conter o avanço da Covid-19 nas terras pernambucanas (MPPE, 2020).

Juntamente aos festejos religiosos, a festa de São João também tem suas comemorações profanas. Pereira da Costa baseia parte de sua explicação sobre essa parte da festa no exemplar de 05 de julho de 1837 do *O Carapuceiro*, periódico que circulava no Recife Oitocentista e tinha como redator o Padre Lopes da Gama. Entre os vários números que dedicou às formas como a população festejava na cidade, dedicou um dos seus exemplares aos "festejos de S. João" no qual fez um relato sobre a comemoração em Pernambuco naquela época, criticando alguns dos hábitos dos festeiros, elogiando outros e, de certa forma, relatando o que se comemorava.

Destacava que, às vésperas de São João, eram de alegrias e de grandes folgas do povo e, junto com as igrejas e com as casas, a festa de São João é iniciada na véspera do seu dia, tendo algumas características particulares por causa das suas superstições, seus combates, suas fogueiras e suas ceias (COSTA, 1907). Segundo Pereira da Costa, a festa de São João iniciava-se na véspera do seu dia. Até os dias atuais, o dia anterior ao dia do santo é o momento de maior comemoração. Ao tratar de caracterizar os ritos presentes no São João tradicional que ele buscava imortalizar em seu texto, destacou que era comum ornar capelas com flores e com folhas, armar fogueiras, soltar bombas e disparar ronqueiras e bacamartes.

Mário Melo, em uma de suas seções no *Jornal do Comércio*, detalha sobre os costumes dos festejos juninos no Sertão, como o ornamento, as comidas típicas, as práticas comemorativas e crenças populares, além de descrever sobre os momentos vividos por ele mesmo.

> O ornamento consta ou constava de quatro bananeiras transplantadas, com bandeirolas de papel colorido e folha de palmeira, na Zona da Mata. No Sertão quatro catolezeiros[4] ou árvores dessa família. Na casa, iguarias de milho verde: canjica, pamonha, a requintes de culinária com associação da mandioca, inclusive o chamado pé-de-moleque. O milho é ou era assado na própria fogueira. Quem a toma ou a tomava tem ou tinha direito a participar das iguarias com a família. Tomam-na ou a tomavam-na vou de surpresa, descarregando sobre ela tiros de bacamarte,[5] de pólvora seca, segundo a denomina-

4 Palmeira que produz um pequeno fruto chamado de catolé, típico da Mata Atlântica.

5 Arma de fogo de cano curto e largo utilizado inicialmente na Guerra do Paraguai, com seu fim, passou a ser usada para saudar aos santos juninos.

> ção. Essa [era] a origem dos afamados bacamarteiros que constituem a brigada miliciana de Caruaru. (MELO, 1954, s/p)

Mário Melo inicia o artigo fazendo uma crítica à tradição cada vez mais rara da fogueira na época de São João no interior. Os chefes das famílias recomendavam o enfeite e a estrutura da fogueira em ponto alto, no terreiro, em frente à porta principal e onde não a faziam era sinal de que ali o diabo dançava. Ela era feita com lenha verde para queimar até o amanhecer. Como se pode ver no trecho acima, o memorialista relata sobre como era a ornamentação junina e quais eram as comidas típicas cuja preparação permanece até os dias atuais.

Uma atividade festiva tradicional do final do século XIX consistia na tomada das fogueiras a partir de tiros de bacamarte. Os participantes tentavam tomá-las de surpresa, descarregando sobre as fogueiras tiros de pólvora, segundo a denominação. Era possível que algum participante tentasse tomá-la de assalto e, nessas situações, a família descarregava o bacamarte e ficava a fogueira imune. Os que conseguiam tomar a fogueira tinham direito de se juntar e de participar das iguarias com a família.

O relato de Melo também destaca que ocorriam também os batismos das moças que escolhiam seus padrinhos naquele momento, como relatado no trecho abaixo.

> Certa vez, fui ao sertão numa dessas noites, e uma guapa moçoila tomou-me para padrinho. Anos depois, noutro Município, numa visita que fiz com o

> governador Borba, a professora local dirigiu-se a mim respeitosamente: – A bênção, padrinho!
> Perguntei-lhe quem era e a razão de chamar-me padrinho.
> – Pois não foi meu padrinho de fogueira, em Exu?... (1954, s/p).

Entre as particularidades dessas festas, estão as sortes. De acordo com Martha Abreu:

> As superstições eram um dos pontos altos da festa, como por exemplo, a noção de que as brasas da fogueira eram bentas; de que o banho nos primeiros raios de sol do dia de São João traziam propriedades miraculosas e de que as moças solteiras podiam saber com quem iriam casar-se, depois de fazerem um bochecho com a água de um copo que havia passado sobre a fogueira em louvor a São João (ABREU, 2003, p. 98).

Até hoje, no Nordeste brasileiro, os santos de junho, especialmente Santo Antônio e São João, estão relacionados ao universo de sortes, de simpatias e de superstições. (SANTOS, 2018, p. 211) Nos dias dos santos juninos, as pessoas recorrem a variados artifícios para descobrir o futuro. A associação das sortes com as festas de São João ganha contornos diferenciados nas diferentes temporalidades. No oitocentos, por exemplo, nas suas festas, é muito festejado com livros de sorte. As simpatias que envolviam fogueiras, ovos, nomes de pretendes são uma das grandes continuidades das celebrações festivas do Santo.

Outra peculiaridade destacada é a parte da comida da festa, como diz Pereira da Costa, as ceias especiais (COSTA, 1907). A comida é parte importante de qualquer festa, por isso pratos especiais eram preparados para celebrar os Santos de junho. Até hoje, as comidas típicas de São João eram um atrativo à parte. São feitos bolos e comidas derivadas do milho verde e são realizadas ceias especiais, principalmente, com a canjica de milho verde e os clássicos bolos do período junino.

As comidas tiveram grande destaque nos anúncios publicados no mês de junho nos periódicos de Pernambuco em meados do século XIX. Os preparativos para as delícias das esperadas noites festivas de junho deixavam as ruas da cidade agitadas no mês de junho. Os bolos de São João eram a comida típica mais noticiada (SANTOS, 2018, p. 218).

Bolo este próprio da época dos festejos juninos. Esta receita foi recolhida por Gilberto Freyre e é assim. Ingredientes: uma tigela de massa de mandioca lavada, catorze gemas de ovos, meio quilo de açúcar. Modo de fazer: Quando estiverem os ovos bem batidos, batem-se cento e vinte gramas de manteiga e uma xícara de leite de coco sem água. Junta-se tudo e continua-se a bater até que ligue bem. Vai ao forno regular numa forma untada com manteiga (SILVA, 1992, p. 83).

Na receita imortalizada por Gilberto Freyre, o bolo contava com apenas 5 ingredientes, relativamente comuns no Recife Oitocentista. Mesmo com ingredientes tão comuns, esse bolo era o diferencial das festas dos mais ricos. A maior parte dos bolos também era vendida, principalmente, no Bairro de Santo Antônio, localizado na área central com uma grande atividade comercial.

Além do bolo em si, boa parte dos anúncios destacava a ornamentação, e talvez esse fosse o motivo de encomendá-los. O enfeite mais ressaltado nos anúncios era o alfenim. Segundo o pesquisador português Alberto Vieira, esse doce é originário da Ilha de Madeira e, conhecido desde o medievo, se disseminou por todo o Atlântico português. O doce firmou-se como "o doce mais nobre, servido na casa das famílias importantes, e usado como dádiva nas festas do Divino" (VIEIRA, 2015, p. 4).

Em Portugal e no Brasil, o folclorista o delicado doce ganhou formas especiais para as festas juninas. Nos anúncios publicados nos periódicos de Pernambuco em meados do século XIX, a alfenim costumava ter as formas de ramos, de flores, de capelas e do próprio São João, possivelmente semelhantes aos bolos que ainda são feitos em feiras da Ilha da Madeira como podemos ver na figura abaixo:

Figura 5 - Bolo enfeitado com alfenim na feira de Alfenique, 2013

Fonte: VIERA, 2015, p. 11

Outras comidas também faziam parte da festa tradicional, a exemplo da canjica, presentes nas mesas de muitos pernambucanos de ontem e de hoje. Apesar de amplamente consumido nos festejos juninos, o milho e as comidas típicas dele produzidas eram pouco anunciadas nos periódicos, provavelmente, por ser fácil conseguir comprar pelas ruas da cidade até porque a colheita do milho coincide com o período desses festejos. A associação dos calendários festivo e agrícola ajuda a entender como as grandes festas do ano marcam o ritmo das vidas de muitos brasileiros. Esse momento de maior fartura que a colheita representa foi apropriado desde a época colonial e engrandeceu as celebrações dos santos de junho.

Outro aspecto, destacado por ambos os memorialistas, foi a crença popular de que São João nutre um ardente desejo de descer à terra no seu dia. Pereira da Costa destaca que Deus se opõe a essa possibilidade, fazendo com que São João durma profundamente, pois ensoberbeceram e se perderia por motivo das festas celebradas em seu louvor. Mário Melo também ressalta esse aspecto, sob uma perspectiva um pouco diferente:

> É também do folclore que, para evitar o pecado da vaidade e do orgulho com as festas retumbantes que eles fazem na terra, ordenou o onipotente sono profundo a São João, no Céu, desde a véspera de seu dia até o posterior. E assim tem acontecido e continuará a acontecer pelos séculos dos séculos... (1954, s/p).

Esse desejo do santo é a motivação presente no Brasil de ontem e de hoje, registrada, inclusive, em músicas populares, cujos versos foram registrados no Carapuceiro, em 1837, quando tratava das comemorações dos populares que, segundo ele, ornavam capelas, dançavam a noite inteira e cantavam canções como: "Acordai, acordai/Acordai João, / Ele está dormindo / Não acorda, não" (1837, n. 23, p. 4). Segundo Pereira da Costa, "capela" era o nome dado ao grupo de "festejos populares sanjoanescos" que marchavam para o milagroso banho em animadas passeatas. E, na volta, cantavam com os tradicionais versos "É de São João; É de cravos, é de rosas, É de manjericão." (1976, p. 195)

Alguns capelistas percorriam alegres as ruas do Recife e iam até o banho na Cruz do Patrão,[6] no istmo de Olinda. Esses capelistas gozavam da particular virtude de dar felicidade e sorte que, segundo algumas trovas portuguesas, explicavam o motivo do tradicional costume. "Nessa noite é benta a água / Para tudo tem virtudes" (COSTA, 1907, p. 181). Pelo que sabemos por Pereira da Costa, os "banhos" ocorriam em "fora de portas" ou na Cruz do Patrão.

6 Segundo o Folklore Pernambucano, na noite de São João, as águas da Cruz do Patrão tinham virtude, o banho era para se deleitar em virtude da felicidade e das venturas.

Mapa 1: Região de Fora de Portas no Bairro do Recife

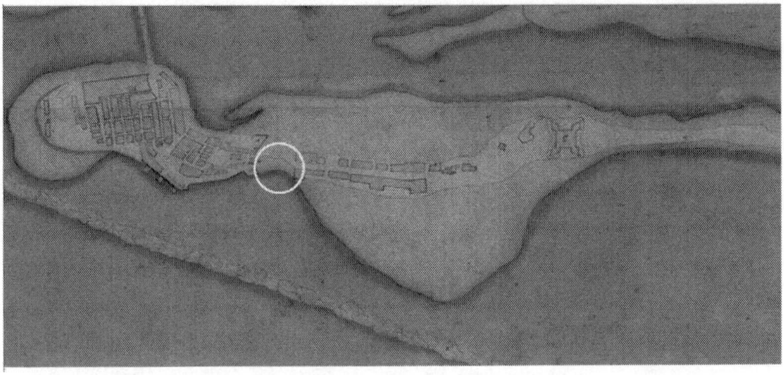

Fonte:. Extrato da PLANTA E PROSPECTO DA VILLA DE S. ANTONIO DO RECIFE, AHEx , Seção de Acervos Cartográficos, 01.02.0062

A praia de "Fôra de Portas" era um dos lugares preferidos para os banhos, a trova popular dos capelistas a ela se referia, cantando: "Em Fora de Portas/ Eu vou me lavar,/ Se eu cair no fundo/ Mandai-me tirar" (COSTA, 1907, p. 181). Na ida para o banho, cantavam os grupos de capelistas: "Meu São João,/ Eu vou me lavar,/ E as minhas mazelas/ Irei lá deixar" (COSTA, 1907, p. 182). E na volta: "O' meu São João,/ Eu já me lavei;/ E as minhas mazelas/ No rio deixei" (COSTA 1907, p. 183).

Considerações finais

A história das festas tradicionais pernambucanas, concernente à cultura, é contada a partir dos escritos de historiadores memorialistas da época, o que nos permite analisar essas narrativas criadas para definir as práticas festivas de junho que faziam parte da cultura pernambucana na narrativa dos intelectuais folcloristas do final do século XIX e início do século XX, a festa foi parte importante da história de Pernambuco.

É celebre a pergunta feita por Martha Abreu em um de seus artigos: "Podemos tocar funk na festa junina?", onde a autora ao escrever sobre uma pergunta recorrente entre os professores da educação básica. Como conclui a autora em seu artigo:

> Particularmente, se nossos jovens querem tocar funk nas festas juninas, não vejo como respondermos negativamente, baseados numa pretensa tradição destas festas. Talvez seja mais importante nos perguntamos sobre os significados das transformações que eles querem levar às ditas tradicionais populares festas juninas. Deixemos o funk ser tocado nestas festas, da mesma forma que um dia as quadrilhas, a música e o traje caipiras, as barraquinhas de comidas/brincadeiras e os casamentos na roça ali conseguiram encontrar espaço e fizeram sentido para as pessoas que compareciam e se divertiam nas muito antigas festas de São João, apesar dos opositores e críticos como Mariza Lira. Entre tradições e continuidades, as festas juninas, como não poderiam deixar de ser, estão sempre transformando. (ABREU, 2003, p. 100)

A festa de São João, em Pernambuco, são muitas festas em apenas uma, e essa festividade é múltipla e mutável. Pensá-la por meio/a partir das narrativas construídas por Mário Melo e por Pereira da Costa, pensada em sua trajetória histórica, permitiu refletir sobre a identificação de várias dessas adaptações nas práticas de festejar em consonância com as características das diferentes temporalidades. As práticas usadas para festejar São João mudam e, ao mesmo tempo, preservam o nosso costume de celebrar o Santo. O São João é uma das festas populares na nossa sociedade e um grande símbolo de que nós somos de nossa identidade, ainda que seja marcado pela multiplicidade de celebrações. Cada um de sua forma, cada época e cada lugar com suas peculiaridades brincam e celebram o santo e fazem das noites juninas momentos especiais de nosso cotidiano, reinventando, a cada festejo, essa grande celebração tradicional.

Fontes

Academia Pernambucana de Letras. Fotografia de Mário Melo. Recife. Disponível em: https://aplpe.com.br/academicos-2/patronos/

Arquivo Histórico do Exército (AHex) PLANTA E PROSPECTO DA VILLA DE S. ANTONIO DO RECIFE, Seção de Acervos Cartográficos, 01.02.0062

MELO, Mário. São João no Interior. Jornal do Commercio, Crônica da Cidade, 24 de junho de 1954. In: Fundo Mário Melo, IAHGP.

Ministério Público de Pernambuco (MPPE), 2020. Disponível em https://www.mppe.mp.br/mppe/comunicacao/noticias/12904-prefeitos-pernambucanos-devem-evitar-que-populacao-acenda-fogueiras-e-a-queima-e-comercializacao-de-fogos-de-artificio

Referências bibliográficas

ABREU, Martha. Cultura popular: um conceito e várias histórias. In: ABREU, Martha; SOIHET, Rachel. (Orgs.) *Ensino de História*: conceitos, temáticas e metodologia. Rio de Janeiro: Casa da Palavra, 2003

ABREU, Martha. *O império do Divino:* festas religiosas e cultura popular no Rio de Janeiro,1830-1900. Rio de Janeiro: Nova Fronteira; São Paulo: FAPESP, 1999.

ABREU, Martha; DANTAS, Carolina Vianna. *Música popular, identidade nacional e escrita da história.* Textos escolhidos de cultura e arte populares, Rio de Janeiro, v.13, n.1, p. 7-25, mai. 2016.

CASCUDO, Luís da Câmara. *Calendário das festas.* Rio de Janeiro: MEC, 1971

CASCUDO, Luís da Câmara. *Dicionário do folclore brasileiro.* Belo Horizonte/São Paulo: Itatiaia/USP, 1988

CASCUDO, Luís da Câmara. *Superstições e Costumes.* São Paulo: Ed. Global, 2002

CASCUSO, Câmara. *Dicionário do folclore brasileiro.* Belo Horizonte/São Paulo: Itatiaia/USP, 1988.

CRESPO, Jorge. As Transformações do Elemento Lúdico em Portugal (Séc. XVIII – XIX)", *Revista de História Económica e Social*, nº 25, 1989.

CAVALCANTI, Amanda Alves. *Cadê Mário Melo:* Um historiador do IAHGP pelas ruas do Recife. Dissertação de Mestrado. UNIRIO, 2017.

CHARTIER, Roger. *Leituras e leitores na França do antigo regime.* São Paulo: Universidade Estadual Paulista Júlio de Mesquita Filho, 2004.

COSTA, F.A Pereira da. *Anais Pernambucanos.* Recife: FUNDARPE/Direção de Assuntos Culturais, 1986.

COSTA, Pereira da. *Folklore Pernambucano.* Revista Instituto Historico e Geographico Brazileiro. Rio de Janeiro, 1907.

COSTA, F.A. Pereira da. *Vocabulário Pernambucano Recife*: Governo do Estado de Pernambuco: Secretaria de Educação e Cultura, 1976.

CRUZ, Heloisa F; PEIXOTO, Maria R. *Na Oficina do Historiador:* Conversas sobre História e Imprensa. Projeto História, São Paulo, n. 35, p. 253-270, dez. 2007.

CUNHA, Maria Clementina Pereira (org). *Carnavais e Outras F(r)estas* - Ensaios de História Social da Cultura. Campinas. Ed. Unicamp. 2002.

LE GOFF, Jacques. *História e memória*. 4. ed. -. São Paulo: UNICAMP, Instituto de Artes, 1996.

MELO, Mário. *São João no Interior*. Jornal do Commercio, Crônica da Cidade, 24 de junho de 1954. In: Fundo Mário Melo, IAHGP.

PRIORE, Mary Del. *Festas e Utopias no Brasil Colonial*. São Paulo: Editora Brasiliense, 2000.

SANTOS, Lídia Rafaela Nascimento dos. *Das festas aos botequins:* organização e controle dos divertimentos no Recife (1822-1850). 2011. Dissertação (Mestrado em História)--Centro de Filosofia e Ciências Humanas, Universidade Federal de Pernambuco, Recife, 2011.

SANTOS, Lídia Rafaela Nascimento dos. *Luminárias, músicas e "sentimentos patrióticos":* Festas e política no Recife (1817-1848). Tese (Doutorado em História) - Universidade Federal Fluminense, Niterói, 2018.

SANTOS, Mário Ribeiro dos. *Noites festivas de junho*: histórias e representações do São João do Recife (1910-1970) Recife, Ed. UFPE, 2018b.

SILVA, Augusto Neves (2016). Os sentidos da festa: Mário Melo e as escolas de samba no carnaval recifense (1955-1956). *Oficina Do Historiador*, 9(1), 265-284.

SILVA, Leny de Amorim. *Ciclo junino*. Recife. Prefeitura da Cidade do Recife, 1992.

TAVARES, Cláudio. *Mário Melo*: Jornalista e Historiador democrata. Companhia Editora de Pernambuco. Recife: Associação de Imprensa de Pernambuco, 1978.

TINHORÃO, José Ramos. *As festas no Brasil Colonial*. São Paulo: Ed.34. 2000.

VIEIRA, Alberto, Alfenim da Madeira para o mundo Funchal. *Cadernos de divulgação do CEHA*. N.º 8, 2015.

VOVELE, Michel. *Ideologias e mentalidades*. São Paulo: Brasiliense, 1987.

VOVELE, Michel. *Les Metamorphoses de La fête em Provence de 1750 a 1820*. Paris: Aubier/Flammarion, 197.

Sobre os Autores

Arthur Ferreira Reis

é mestre em História pela Universidade Federal do Espírito Santo. Cursa doutorado em História na mesma universidade com bolsa CAPES. É autor do livro *"Anarquistas" e "Servis": uma análise dos projetos políticos do Rio de Janeiro* premiado pelo projeto 3 vezes 22, da BBM-USP em 2018.

Carolina de Toledo Braga

é doutoranda em Ciências Sociais na Universidad de Buenos Aires (UBA). A investigação realizada para a escrita e publicação do capítulo foi realizada com bolsa de pesquisa CAPES, no âmbito do Mestrado em História na Universidade Federal Fluminense (UFF). É autora do livro *Minha raiva com uma poesia que só piora* (Ed. Urutau, 2021).

Cristiane Ribeiro

é doutoranda em História Social pela Universidade Estadual de Campinas. Professora substituta no Centro Federal de Educação Tecnológica de Minas Gerais. Bolsista do Conselho Nacional de Desenvolvimento Científico e Tecnológico.

Everton Vieira Barbosa

é doutor em História pela Universidade Federal Fluminense com bolsa de pesquisa CAPES. Cursa mestrado em Mediação Cultural, Patrimônio e Digital pela Universidade Paris 8 - Vincennes-Saint-Denis. É autor do livro *Páginas de sociabilidade feminina* pela Editora Alameda.

Gabriel de Abreu Machado Gaspar

é mestre em História pela Universidade Federal Fluminense. Atualmente, cursa doutorado em História na mesma universidade com auxílio de Bolsa CAPES.

Heldyane Gonzaga Naege dos Santos

é graduanda em Licenciatura Plena em História pela Universidade Católica de Pernambuco. Utilizou o Programa de Iniciação Científica para Voluntários da Unicap.

Isadora de Mélo Escarrone Costa

é doutoranda em História pela Universidade do Estado do Rio de Janeiro, com bolsa de pesquisa CAPES. É mestre pela mesma instituição e pós-graduada em Administração Escolar, Supervisão e Orientação (UNIASSELVI). É uma das autoras do livro *História Pública em movimento,* publicado pela editora Letra e Voz.

João Costa Gouveia Neto

é doutorando em Educação pela Universidade Federal do Pará. Professor Assistente III do Departamento de Artes e Educação Física da Universidade Estadual do Maranhão, atuando no Curso de Música Licenciatura da IES.

Lídia Rafaela Nascimento dos Santos

é professora e pesquisadora da Universidade Católica de Pernambuco e do Programa de Pós-graduação em História (Mestrado profissional) da mesma instituição. Doutora em História pela Universidade Federal Fluminense.

Rafael Terra Dall' Agnol

é doutor em História pela Universidade Federal do Rio Grande do Sul. Cursou graduação e mestrado em História pela mesma Universidade. É autor do livro *Ciências Humanas: Remédio Veneno Cosmético* pela editora Catarse.

Tania Maria Tavares Bessone da Cruz Ferreira

é doutora em História Social pela Universidade de São Paulo (USP). Professora Aposentada pelo PPGH/UERJ. Pesquisadora Pronex/Faperj/CNPQ. Autora de artigos, capítulos e livros sobre História do Livro e Impressos, com foco no século XIX. É sócia Honorária do IHGB.

Victória Maria Vasconcelos Silva

é graduanda em Licenciatura Plena em História pela Universidade Católica de Pernambuco. Utilizou a bolsa UNICAP/FASA como financiadora da pesquisa do Programa Institucional de Bolsas para Iniciação Científica. Atualmente é Monitora de História do Museu de História do Estado de Pernambuco.

Alameda nas redes sociais:
Site: www.alamedaeditorial.com.br
Facebook.com/alamedaeditorial/
Twitter.com/editoraalameda
Instagram.com/editora_alameda/

Esta obra foi impressa em São Paulo no inverno de 2022. No texto foi utilizada a fonte Georgia em corpo 10,5 e entrelinha de 15,5 pontos.